トップリーダーたちの経営構想力

法政大学
キャリアデザイン学部教授
外川　洋子 [編]

学文社

もくじ

序章 〔法政大学キャリアデザイン学部教授／外川洋子〕 11
二一世紀のグッド・カンパニーとは何か＊既存の枠組みを超えて＊チャレンジングな状況が二一世紀型企業をつくる＊本書の構成

第1部 新しい産業の基盤構築をめざして

1 二一世紀型企業経営 〔㈱クレディセゾン／林野 宏〕 23
成功の代償＊資本主義の企業＊日本企業の実態＊構造改革（政治・官僚・企業の改革）＊カードビジネスの世界＊運の研究＊二一世紀型企業経営とは

2 新時代のエクセレント・カンパニー（研究開発型企業・林原の経営のめざすもの） 〔㈱林原／林原 健〕 49
二一世紀のエクセレント・カンパニーと地域社会（なぜ「岡山発」なのか）＊林原の基本理念と組織（「生命」が原点）＊採用（九九パーセントが岡山出身）＊林原の基本

理念(「生命」の不思議を問い続ける)＊なぜ「家業」か(研究開発型企業の基本スタンス)＊「マネジメントグループ」は各社上場をめざす＊オンリーワンの研究開発を(独自性、創造性、新領域がポイント)＊企業メセナ、フィランソロピィには「哲学」が必要＊構造改革を超えて

3 **わたしの「農業」(「永田農法」の存在意義)** 67
〔農業指導家　㈱永田農業研究所／永田照喜治〕
常識にとらわれない永田農法＊小売業とのかかわり＊農業分野での知的所有権確立を＊「市民農園」という新しい農業＊既存農業や農政へのチャレンジ＊「貴族農園」をめざす＊環境を破壊しない農業＊有機農業ブームへの疑問＊日本の農業の構造改革を＊食にかかわる産業は生活提案業

4 **日本のショッピングセンターの現状と流通業をとりまく課題** 85
〔㈳日本ショッピングセンター協会／岩崎雄一〕
日本の小売業の発展とショッピングセンター＊ショッピングセンターの現況＊ショッピングセンターとは何か＊ルミネの一二年間＊ショッピングセンターのマネジメントの実際(ルミネを例として)＊ショッピングセンター、小売業の経営課題＊おわりに

第2部　人と企業

5 人を幸せにする企業 〔伊那食品工業㈱／塚越　寛〕 109

企業の倫理観＊働く人が幸せになる企業＊社員がベストを尽くせる環境をつくる＊年功序列という社会秩序＊成長至上主義を超えて＊モラールが高まればモラルは上がる＊安定成長社会実現のための好況対策を＊一芸に秀でた研究開発型企業をめざす

6 ホスピタリティ産業としてのホテル（サービスマーケティングの最前線から） 〔㈱ザ・ウインザー・ホテルズ インターナショナル／窪山哲雄〕 127

多大な期待と困難な課題を抱えたホテル再建プロジェクト＊世界に通用する高級リゾートホテルを＊閉鎖そして再び洞爺に戻る日を信じて＊EQの高い高付加価値型ホテル＊日本の観光資源、観光マーケットの可能性に賭ける＊外資系に席捲される日本のホテル＊日本のホテルから失われた頂上部分＊邸宅型ホテルの時代＊邸宅型ホテルにふさわしいサービスを＊細部に込められたホテルの思想＊小さな夢を積み重ねていく＊ホテル経営におけるヒューマンウェア＊モチベーション・マネジメントは認知することから始まる＊あえて「公私混同」を＊感動を生むエモーショナル

なサービス＊日本人の感性がつくり出す高級リゾートホテル＊世界の逸材が地元の食材を生かす＊すべての責任を負うのはホテル自身＊安定経営のためのインターナル・マーケティングの高度化＊パートもアルバイトも戦力化するためのキャリア・ディベロップメントプランづくり＊C3I（シーキューブアイ）＊マーケティングの中枢にはいつも戦略がある＊第一線で働く人を育てる＊ホテル経営は人間の体づくりと同じ

7 **都市型食品スーパーの現在（クイーンズ伊勢丹がめざすもの）**
〔㈱クイーンズ伊勢丹／田村弘一〕 159

はじめに＊七年前＊現場に学び、現場を活かす＊伊勢丹で学んだこと＊改革への第一歩（リモデルから始める）＊新規出店（自ら指揮し、実行する）＊内部に人材を育てる＊女性の活用＊キャリアアップの体系づくり＊顧客満足とは何か＊自前主義＊企業文化の創造的破壊＊思い入れがいい店、いい企業をつくる＊独自性を貫く＊編集の時代＊百貨店はライバル＊いっそうの美味しさを求めて＊めざすのは高質な都市型スーパーマーケット

8 **二一世紀の吉野家の経営（更なる「成長」と「進化」）**
〔㈱吉野家ディー・アンド・シー／安部修二〕 187

一〇年ごとの転換期＊「YDC21」のスタート＊外食産業・失われた一〇年＊市場

と競争＊商品は「飽きない」＊なぜ単品ブランドか＊品質管理は最大の課題＊グローバルYOSHINOYA＊吉野家のフランチャイズシステム＊経営ビジョン「YDC21」＊新たな成長のステージに向けて

9 感動を共有する　㈱ひらまつ／平松宏之　203

レストランとしての成長の循環＊根本にあるのはお客様との感動の共有＊継承するものと新たにつくり上げるもの＊アーティストと職人＊異質のものが醸し出すアンサンブル＊お客様を喜ばせることで自分も喜ぶ＊豊かな時代の心の豊かさ＊問題点を知り、反省、改善のための外部評価＊人とは何かを知らしめるのが人材教育＊レストランは劇場、私たちはサービス・エンターテナー＊安心感という変わらぬ価値の提供＊一流とはとどまらないこと(evolution のこころ)

第3部　地域に根ざす

10 地産地消型のネットワーク化を進めるセイコーマート　㈱セイコーマート／赤尾昭彦　221

酒販小売業活性化の方策としてのコンビニエンスストア・フランチャイズ＊個店の管理運営システムのための情報システムと商品供給の仕組みを＊コンビニエンスス

トア成熟化の時代にあって＊小売業の意識変化とフランチャイズ・システムの変質＊厳しい条件下での展開（自前主義を貫く）＊地域の小売業としての役割＊新しいマーケットを見出す＊コンビニエンスストアの変容

11 地域社会における小売業の役割 〔㈱カスミ／神林章夫〕 235

はじめに（流通業とのかかわり）＊学者から実業へ＊激動の時代の小売業＊地域社会と小売業＊組織と人＊小売業のホスピタリティ＊さいごに

12 活力ある地域社会をどう創るか（「生活者起点」の地域経営） 〔早稲田大学大学院教授 前三重県知事／北川正恭〕 251

変化をいざなう「地方分権一括法」＊自立のための人材育成＊縦割り組織の弊害＊行政改革の突破口（「さやわか運動」と「事務事業評価システム」）＊「情報公開」と民主主義＊「生活者起点」＊「お任せ民主主義」からの脱却＊地域経営の視点、住民の「自立」＊矛盾している会計制度＊まず「意識改革」から＊縦割りを排除しフラットな組織へ＊三重県を「見える県」に＊情報公開は民主主義の基本、決めるのもやるのも「住民」＊戦う「カナリア知事」たち＊全体最適をめざして

第4部　オルタナティブの地平

13 新時代のもうひとつの農業経営（地域共生、循環型農業を実践する「はざま」）
〔㈲はざま／間　和輝〕 273

「はざま」の挑戦＊なぜ「はざまのきなこ豚」か＊養豚業改革の第一歩＊農業人としての本物志向＋プロ志向＊他の人がやらないことをやる＊日本の食糧自給率問題＊トレーサビリティと本物が評価される時代＊めざすはサステイナブル社会・循環型社会＊地域社会とともに＊農業は福祉産業

14 加盟店サポートシステムをめざすポプラ
〔㈱ポプラ／目黒俊治〕 287

独自の方式でコンビニエンスストアのフランチャイズを展開＊支配・管理型ではなく指導・サポート型システムを＊中核をなす製造＝卸＝物流システム＊特殊立地への出店を可能にする製販一貫体制＊売上ロイヤリティ方式の意義＊例外を例外としないローカルチェーン発想の重要性＊加盟店の創造性が発揮されてこそのコンビニエンスストア経営＊独自性の追求を可能にする仕組み＊日常的なゆとりを残したシステム化を

15 新サービスで高付加価値を追求するCVSベイエリア
〔㈱CVSベイエリア／泉澤　豊〕 299
加盟店からスタートしたコンビニエンスストアのチェーン＊常に新しい発想でビジネスに臨む＊脱コンビニエンスストアという発想＊生業ではなく、事業としてのコンビニエンスストアを＊個性を主張する店舗のための独自のビジネスモデルを＊ビジネスチャンスへのチャレンジを＊多彩なサービス拠点としてのコンビニエンスストア＊フランチャイジーの意識がフランチャイズ・システムを発展させる

16 生産から消費まで一連の流れのなかで「食卓の安全」を考える
（「らでぃっしゅぼーや」のめざすもの）〔らでぃっしゅぼーや㈱／緒方大助〕 313
「らでぃっしゅぼーや」とは＊「らでぃっしゅぼーや」の商品とサービス＊「食卓の安全」を守る独自基準と生産体制＊「らでぃっしゅぼーや」の考える安全な食とは……＊「食卓の安全」を支える会員との顔の見えるコミュニケーション＊「らでぃっしゅぼーや」のめざすもの

あとがき 339

トップリーダーたちの経営構想力

序章

外川　洋子（とがわ　ようこ）
法政大学キャリアデザイン学部教授

◉二一世紀のグッド・カンパニーとは何か

「良い企業(good company)」とは何だろうか。本書の編纂はその問題意識からスタートしている。株主に大きな利益を保証する高収益企業だろうか。急成長している企業だろうか。業界を代表する巨大企業だろうか。たくさんの雇用機会を提供する企業だろうか。世界中にとどろく著名ブランドを擁する企業だろうか。効率的な経営、圧倒的なローコストで競争力を確保している企業だろうか。さまざまな答えが考えられるが、本書に登場する企業群はいずれもそれらの答えにはあてはまらないユニークさをもった、知る人ぞ知る、といった企業である。もちろん業界を代表するトップ企業、全国的に名の知れた企業もあるが、しかしそれらにしても経営の手法、ビジネスモデル、経営者の意識などの面でこれまでの日本の大企業とは様相を異にするものである。

日本の企業は一九六〇年代から七〇年代を通じてバイタリティと進取の気風でもって急成長を遂げ、世界的に評価されるようになった。しかし一九八〇年代半ば頃から変調をきたす。よく言えば産業社会の発展段階に応じて「成熟化」し、新たな段階に入ったのであるが、それまでのような拡大成長を前提としたビジネスモデルが通用しない時代に入ったのである。そして、国際化と情報ネットワーク化が新たな段階に入った一九九〇年代以降は、多くの企業が新しい方向性が見出せないまま、長期不況下で不振を極めた。

かつてのイノベイティブな側面は後退し以前の活力が失われていった。とりわけ流通業をはじめとする生活関連産業の分野ではその傾向が顕著であった。次々に新しい製品やサービスを開発し、市場を創造してきたリーダー企業が低迷を続け、産業全体が自信を失っていくようであった。しかし着実な発展を遂げ、注目を集める企業もある。これらは明らかに新しいタイプの企業であり、分野や業種、手法はそれぞれであるが、いずれも独自の経営理念をもち、二一世紀にふさわしい革新的なビジネスモデルを構築していこうというものである。それらの企業の経営者たちは既成の企業のあり方や産業の仕組みに対して問題提起し、もうひとつの道――オルタナティブ――の必要性を主張する。

◉既存の枠組みを超えて

本書はバイオインダストリー、小売業、フードサービスから地域経営まで、業種、業態、生い立ちや歴史、事業規模もさまざまであるものの、一六人の新しいタイプの企業経営者たちによる経営論、産業論、経済社会論である。著者たちはいずれも「一業」に秀でた経営者であり、同時にまた幅広い視角から事業を構想する。共通するのは大企業体制下での既存の事業の概念や手法、組織のあり方などに対する問題提起であり、変えていくという姿勢、革新性である。そして、非主流にこそビジネスのチャンスを見出すという発想である。

また創業者であるか否かの別を問わず、硬直化した組織のなかに組み込まれ、組織の論理のなかで否応もなく働かされているような経営者ではなくて、常に主体的に選び取り、決定していくことで事業を創造しようとする、個性と主張が強い経営者である。またそれぞれが独自のマネジメント組織論、人材論、人心掌握術をもっている点も共通している。

たとえば、今、多くの企業が進めているようなコスト削減を第一義としたマンパワーの外部化やパートタイマー化は、企業へのロイヤリティを薄れさせ、短期的な収益性や競争力を確保するがための方策が結果的に組織の活力を低下させるだけでなく、新しいビジネスモデルの構築や企業の革新性を阻害するという考え方である。労働力の流動化の必然性やフレキシビリティに富んだ人材育成の必要性を認識しながらも、最も大切な経営資源である人材については、自前主義が原則である。それは巨大化を志向しないヒューマンスケールの経営だからこそである。

◉チャレンジングな状況が二一世紀型企業をつくる

経営者が自社のビジネスのあり方や経営論について語るとき、百パーセントの自信と満足をもっていることはまずないだろう。社会の変化に翻弄されず、時流におもねることなく事業を遂行するのは容易ではない。抜きん出た地位を確保している場合でさえ、未来に向かって無限の可能性が開けていると考えるよりも、先が見えない不安にかられることの方が多いだろう。

本書の著者たちはいずれもかつて何らかの形で、非常にシビアな状況に直面した。倒産の憂き目にあったものもあれば、業態疲労し、産業としての構造不況のなかで長年にわたり苦闘した企業もある。壁に突き当たり、挫折を経験し、それらを乗り越えてきたからこそ現在の地位や強さがあると考える経営者たちである。優れた経営者であるからこそ、チャレンジングな状況にあってこそ経営の妙味があると考えている。

第一線にある経営者による実務的な論集ではあるが、決して個別具体的な企業内部事情を説明するものではない。企業としてどうあるべきか、地域社会における企業の役割、組織や経営戦略のビジョン、人の育て方や商品開発、技術開発の意義、地域とのかかわりその他について論じたものである。彼らは順風満帆を誇らないし、現状に安住することを潔しとしない。並び立つものがないというユニークな企業やビジネスである場合でも、独り勝ち状況になった時にどうするのか、状況の変化に適確に対処できるかという不安や課題を抱えながら、現状の地位や概念に安住することなく、新しい何かを構築しようとしている。既存の大企業体制に対してクリティカルであるのと同時に、それ以上にクリエイティブであろうとするところに、二一世紀型企業である「良い企業(good company)」のモデルが見えるのである。

◉本書の構成

第1部《新しい産業の基盤構築をめざして》は、構造変化がいちじるしい分野であり重要性が増している分野において、イノベーションへの問題提起、新しい産業の基盤の構築や経営のあり方全般について論考した章である。

流通系カードからスタートし、インターナショナル・カードのトップグループのポジションを確保したクレディセゾン社長の林野宏氏の「二一世紀型企業経営」では、優れた企業が創造するビジネス・ネットワークは社会のインフラとなるべきであり、それを支えるのは時代を読む目をもった人材であること、顧客満足の経営の前提には従業員満足がなければならないことが語られる。消費者向けファイナンシャル・ビジネスの分野では既成観念や過去のしがらみから脱け出せずにいる企業が大半であるからこそ、イノベイティブな企業理念が際立つ。

バイオインダストリーの分野では世界屈指の企業である林原会長の林原健氏は、「新時代のエクセレント・カンパニー」とは比類ないモノを生み出すことができるユニークな企業であるのはもちろんのこと、ビジネスだけでなくメセナやフィランソロピーなどを通じて多面的に社会とかかわり、地域に根ざした企業であると主張する。最先端技術を生み出す人材を育むのは地域社会なのであり、優れた企業は社会から評価されるような独自の経営哲学をもっているのである。

独自の農法を提唱する永田農業研究所の永田照喜治氏にとって、安全性や美味しさの実現と効率的な農産物生産を両立させるのが「わたしの農業」である。それは日本が戦後一貫して国を挙げて追求してきたような、ローコスト追求かつ大量生産型で消費者の顔が見えない農法とは一線を画するものである。食はライフスタイルの反映であり、押し付けやごまかしであってはならない、また人々が納得したものだけが食文化として継承されていくべきだとの問題提起でもある。

日本ショッピングセンター協会会長の岩﨑雄一氏の「ショッピングセンターの経営・組織・人材」は、新しい時代を迎えたショッピングセンターの考察を通じて、小売業やサービス業は、その基本に立ち戻る必要があることを指摘する。店づくりにおいても、ものづくりにおいても、人づくりにおいても、マーケットの変化に対応した絶えざるリフレッシュなくして顧客満足は実現できないとの主張である。

第2部《人と企業》は、それぞれの分野において商品開発力や顧客との信頼関係の構築その他において圧倒的な魅力をもつ企業の経営者が、人を生かし、生活の豊かさを提案する企業とはどうあるべきかということを中心に論じられる。高品質の製品・サービスによる満足、快適さや心地よさの提供は顧客に対してだけでなく、社内に対しても行われなければならないという主張が共通する。

伊那食品工業社長の塚越寛氏にとって経営の本質とは「人を幸せにする企業」の実現にある。

そのためには、他社の追随を許さない絶対的に強い製品を持ちながら、すべてそれに頼り切るのではなく新しい成長の道を模索しながら、新製品開発や製造プロセスの改善、改革に取り組むことが重要である。また地域に支えられる企業、地域に貢献する美しい企業であろうとする姿勢で豊かな自然環境と共生する会社づくりに取り組んだ結果が、三十余年にわたり安定的な業績に反映されている。

ザ・ウィンザー・ホテルズインターナショナル社長の窪山哲雄氏は、「ホスピタリティ産業としてのホテル」においては、常に最上のサービスと快適な空間を提供することが必要であり、そのためには何よりもホテルを構成する人々が豊かな心をもっていなければならないというヒューマンウエアの重要性、インターナル・マーケティングの真髄を述べる。日本ではいまだ確立されていない本格的な高級リゾートホテル・ビジネスへの挑戦は、豊かな自然環境を生かした建物や室内環境の整備、レストランその他あらゆるサービスの充実も含めて複雑多岐にわたるプロジェクトである。

クイーンズ伊勢丹会長の田村弘一氏の語る「都市型食品スーパーの現在」は、百貨店や総合スーパーなど代表的な小売業が萎縮状態にあるのと対照的に順調である。しかし安定的な業績は一朝一夕に実現したものではなくて、幾多の試行錯誤を経てようやくたどりついたものである。ほんの数年前までは商品開発やサービスレベルの向上など考えもつかないほど後ろ向きの企業風土だったところに、ファッションや百貨店という異業種の発想を取り込みながら変えていくプロセスが興味深く述べられる。

業界内で圧倒的なポジションを確保している吉野家ディー・アンド・シー社長の安部修仁氏は、「二一世紀のフードサービス経営」に必要なのは、究極の選択と集中が飽和化と閉塞感をもたらすことがないように、明確なビジョンを提示することだと述べる。確固たる経営の基本理念に基づきビジネスの方向性が明確にされた後に残されているのが、質的・量的両面での人材の充実であるのは他の企業にも共通する課題である。

ひらまつCEOの平松宏之氏は、高級レストランというフードサービスにとって重要なのは顧客との間で「感動を共有する」ことであると主張する。そしてレストランという劇場で、もてなす側はエンターテナーとして振る舞い、顧客に究極の満足を与えることこそが豊かな時代におけるレストランビジネス経営者としてのよろこびだと語りかけるのである。産業化された大企業ではできないヒューマンスケールのサービスの提供である。

第3部《地域に根ざす》は、中央集中型の産業や企業、組織のあり方への批判と同時に、地域における企業の重要性や地域社会への貢献についての論考が展開される。

北海道において独自のポジションをもつコンビニエンスストアのフランチャイズチェーン・セイコーマート副社長の赤尾昭彦氏は、ナショナルチェーンでは実現できない「地産地消型ネットワーク化」が地域に根ざす小売業の役割であることを述べる。トップ企業のビジネスモデルがデファクトスタンダード化している業界にあって異彩を放つ。

つくばを拠点とするスーパーマーケットチェーン・カスミ名誉会長の神林章夫氏は「地域社会における小売業の役割」を果たすためには、業容の拡大や超大規模組織を志向するのではなくて、中小企業連合体のような柔軟さが必要であると主張する。そしてそのためには企業のなかに地域の消費者が賛同できる独自のカルチャーが育まれていなければならないと述べるのである。これもまた停滞から脱しきれないナショナルチェーンの対極にある考え方である。

早稲田大学大学院教授の北川正恭氏は、三重県知事在職当時から、「活力ある地域社会をどう創るか」という点に関して、「生活者起点での地域経営」の重要性を主張してきた。自治体と住民とが「お互いに自己責任を認識し、顔が見える関係を構築する」ためにはどうあるべきかを論じるが、これは地域の課題にとどまらず、あらゆる企業にとっても共通の課題である。

第4部《オルタナティブの地平》では、チャレンジングな企業として注目されている各社の経営者が大量生産・大量消費、大規模システムが常態化している分野における「もうひとつの」生産や流通のあり方を探る。効率や合理性が第一義的に追求される業界スタンダードを超えたビジネスモデルが提起される。

地域に根ざすという畜産業本来の道を追求するはざま社長の間和輝氏が提起する「もうひとつの農業経営」は、大企業の行動が消費者の不信を生み、安全性・安心性が揺らいでいる食品産業の分野においては消費者との間に「顔の見える」生産・流通体制をつくりうる、地域密着型の中小企業の役割が大きいことを明示する。

ポプラ社長の目黒俊治氏は、トップ企業が圧倒的な力をもっているコンビニエンスストア業界において「独自性を発揮する加盟店サポートシステム」こそが、もうひとつの選択肢として重要性を増していることを強調する。本部にとって最適なシステムを押し付けるのでなくて、消費者視点に立った小売店の経営とはどうあるべきかを考えるのがフランチャイズチェーン本部の使命であることを確認し、画一化する業界への一石を投じる。

ＣＶＳベイエリア社長の泉澤豊氏にとってコンビニエンスストアとは、たんなる物販のチャネルではなくて、「新サービスと高付加価値」を提供する場である。リスクを恐れず都市型ビジネスにチャレンジする本部として、加盟店に対しては独自性を発揮することを求める。大手企業がつくり出した既存の仕組みに倣うのではなくて、自ら考え行動する商業者であることが何よりも重要だという信念がある。

生鮮食品を中心とした会員制通信販売の、らでぃっしゅぼーや社長の緒方大助氏は、生活の根源である食に関わる企業の経営者として「生産から消費まで一連の流れのなかで『食の安全』を考える」ことの重要性を指摘する。安全な食を確保するための社会運動からスタートした同社は、消費者起点に立った企業として正当な利益をあげるためには、商品開発や管理における確固たる理念と明確なルールと顧客と取引先を巻き込んだ意識改革について常に考え続けているのである。

1 新しい産業の基盤構築をめざして

構造変化がいちじるしい分野であり重要性が増している分野において、イノベーションへの問題提起、新しい産業の基盤の構築や経営のあり方全般について論考する。

1 二一世紀型企業経営

林野　宏（りんの　ひろし）
㈱クレディセゾン代表取締役社長

2004年2月

◉成功の代償

今年はバブルがはじけてから一五年目にあたる。経済や景気、産業の状況はどうかといえば、昨年六月頃から日本の株式市場は回復に向かいつつある。

もっとも昨年の七月頃には、「株式市場に回復の兆しが見えたといっても一時的なものだろう」あるいは「すぐに元に戻るだろう」という見方が大勢を占めていた。年金制度の見直し問題、株式の持ち合いの問題、銀行の不良債権状況、その他難しい事柄が目の前におかれたままだったからである。業界の事情に詳しい人ほど株式市場の動向に関してネガティブな見方をされていたようである。

しかし私は昨年からの株価の回復は、確かに日本の経済が不況から脱出し始めたことを現しているのだとみている。バブルの崩壊とその後の不況、バブルの跡始末には一四年という長い時間がかかったが、ともあれ日本経済は新しい段階に入った。私は当初、バブルの跡始末には一五年を要するだろうとみていたが、実体経済の回復はそれよりも一年早く進んだのである。

先進国家の衰退と覇権移行の原理

世界の歴史に明らかなように、成功とは代償を伴うものである。成功した国や経済は必ず何らかの意味で代償を払わざるをえない。一六世紀はスペインの世紀であり、一七世紀はオランダの世紀である。やや注釈が必要になるが一八世紀はフランスの世紀であり、一九世紀はイギリスの世紀だった。そしてこれらの国々はいずれも、成功を謳歌した後に多大な代償——その中身や代償の支払い方はそれぞれ異なるものだが——を支払ってきたのである。

成功とその代償は歴史の必然なのである。それは日本も例外ではない。戦後の日本の成功はそれがきわめて大きかったが故に、代償もまたケタ外れの大きさと長さになった。しかも投機によって実体経済の力を超えて資産価格が上昇するバブルという局面を伴った成功であったからこそ、代償を支払うに際して、構造的な変革が必然とされたのである。

翻ってみるとバブルとはある意味で人間の社会、経済や産業にとって避けがたい問題である。百年に一度であっても、私たちの社会は絶えずバブルを引き起こしてきた。それは人々が経済の基礎的条件（ファンダメンタルズ）を過信、あるいは誤解して過大な投資（投機）に走ったり、実体

歴史に名を残すバブルとその後の覇権移行

年代	国名	投機対象	覇権移行	ピークからの下落
17C前半	オランダ	チューリップ球根	スペイン⇒オランダ	▲93%
18C前半	英国	南海投資会社	オランダ⇒英国	▲84%
18C前半	フランス	ミシシッピー会社	オランダ⇒英国	▲99%
1929年	米国	ニューヨーク株式	英国⇒米国	▲87%
1990年	日本	株式・土地	米国⇒日本	▲80%
2000年	米国	株（ナスダック）	再び米国？	▲73%

が伴わないのにもかかわらず、あわよくば自分だけが大もうけしようと目論んだりした結果生じる必然的な産物なのである。

一七世紀オランダのチューリップ・バブルも、一八世紀イギリスの南海投資会社バブル（南海泡沫事件）も、フランスが当時の植民地であったアメリカ・ルイジアナに設立した開発公社――通称ミシシッピ会社――によるバブルも、二〇世紀初頭のアメリカの株投資ブームと一九二九年の暗黒の木曜日も、そして今も記憶に新しい一九八七年一〇月一九日の株価暴落いわゆるブラックマンデーから世界市場を席捲したヘッジファンドが破たんする一九九八年に至るまでのアメリカの状況も、過信と集団心理が引き起こす愚かな社会的事象である。

そしてバブルの発生とその崩壊から経済再建に至る一連のプロセスは、一面では産業社会発展のプロセスでもあり、厳しい経験を経て世の中が新しい段階に入るということを意味している。

バブルに遭遇した国に覇権が移るという事実を歴史が教えてくれた。だから私は日本でバブルがはじけたときに、これは日本に覇権が移ることの前兆である、円が基軸通貨になり、日本および日本を中心とした東アジアが世界の中核になると確信した。現実にはアメリカ経済が奇跡的な復活と発展をとげた結果、現在、世界の覇権はアメリカに移っている。しかしより長期的な視点でみれば、覇権が太平洋を渡り、二一世紀がアジアの世紀になる可能性が高い。

価値観の変革：模倣・平等・無責任から創造・独創・責任の遂行へ

それでは覇権国家に共通するものは何だろうか。ひとつは子どもが少なくなる「少子化」である。第二に財政の破綻である。そして三つ目は、最新の芥川賞受賞作が表しているような社会の退廃、孤独とアンニュイな感覚の横溢である。これらこそが成功の代償であり、先進国の証明である。

次に構造改革について考えてみよう。今、小泉政権下で進められている構造改革とはいったい何であり、何を意味しているのだろうか。構造改革の遅れが問題視されているが、私は二年間やそこらで構造を改革することはできないと考えている。過去に構造改革を成し遂げた国々はいずれも膨大な時間とエネルギー、知恵を費やしてきた。英国病が蔓延したイギリスが、サッチャー政権が成立して構造改革に着手してから、現在のような状態になるまでに、いったい何年がかかっただろうか。構造改革は短兵急に成し遂げられるはずもないし、安直に考えられるべきものでもない。戦後五〇年という長さの、日本の成功の代償を二年間で払い終えられると思うほうが間違いである。

それでは戦後の成功を勝ちえた価値観の共通点は何か。筆頭にあげられるのは模倣であろう。日本の社会、産業、企業の模倣ぶりにはすさまじいものがある。たとえば自動車である。あるモデルに人気が出ると、メーカーの違いを問わず似たような車種が市場にあふれる。誰もデザインの独創性やビジネスモデルの個性について文句を言わないのが不思議なほどである。オリジナル性や権利を主張せず、業界ぐるみで模倣しあい、どこもそこそこ成功し、そこそこの利益をあげているというのは自動車産業に限らない。電機産業しかり、ファッションビジネスしかりである。根幹にかかわるような特許はどこももっていないが、自動車もデジタル家電も、世界のマーケット相手に商売し、今の景気回復の牽引役を果たしている。

事業多角化についても同様で、ボウリング場がいいとなれば、百貨店も製薬会社も金融機関もこぞってボウリング場経営に乗り出し、激しく競争する。模倣、横並びこそが日本の成功の要因だったことは間違いない。

二番目は平等あるいは平等の神話である。ルイ・ヴィトンをはじめとするラグジュアリー・ブランドがこれほど多く売れるのは、日本が「平等社会」であることの反映にほかならない。平等という価値観そのものは素晴らしい。しかしそれは一方では「平等」から脱け出した人々の足を引っ張るという妬み心の元にもなる。平等社会の裏返しは嫉妬社会である。六九〇兆円規模の財政赤字の責任問題が棚上げされている一方では、つい最近まで突出した発言力をもった政治家としてもてはやされていたのが、百万円単位の秘書給与流用問題で失脚し、またその問題をこともあろうに国会で論議し、紛糾する。何が一番重要なのか、緊急課題なのかというプライオリティがつけられないでいるのが平等社会の悪しき側面である。

そして三番目は無責任。つまり責任をとろうとしないということである。官僚の世界をみてみよう。キャリアたちはキャリアパスということで二、三年で異動してしまう。これでは仕事がわかるはずもないし、まして責任をとることなどできない。銀行も同じで、支店長は渡り鳥のように次々と変わる。問題を起こし、責任を追及される場面になると、部下が書いたお詫び原稿を棒読みし、カメラや記者に向かって機械的に頭を下げるだけである。一流企業の社長も頭取も、上級官僚も、自分の言葉で心からお詫びができない。

P・F・ドラッカーがいうように、業績についてであれ、不祥事についてであれ、マネジメントの本質は責任をとることにある。経営者は責任をとるという覚悟がなければならない。にもかかわらず日本では、大企業、一流企業のトップは責任をとろうとしない。また既存体制に守られた大企業であれば、トップが責任をとらないからといって糾弾されることもない。不祥事を起こしても経営基盤はびくともしない。問題を起こしても財界の上位の座は揺るがない。公共的な財だから独占を許され、競争にさらされることがない。既存の体制や仕組み、がんじがらめの規制によって守られているから営業努力をすることもない。おかしな話である。

構造改革とは、戦後日本の成功をもたらした価値観を変革していくことである。

それは模倣ではなくて、創造あるいは独創である。ビジネスにしてもモノにしても、スタイルや技術にしても、自分だけの何かをつくっていくことである。独自の考え方で企業を経営していくことである。

そして平等ではなくて独創、個性である。ずばぬけたところをこきおろし、嫉妬するのではなくて、褒め称えることである。成功した会社を賞賛することができるような社会である。それはクリエイティブな社会だが、そうなれば、日本の構造改革は成功するであろう。

組織改革の必要性

戦後の成功体験に埋没した組織の改革も必要である。官僚機構、官僚的な組織は自分たちの利害得失を最優先する。既得権益の保全に汲々とする。しかし私たちは自分たちの利益最優先の考え方に陥ったとき、その組織の崩壊が始まることを再認識しなければならない。

マーケットへの過剰反応、過剰適応もまたありがちな失敗である。このことについては個別企業だけでなく、過剰適応するような状況をつくり出す国家の責任も問いたい。経済のアクセルを踏み続け、企業の過剰適応を誘導し続けてきた政策担当者たちが、バブルに気づいて突然ブレーキを踏み、経済を混乱に陥れたことはあらためて指摘する必要もないだろう。しかも経済を混乱させ、産業を苦境に追い込んだ当事者たちは今もなお、何の責任もとらず涼しい顔でいる。市場対応力があると思い込み、おだてに乗ってアクセルを踏み続けてきた企業はバブルにまみれ、突然のブレーキに躓き、今も多くが立ち直れないでいる。マーケット対応力に欠ける、と批判された企業はバブルに乗り遅れたことが幸いして、大きな傷を負わずにすんだ。皮肉なことである。

もうひとつは成功体験への埋没からの脱却である。百貨店、銀行、商社、保険等々、過去数十年間、最もサクセスフルであったり、既存体制に守られてきた産業はいずれも今、その付け、成功の代償を支払わされている。イノベートできない企業はほどなく消えていくであろう。

今の日本は経済をソフトランディングさせるために、銀行その他が犠牲になって産業や企業を支えている状況であるが、わが国におけるこれは企業だけでなく、官僚機構はもちろん、旧態依然たる政治の改革が急務なのである。

学校や病院その他、政治や官僚体制以外の社会の構成組織体は、利益というフィルターがないが故につぶれないですんでいる。しかし現実はそれらの存続を許さないという状況になりつつある。したがって組織の改革という意味では必要である。利益共同体、マーケットへの過剰適応、成功体験への埋没によって組織は破滅する。それを直さなければならない。さらに勝ち残っていくためにはイノベーションが不可欠である。

◉資本主義の企業

資本主義の本質と企業の本質　資本主義の本質はシュンペーターがいうように創造的破壊にある。同じやり方を踏襲しているのでは、マーケットが変わってしまった時代に生き残ることはできない。同じやり方で成功し続けることはできない。

企業の本質は競争にある。企業とは何かを整理したのが左のチャートである。ここに示したように実践すれば、おおよその企業は成功する。

企業の目的は何だろうか。利益をあげることだ、あるいは利益極大化であるとか、継続的発展

■企業とは何か

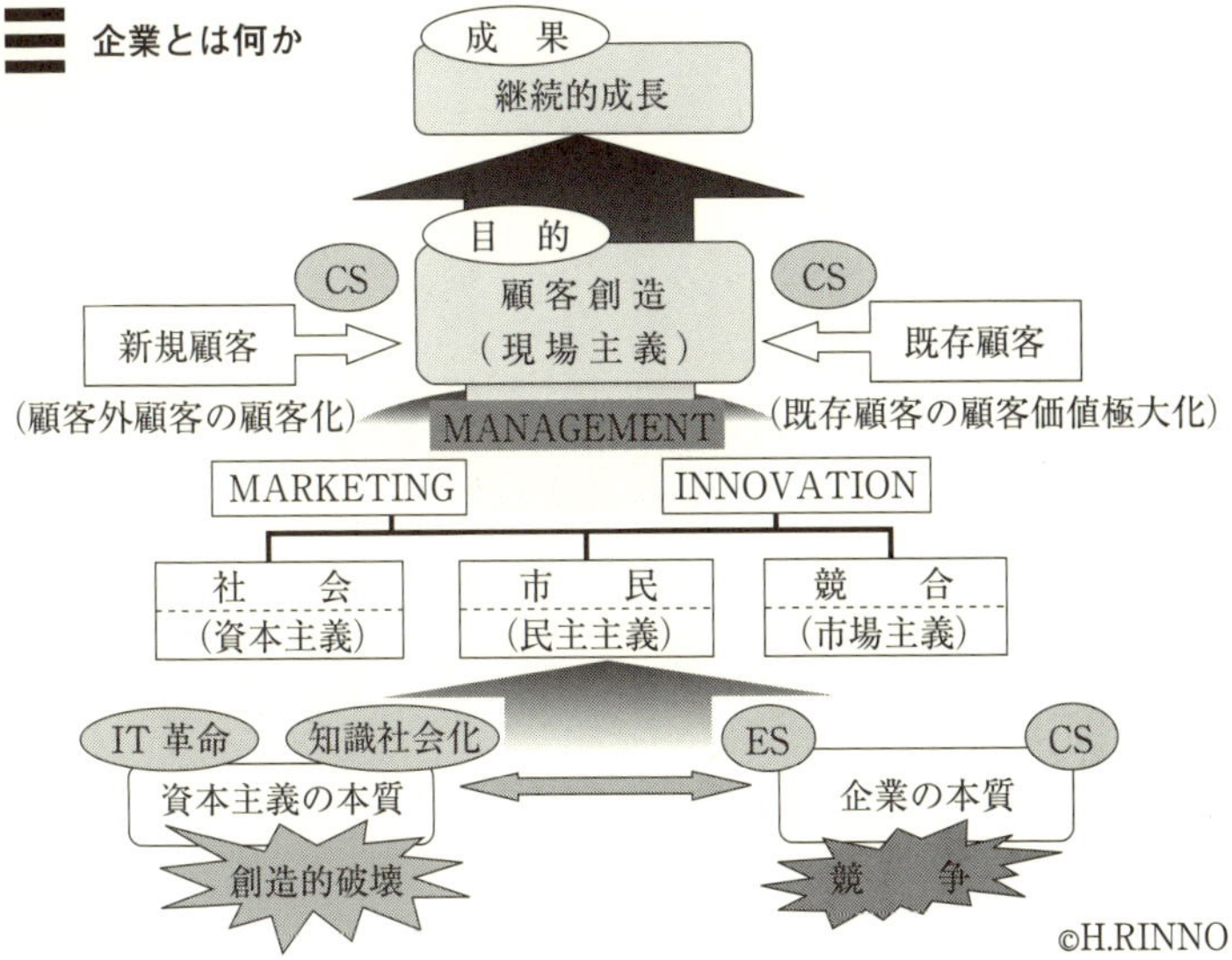

であるといわれる。しかし私はドラッカーに倣って企業の目的は顧客の創造だと考える。顧客の創造とは新たな顧客を開拓するか、既存の顧客の顧客価値を極大化することである。この二つが実現できれば企業は継続的に成長することができる。そして顧客を創造することが社員のために、取引先のために、株主のためになる。

顧客の創造　顧客創造のためにはマーケティングとイノベーションが不可欠である。マーケティングとイノベーションを適切にマネジメントできる企業が顧客を創造し、継続的に成長できる。とんでもなく難しいことをしなければ企業は成功しないと思っている人もあるようだが、企業経営の原則は意外にシンプルである。難しい理屈や方法は必要ない。顧客と取引先と社員が満足できるようなことをしていけば企業は成功する。その結果株主の利益拡大に貢献する。

株主資本主義という株主を最重視する考え方があるが、私は株主と他のステイクホルダーとは一線を画するべきだと考えている。株主に報いるのは結果であってよいと考えている。まずは顧客重視、カスタマーファーストである。顧客に対する責任が最優先である。そして取引先と社員が続く。そして経営が成功すれば収益が向上し、株価が上がり、結果的に株主利益に貢献するのである。

マーケット変化への対応　それでは企業は今、どんな経営基軸をもっているのか。まず経営戦略の中枢をなす四つの大きなファクターがある。これに的確に対応していくことが求められている。

企業はマーケットの変化の軸に対応してマーケティングとイノベーションを繰り返す。マーケットが複雑化すればするほど、対応するのは難しくなる。

たとえば、生活者にヘゲモニーが移っていくという生活者主権社会化について考えてみよう。これまでの社会ではものをつくるメーカーが価格や売り方について主導権をもっていた。しかし次第に流通業が価格を決めるようになった。家電分野では価格設定権がメーカーから量販店に移り、その価格に顧客が納得すれば売れる、という時代になってきた。そういう時代には顧客は個客となるから、マスマーケティングは通用しなくなる。CRM（Customer Relationship Marketing）の重要性が増してくる。保険ビジネスを例にとれば、セールスレディに依存した従来

21世紀初頭のマーケット変化とその対応

	A マーケットの変化	B 変化の軸	C 対応策の例
(1)	複雑系市場化	顧客ニーズ	アライアンス
(2)	生活者主権社会化	個客化	CRM
(3)	情報社会化	インターネット	e－ビジネス
(4)	規制緩和化	競争激化	差別化
(5)	物的充足感化	物離れ	サービスの質
(6)	生活防衛意識化	価格破壊	プロセスカット
(7)	人口構造変化	老齢化・少子化	マーケットセグメント

型の売り込み型セールスではなく、ITツールを駆使して顧客との接点をもたなければならない。顧客は豊富な情報を比較し、選別し、納得した商品を選ぶ。このビジネスモデルでは顧客との関係性は強まり、一方ではコストは大幅に合理化されるだろう。旧来型の保険代理店機能は必要なくなるだろう。

その商品やサービスの対価を支払う人が、価格を決めるという社会に変わっていくのはある意味では当然である。

日本の企業はどうなっているのだろうか。どんな問題を指摘できるのだろうか。

典型的な例は株主総会である。株主総会の開催日が重なるのは普通である。わかりにくい場所を会場にして、株主がたくさん参加しないようにしているようだ。おまけにできるだけ質問が出ないように「円滑に」運営しようとする。株主に対して説明責任を果たすという、株主総会の本筋をわきまえないどころか、経営としての責任を履き違えた企業が多いのが実状である。

クレディセゾンではわかりやすいホテルに場所をとり、開催日は曜日にかかわりなく毎年六月の同じ日に決めている。あらかじめスケジュールがわかっているからたくさんの株主が参加してくれるし、他社と重なるのを避けることができる。情報開示・説明責任を果たすことができると考えているからである。

◉日本企業の実態

日本人は働きすぎか？

日本人は働きすぎといわれる。しかし本当にそうなのだろうか？

週休二日制で国民の祝日は一五日と他国よりも多く、年次有給休暇が一〇〜二〇日、年末年始の休日、と足しあげていくと最大で一四〇日が休みになる。

三六五日のうち一四〇日が休みであるから三日に一日は休める計算になる。問題は休み方である。何となくダラダラ過ぎていくというのが大半だろう。非生産的な会議に追われたり、日々の業務をこなしきれなくて残業するということはあるにしても、しかしともかく日本人が仕事中毒で働きすぎ、ということはない。

問題を抱えた日本の企業にとって、具体的に改革が必要なのはどんな点についてだろうか。ひとつは労使関係の改革である。これについてはすでに変わりはじめている。永年雇用・年功序列・春闘方式による賃上げという三種の神器は崩れはじめている。また新卒入社で定年までひとつの企業に勤めあげるという就社的な行動も変化してきている。

大切なのはゴールではなくてスタート

日本社会、日本人のおかしな点のひとつに、就職を見越して大学を決めるということがある。自分が何をやりたいかということを考えて大学を決め、仕事を選ぶというのではなくて、最初に安定的な会社が目標として想定され、そこに就職するのに都合の良い大学に入学しようとする。大学に入って四年間に何をするのかを考えないで受験勉強し、いったん大学に入ってしまえば安心してしまう。

会社も同じで、ブランド価値の高い会社に入社すればそれで目的が達せられてしまう。あるいはともかくどこかの企業に入らないといけないのだ、という切迫感で就職活動する。その後にどんな仕事をしていくのか、どうやって自分を鍛えていくのかが大切なのだとは思っていない。

日本人はゴールとスタートを間違えている。大学に入ることはゴールではなくてスタートである。会社に入ったというのはスタート地点に立ったということにすぎない。大切なのはその後であるのに、多くの人はこの先どんな仕事をしていくのか、自分の道をどう切り開いていくのかなどということは考えなくなって、与えられた仕事、決められた仕事をこなすことに終始する。

企業改革、体制改革は進む

しかし世の中は変わる。久しくとどまりたるためしはない。

政治体制にも変化の兆しがある。前回の衆議院選挙に際して、派閥の力が弱まり二大政党制の可能性が出てきたこととマニフェストが社会的認知を得た。これまでになかったような新しい流れである。年金や高速道路行政、官僚制度その他の改革に関してもいろいろな見解、意見が出され、議論が起こっている。今のところ各種の案には大差はなく、改革の進展度合いも遅いのだが、変化しはじめていることは間違いない。

企業改革の方向のひとつは銀行系列をやめることである。銀行が株式を所有し、ヒトを派遣し、天下りさせ、ビジネスに口を出しチェックし、有担保で融資するという銀行による企業支配の仕組みは現在の経済社会にとってはマイナスにはたらく。ノーリスクであると思っていた仕組みがじつはきわめて大きな問題、デメリットとなるのだということがわかった。資本主義社会においてノーリスクで利益を得ようとするのは間違っている。リスクをもたない人や組織に権限を与えるべきではない。資本主義社会ではリスクをもった人にこそプロフィットがもたらされる。その原則を曲げてきたのが銀行による企業支配であり、官民一体化した護送船団方式である。そしてそれが今、すべて破綻しはじめている。

またグループ経営をやめる。社員が自由に企業間を動けるような仕組みをつくることである。あるいは若い人の可処分所得を増やし、消費を回復させて経済を立て直すというような大胆なプランが必要である。

◉構造改革――政治・官僚・企業の改革

時は移り、社会は変わる

景気や経済に変化をもたらす最大の回復要因は時間である。社会は時間によって変わる。成功した企業や組織、政治体制や世の中の仕組みが退廃し、腐敗するのは時間が為せる技である。

景気が回復するのも時間要因によるところが大きい。二〇〇三年六月に日本の株式市場は反転した。一九八九（平成元）年一二月に東証の株価が三万八九一五円で天井を打った。アメリカの一九二九年のニューヨーク株式市場が大暴落したとき、その後五年間にわたり低迷し、持ち直しまで一〇年を要した。それに照応するとすれば日本は一九九九年頃には持ち直していただろうが、実際には公的介入、てこ入れ策の失敗でもたつき、結局二〇〇三年六月にようやく回復軌道に戻ることができた。私の当初予想よりも一年早かったのは先に述べた通りである。

長い不振から脱した今は、じつは千載一遇のチャンスかもしれない。都心部の不動産も底を打った。これからの回復が期待されるがまだまだ買い手市場だから、ここでのマーケットチャンスは大きいはずである。しかし金融機関はかつてのバブル崩壊で懲りているので、不動産担保ローンに手を出しかねている。代わりにオリックスのような先進的で時代を見る目をもった企業がチャンスを生かして業績を伸ばしている。

振り返ってみると、私は社会に出てからこれまで三回のこういったチャンスに遭遇している。そしていずれのときもそれを見抜くことができた。

ストラクチャーの変革と発想転換　既存の考え方、これまでの仕組みの踏襲では今のチャンスをチャンスとして生かすことはできないが、本来の意味でのリストラが進展し、企業や社会、産業のストラクチャーが変わっていけば、今後景気が伸び、企業の収益が回復・拡大していくことは間違いないだろう。

低迷から脱しきれない企業は相変わらずリストラの名のもとに人員削減、首切りをするだけで、肝心の構造を変えられないから、縮小均衡を余儀なくされている。

しかし、ここで視点を変えてみよう。少子化は企業経営にとってプラスに作用する。無理な人員整理をしなくても、時間がたてば高い給料をもらっている年寄りたちが辞め、新たに入社する若い人たちの数が減るのだから、将来的には人件費負担は軽減される。そうすれば収益は改善する。

時は移り、社会は変わる

世界的には経済の成長力は大きい。中国をはじめとするアジア経済は発展を続けているから国際化に対応した素材産業やハイテク企業の業績は回復した、というよりも絶好調である。好調な部分よりも停滞、低迷、不振局面の方がクローズアップされるから、日本は相変わらず先が見えないトンネルか底割れした井戸の中にいるような気がするのだが、経済の活力はすでに快復しつつある。

地方の商店街は不振場面の典型であろう。しかしどんな産業、ビジネスでも有為転変する。商店街も同様である。仮に大型店の出店攻勢がなかったとしても、旧来型の商店街が繁栄し続けられるわけはない。だいいち、今の時代、誰が昔ながらの八百屋や魚屋を継承していくだろうか。

後継者がいなくなり、ニーズがなくなり、必然的にそうなっているから衰退していくのであって、景気要因や大型店のやりかた、政策の不備——もちろんこれらにも責任の一端はあるのだが

――に商店街の不振や昔ながらの商店廃業の原因を求めようとするのはおかしい。

今伸びている企業、高株価企業は新興である。旧態依然たる企業の業績や株価は低迷している。もちろん、今高株価の企業がそのままでいられるわけではない。今高株価であるということは、将来の株価は下がるということでもある。

◉カードビジネスの世界

カード業界の状況　カードビジネスの世界がどう変化しつつあるのか見てみよう。
ワールドマーケットでの勝負は明らかである。VISAのシェアが突出しさらにシェアは拡大している。Master CardのシェアはVISAの半分弱に過ぎない。アメックスはさらに小さい。ダイナースとJCBが一パーセント台のシェアで生き残

カードビジネス世界ブランドのシェア

(%)

	1998	1999	2000	2001	2002
VISA	55.7	56.9	57.2	57.7	58.3
Master	26.8	26.7	26.4	27.2	28.1
AMEX	13.6	13.0	13.3	12.3	11.3
DINERS	1.8	1.6	1.6	1.4	1.0
JCB	2.0	1.8	1.6	1.4	1.3

（注）NILSON Reportから作成

米国のクレジット業界シェア比較

（2002年度残高シェア）

Citigroup	MBNA	Bank One	AMEX	CHASE
13.5%	10.2%	9.5%	6.9%	6.5%

Discover	Capital One	Bank of America	Providian	Household
6.3%	5.5%	3.9%	2.5%	2.2%

業界の取扱高シェア比較（2002年度推計値）

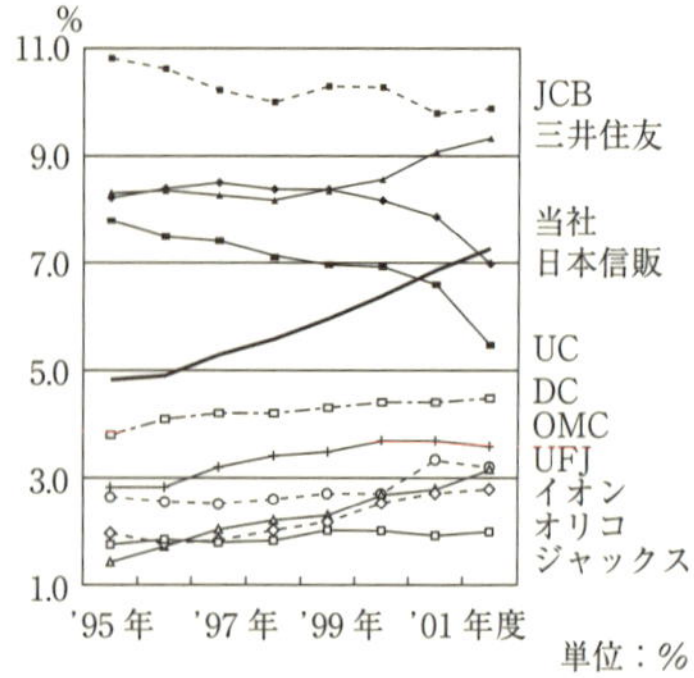

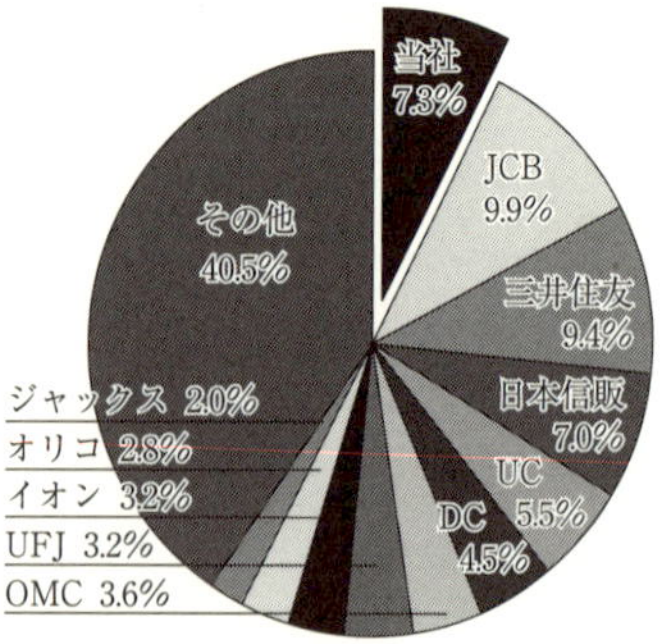

単位：%

	95年度	96年度	97年度	98年度	99年度	00年度	01年度
当社シェア	4.8	4.9	5.3	5.6	6.0	6.4	6.9

単位：%

SAISON CARD	JCB	VISA		UC	DC	AEON
7.3	9.9	9.4	7.0	5.5	4.5	3.2

※1995年～2002年のシェアは、各社取扱高（4月～3月計）を業界取扱高で除して算出。JCBは単体数値を非公開のため、推計値。
各社取扱高は、月刊消費者信用1996年9月号～2002年9月号を参考。業界取扱高は、平成14年版日本の消費者信用統計（日本クレジット産業協会）を参考。
※UFJカードは、2002年1月15日に旧ミリオンカードと旧フィナンシャルワンカードが合併の上、社名変更したもの。

営業収益・経常利益・利益率業界比較（2002年度）

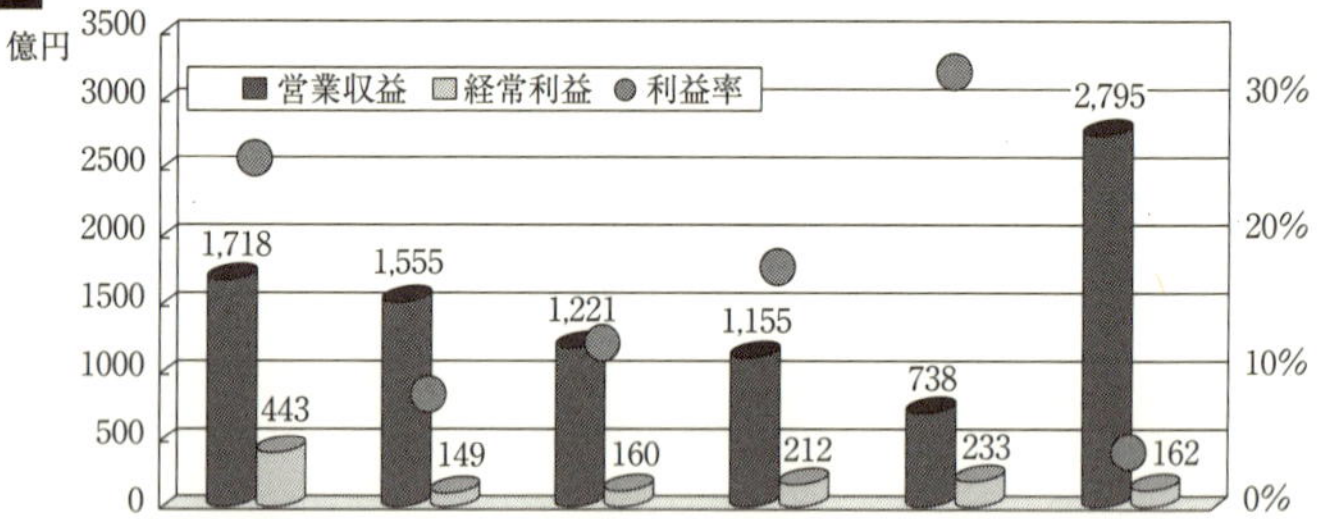

	SAISON CARD INTERNATIONAL（前比）	JCB（前比）	VISA（前比）	OMC（前比）	AEON（前比）	NICOS（前比）
営業収益	1,718 (111.4%)	1,555 (111.1%)	1,221 (101.8%)	1,155 (102.8%)	738 (116.4%)	2,795 (95.5%)
経常利益	443 (107.8%)	149 (106.4%)	160 (160.0%)	212 (88.0%)	233 (122.6%)	162 (60.9%)
利益率	25.8%	9.6%	13.2%	18.4%	31.6%	5.8%

※利益率＝営業収益に占める経常利益の割合　　（単位：億円）

りをかけて頑張っている。

ではアメリカのカードビジネスはどうなっているのか。

ここではシティがトップで、MBNA、バンクワン、アメックス、ディスカバーと続く。このほどシティがディスカバーを買収したので、シティグループが圧倒的なシェアをもつことになる。実はシアーズがディスカバーカードを発行する際にアメックスとの提携を持ちかけたが、アメックス側は拒否した。独自ブランド・独立路線を選んだ結果がアメックスのシェア後退に現れている。明らかな失敗である。

わが国はどうなっているか。日本のカード業界ではクレディセゾンやイオンカードなどの流通系が健闘している。利益率等、業績内容も流通系カードが優れている。

カードの進化と多機能化

カードの進化と多機能化について考えてみたい。

現在、接触、非接触のICチップを活用した、Edy、ETCカード、ネットワークカード等が生まれ、カードはきわめて多様化してきている。既存のクレジットカード、デビットカード、プリペイドカードの性格もいろいろである。

しかしアメリカなどカード先進国の状況からしても、また技術発展を考えても、将来的にはさまざまな機能が融合化され、最終的には一枚のカードに集約化されていくだろう。

現状ではICチップは接触型と非接触型という二種類があるが、これも一枚のカードに組み込まれ統一されていく可能性が高い。

日本は現金が主流でカードや電子マネーに変わりにくい社会である。アメリカでは個人消費の二四パーセント強がクレジットカードで決済されているが、日本は八パーセント弱にとどまっている。

アメリカの状況をみても、日本のクレジットカード市場の規模は現状の三倍が見込めるのである。ポテンシャルは非常に大きい。年金制度や税制、その他が、消費を抑制するような方向に向かっているのは問題であるが、カード社会が今後発展することは間違いない。

さらに広く情報化との関連で考えれば、ユビキタスネットワーク社会化が進みつつある。あらゆる場所からあらゆる情報にアクセスできたり、あらゆる商品やサービスが安全かつ便利に購入できるようになるし、受注、決済、デリバリーその他に至るまで広範にネットワーク化された社会がやってくるだろう。ベーシックな情報システムが統合化されたり、家電や電機機器のシステムが集約化される方向に進みつつある。

レジや情報システム、インストアバンキングにせよ、カードシステムやその活用にせよ、欧米の小売業は日本の先を行っている。以前、イギリスの小売業を視察する機会があったが、テスコやセインズベリーのシステムは日本の同業企業のはるか先を行っていることがよくわかった。ドイツのメトロのシステムも優れている。

小売業の競争場面も急速にグローバル化している。日本の小売業も変わらざるをえない。変われない企業は消えていくだろう。

最後に私の持論を述べよう。今われわれがしなければならないのは、ビジネスとは何かを考え、ビジネスの定義を再構築することである。私はビジネスとは知識を智慧に変え、それを富に置き換えることだと考える。

知識は多ければ多いほどよい。しかしそれは使える知識、生きた知識でなければならない。活用できないものは知識ではない。そして生きた知識は智慧に変わる可能性がある。

◉運《ツキ》の研究

ビジネスとは知識を智慧に変え、富に置き換えること

そう考えれば、さまざまな発想が生まれてくる。たとえば私は以前から運《ツキ》について研究している。ツキについてはみんな知っているし関心はあるだろうが、ツキについて探求しツキを使いこなそうとする人は少ない。私はツキを味方にすることが大切だと思っている。ツキを自分のものにするためにツキについて一生懸命研究している。

機会が訪れたとき、それを最大限に利用するのがツキを味方にする第一歩である。次には直感に従い成功するための決定を行う。明るい未来を期待することが夢や願望の実現に役立つ。そして悪い運を良い運に変換する。これらがツキについていわれていることであるが、これをさらに突き詰めて考え深めていく。

ツキを味方にする、ツキをマスターすることで道が開けていく。あるいは、じゃんけんに勝つ方法があると考える。どうしても勝ちたい、勝たなければならないという強い思いで、勝つ方法を考える。そのためにはルールを熟知し、相手や周囲の動きや変化を見極め、ゲームを引っ張っ

ていこうという強い意志をもつことである。

プロフェッショナルなビジネスマンであれ　ビジネスも経営も同様である。深く考えることなく毎日漫然と会社に通い、真面目に周囲とかけ離れない程度に頑張って仕事をする。それなりに努力する。

しかしそれで満足してはいけない。会社とはプロのビジネスマンをつくる場であり、プロのビジネスマンが仕事をする場である。しかし日本の会社では大半がアマチュアのままで終わってしまう。ちょっと考えればわかるはず、少し気をいれて勉強すればわかるはずなのに、多くは標準レベルに安住し努力しない。だから高い所に届かない。標準記録を突破できない。永年雇用、年功序列に守られて昇進はほぼ横並びで、突出することなく仕事への愚痴、社内批判と上役の悪口に終始して定年を迎えるサラリーマンがなんと多いことか。

しかし一方では日本の社会のいいところは競争相手が弱いことである。ちょっと力があれば、アマチュア相手の競争だから簡単に勝てる。私は二十余年前にクレディセゾンの前身である西武クレジット(旧・緑屋)に入った。当時この会社は銀行管理下で再建途上にあった。かつての月賦百貨店を小売業として再生する試みは失敗に終わったが、信販機能を引き継ぎ、強化する形で新しいビジネスを模索することになった。

私はクレジットビジネスという新たな地平に乗り出した以上、業界について学び、参考にする必要があると考え同業他社を訪問した。しかし当時の銀行系のカード会社では本社の銀行から出向してきた人たちが経営幹部であることが多く、カードビジネスの先行モデルとするには至らなかった。また競争相手とすればさほどの脅威ではなかった。そういう相手と競争してきたのだから、単純に、「勝った」、「ナンバーワンになった」と喜ぶのではいけないと思う。たしかに構造不況のなかでも業績は拡大しているし、予算未達の年はなかった。しかし二十数年以上も右肩上がり、順調な軌道をとってきた企業は間違いなく壁につき当たる。クレディセゾンも例外ではない。大切なのは壁につき当たるものだということを認識しておくことと、壁につき当たったときに構造改革に踏み切れるかということである。

◉二一世紀型企業経営とは

知力＝気力＝体力の経営

二一世紀型企業経営とは、体力＝気力＝知力の社会から知力＝気力＝体力の社会に変わるなかで実現するものである。堺屋太一氏流にいえば知価社会、ダニエル・ベルのいうポスト・インダストリアル・ソサエティ、においては知識や智慧が資本主義にとって最大の経営資源であり、最高の価値を生み出す源泉である。

それではどういう知識や智慧が求められているのか。それは学校で学んできたようなものでないことは確かである。受験用に学んできたあるいは学ばされてきた英語に国語に数学……ではなくて、もっと人間にとっての根源的なもの、複雑で多様なものである。

受験科目の点数が高いことがその人の能力や資質を現しているだろうか。実社会の解はひとつではない。いくつもの答えがあり、それは企業内部の力や事情、競争関係や社会の変化、顧客との関係や事業のタイミングなど、たくさんのファクターと絡み合っている。

状況を見極め、ライバルをしのぐ独創力を

クレディセゾンを例にとろう。セゾンカードのポイント制度には期限がない。カードホルダーがいるかぎり、ポイントは継続できる。通常、カードのポイントの有効期限は一年か二年と限られている。しかし一年や二年ではポイントがたくさんたまらない。

だから思い切って期限を設けず、いつポイントを交換してもいいということにした。しかしいつポイント引き換えがされるかわからないから、そのための準備、引当金をそなえておく必要がある。しかもポイントが永年にわたり有効だから、賞品は高額化するので、引当金の額も大きくなる。現在、ポイントのために年間六〇億円程度を引き当てている。

画期的なことである。これに追随できるライバル企業は一社程度しかないと判断して踏み切った。絶えず状況を見極め、ライバルの力を見抜き、タイミングよく組み立てる。これが競争戦略である。

どう生きるべきかを考える人材を育てる

そして、そのような発想、そのような戦略を構築できる人材を育てる必要がある。それには現在のような教育制度、大学入試選抜制度では対応できない。国語や英語以上に、歴史や地理や哲学の知識に関心がある人材が欲しい。大学に入っても、企業に入っても、人間とはどう生きるべきかを考えるというスタンスをもっていてほしい。そうすれば企業のなかにその考え方が根づく。

現在のような入試科目、選抜方法はナンセンスである。必要なのは学校の改革である。試験科目なんぞなくしてしまえばいい。たとえば、ありとあらゆるジャンルの問題を五〇〇問出題して、どれだけ答えられたかを採点評価する。その中身は教育課程から外れていていい。音楽史関連ではビートルズのP・マッカートニーの生年と生地はどこか、などという問いがあれば、ロック音楽を一生懸命聴くだろうし、それを楽しむようになるだろう。

いろいろなことに興味、関心をもつこと、複雑で多様な知識をもち、それらを駆使して考えることが社会人としての能力になる。大変複雑な知識を駆使してたとえばカードの差別化をはかる、企業の差別化をはかる、あるいは他が真似したら自分たちはさらに先を行き、いつまでにこの段階に至るのだという目標を明確化でき、ふさわしい戦略を立てられる人材が二一世紀型企業を、二一世紀の経営を支える基盤である。

ESがすべての原点

二一世紀の経営に転換するためには、一度すべてを壊し、再構築する、創造的破壊のプロセスが必要である。そして二一世紀型経営にとっては、ES(Employee Satisfaction 従業員満足)がすべての原点、スタートである。ESなくしてCS(Customer Satisfaction 顧客満足)はありえない。

社員を大切にしない会社の社員が、顧客を大切にするはずはない。しかし社員を大切にすることとは、社員を甘やかし、ぬるま湯的な環境のなかで温存させて、腐らせてダメにしてしまうことではない。体制に楯突かない素直で忠実な社員だけが優秀だというような価値観でもダメである。自分たちがやりたいことがわかっていて、それを主張し実現していく社員を見出し、育て、活躍できるような制度をつくっていくべきである。

ＦＡ（フリーエージェント）宣言した社員を活かし、彼らによって支えられる時代になる。したがって、いかにしてそういう人材を採用するか、あるいは育てるかが重要である。その仕組みをいち早く創り上げた会社が勝つ。

2

新時代のエクセレント・カンパニー

研究開発型企業・林原の経営のめざすもの

林原　健（はやしばら　けん）
㈱林原代表取締役社長

2003年4月

◉二一世紀のエクセレント・カンパニーと地域社会――なぜ「岡山発」なのか

一九八〇年代、九〇年代、そして二一世紀に入っても、「エクセレント・カンパニー」とは何かが問われています。「エクセレント」な企業の条件は、まず経営体質が「ストロング」であることですが、それだけでなく、「グッド」あるいは「ビューティフル」なカンパニーであることが問われています。

林原（はやしばら）はこれまで岡山という地方都市で研究開発型の企業として「質的な世界トップレベルの会社」「品格のある企業グループ」をめざしてきました。

岡山という地方都市を本拠地として事業展開していることと、これからも岡山という地域でお世話になるのだから貢献していくのだというこの二つが、林原の経営スタンスを考えるときの大事なポイントになります。

高速道路ができたり新幹線の駅ができることは、地方都市にとってすべてプラスになると思う人は多いでしょう。たしかに一部の政治家やゼネコン、建設業は利益を享受するでしょう。しかし地方経済にとっては逆にマイナスに作用することが多いのです。その典型例の一つが岡山市の北部にある津山市の場合です。大阪と直通道路でつながる中国縦貫自動車道ができて、これで津山は発展するだろうとみなが喜んでテープ・カットをしました。しかし期待通りにはいかず、若者たちは車で大阪に出て行ってしまい、残っているのは高齢者と子どもたちということになりました。地方においては立派な道路ができたり、情報通信、交通網が整備されて便利になることが、逆に作用することがあるのです。

東京は人口約一二二〇万人の大都市ですが、東京出身者は少なく、地方出身者が大多数を占めています。若者たちは東京という都会のもつ自由さにあこがれて東京に出て行き、大学に入り、卒業し、会社に勤め、家庭をもちます。一定の年齢になり、将来のことを考えたとき、故郷に帰りたいと思う。しかしそう望んでも、地方には働くための受け皿となる企業がないのが実情です。

地方に本社をもつ企業、しかもトップ企業と遜色がない地方企業が増えていかなければ、地方の発展は難しいのです。独自の考え方、個性的な体質をもち、質的に大企業に匹敵する地方企業が増えかつ育っていく必要があります。そのような条件が満たされたうえで、地方に立派な交通網が整備されるのならばよいのですが、それがないままに交通網だけが発展すると、地方都市はますます空洞化していきます。

また、地方企業が成功して上場したとしても、東京や首都圏に本社を移したり、工場を他の地域や海外に移転してしまうならば、当然地方に空洞化が起こり、雇用創出はますます難しくなります。自然発生的に、地方に質的に優れた企業が輩出することが理想なのですが、いろいろな制約がありなかなかうまくいかないのです。

林原は、本社も研究所も岡山にずっと置き、東京には移すつもりはまったくなく、あくまで「岡山発」であり続け、一方では国際的に通用する「グローバル企業」でありたいと思います。そして、地域経済と地域文化の豊かさの調和を考えていきます。

◉林原の基本理念と組織――「生命」が原点

林原グループについて少し説明します。明治一六(一八八三)年、現在の岡山第一工場の地に麦芽水飴を製造する林原商店を林原克太郎が創業しました。爾来約一二〇年、現在では酵素・微生物とバイオテクノロジー産業のトップメーカーとして、活動領域をライフサイエンスにまで広げながら、「生命の世界」を見つめています。その結果、世界各国の医薬品、化粧品、食品等の業界各社から、そして研究者から、「研究開発の林原」と高く評価されています。また文化、芸術、学術の発展に貢献すべくメセナ活動を行ってきました。ちなみに林原グループ全体の二〇〇二年の売上高は七九一億四三〇〇万円、従業員は一四九八名でした。

林原の大きな関心の一つが「人間」です。現在、政治、経済、社会、文化の広範囲にわたってさまざまな矛盾が露呈していますが、それは、「人間」も一個の「生物」であるというあたりまえの認識を置き去りにしているからだといえます。

林原はすべてにおいて「生命が原点」という発想に立って考えかつ行動します。技術開発も生活文化もすべて「生き物の眼」から見直しています。

現在、林原には「コアグループ」「マネジメントグループ」「メセナグループ」「海外拠点法人」の四つのグループがあります(図参照)。

まず「コアグループ」には、経営戦略・立案実行、技術開発・製造販売を行う「林原」「林原生物化学研究所」「林原商事」「太陽殖産」「ザハヤシバラシティ」があります。

「コアグループ」はまさに言葉通り当グループの「中核」であり、永続的かつ革新的経営を行うことをめざします。自然、独自性、創造、永続性、革新、地域、非上場、生命、リスクヘッジ、クリエイティブ、コア機能スキルアップという基本価値を実現していきます。

「マネジメントグループ」としては九社あり、「岡山製紙」「京都センチュリーホテル」「林原美術ミント」「太陽アメニティ」「ルネサンス」「太陽美術紙工」「三星食品」「昭和倉庫」「H＋Bライフサイエンス」など各社がそれぞれの分野で独自性を発揮し、有意義なものを社会に還元し、収益性をあげて株式公開をめざします。ちなみに岡山製紙は二〇〇〇(平成一二)年に株式を店頭

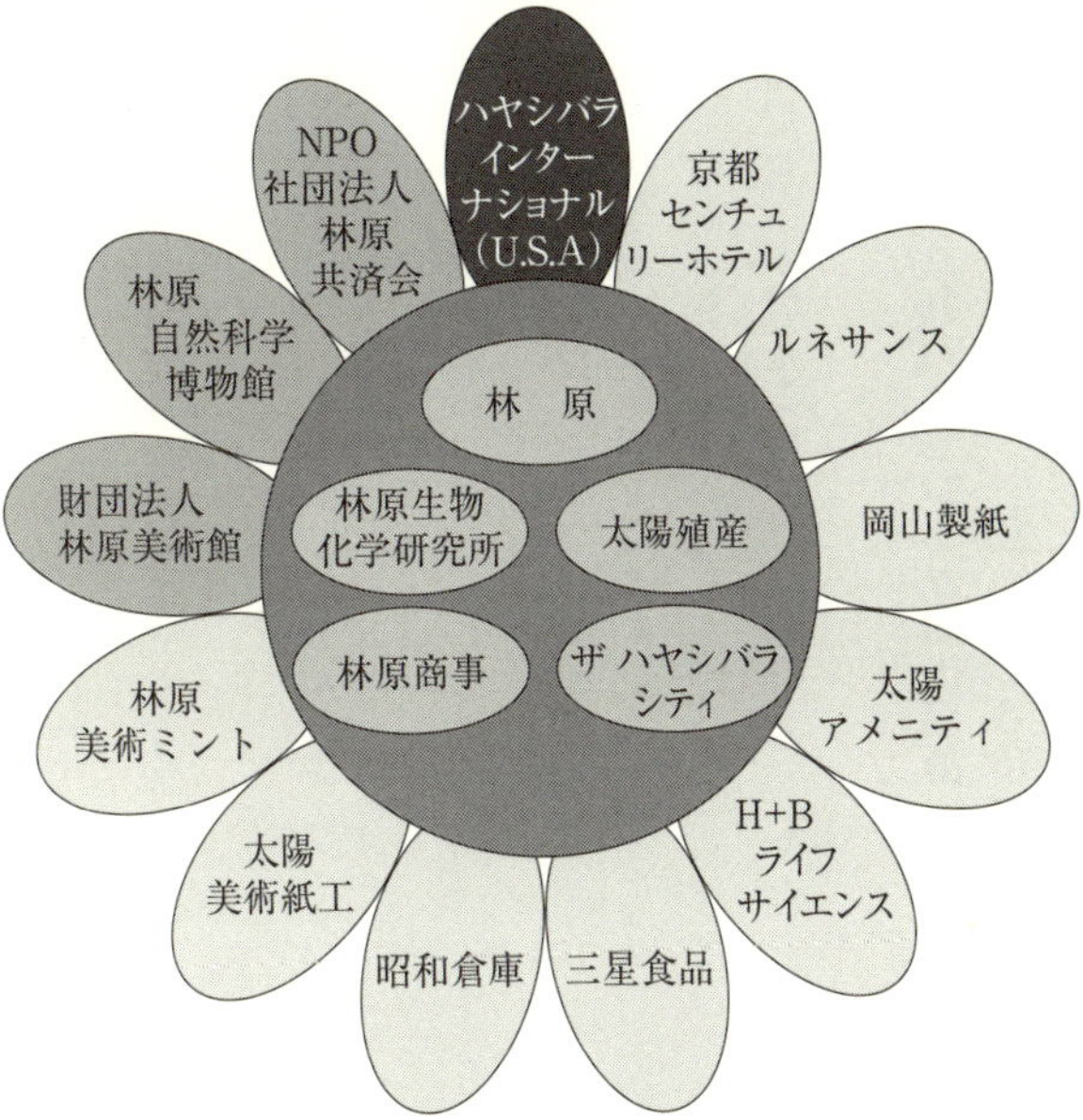

コアグループ	機動的かつ革新的経営を行う 自然・独自性・創造・永続性・革新・地域・非上場・生命・リスクヘッジ・戦略機能スキルアップ
マネジメントグループ	各社がそれぞれの分野で優位な独自性を保ち有意義なものを社会に還元する 収益性・マネジメントのスキルアップ・意思決定最適規模の追及・新規分野への進出・株式公開
メセナグループ	地域に根ざし，伝統文化，技術を守る 文化・芸術・学術・福祉・地域交流
海外拠点法人	グループの海外進出の拠点 グローバルなネットワークづくり

公開しました。

「メセナグループ」としては、「林原自然科学博物館」「林原共済会」「林原美術館」があります。「海外拠点法人」としては、「ハヤシバラインターナショナル」があります。

林原は、研究開発を主体にしたコアグループを基軸にして、いろいろな新しい課題に挑戦し、コンパクトなかたちでグループを形成していこうとしています。

優れた人材を地方都市に引き止めておくことはなかなか難しく、それを矛盾なく可能にする方法がなにかないのかを考え続けなければいけません。マネジメントグループ各社は、研究開発機能もすべて自社でもちながら、大企業に質的にじゅうぶん匹敵する企業に成長し、株式公開もめざそうとしています。そうすることによって、コアグループをコンパクトにしていくことができ、同時に、地元岡山で優良企業が増えて、優秀な人材が吸収でき、東京からのUターン組や年をとってから故郷に戻ってくる人たちの雇用を吸収できます。新技術が生まれると、それを実用化する段階で企業が増えるので、マネジメントグループの企業はこれからも増えると思います。

◉採　用——九九パーセントが岡山出身

林原は、岡山県出身者を意図的に採用しており、全従業員の九九パーセントが岡山出身者で占めています。父、子ども、孫というように一家が三代にわたって当社に勤めているケースもあります。

岡山県は教育県であり親は子どもに勉強させます。今は少子化時代であり、長男・長女が勉強して、東京の大学で学び、大企業に就職し、親の死に目ぐらいにしか岡山に帰ってこないというのが現状です。交通も情報通信も整備されて、いろんなことがスピードアップし、ますます地方から若者や人材が出ていきます。

地方都市にUターン者の受け皿的企業がたくさんある必要があります。そのときに東京の企業と同じような研究開発、同じようなものづくりをしていてはだめなのです。その分野は狭くても、どの企業もどの研究者もやっていないドメインを選択しないかぎり、地方企業では対抗できず、ビジネスとしても成り立たないのです。絶対的な差別化が必要なのです。

林原の従業員は岡山県出身者が圧倒的に多いのですが、研究開発部門では一部、外国人をフェローとして採用しています。しかし研究室に来る外国人はある意味で渡り鳥です。この企業のこの研究部門が先端をいっていると思うと、その研究をマスターしに来て、それが済むとまた別の研究所に移動していくのです。

また、林原は街づくりにも力を入れています。林原再開発プロジェクトは、岡山市民が誇りに思うようなすばらしい街にすべく、再開発事業に取り組んでいます。行政は都市づくり、街づくりをいろいろ考えています。民間の林原などもグランドデザインをもって街づくりに参加すべきです。行政はハードの部分はできるのですが、ソフトはわれわれ民間がやっていかないとだめなのです。

当社は創業から約一二〇年たちました。これから何百年も当地で生きていこうとすると、街づくりにも取り組む必要があります。九九パーセントの社員が地元岡山出身なのですから。林原は一〇〇年以上も続いている地場企業なのであり、地域の人とはすべて「知り合い」の関係だといえます。

採用の基準は、その人の学校の成績も大事ですが、それだけでなく、まずお父さん、お母さんとのつながり、地域とのつながりも重視されます。

◉林原の基本理念――「生命」の不思議を問い続ける

林原の企業理念は、「いのちの不思議、生命のちから、生物との対話から、林原は学びます。」という言葉に象徴されています。

林原はもともと微生物とそれがつくる酵素を使って新しい糖をつくることから出発しています。生物学が根底になっていることもあり、林原のすべての発想の原点は「生命」です。技術開発も生活文化もすべて「生き物の眼」からとらえ直しています。人間という特定の生物ではなくて、地球上の「生き物」という広い範囲から人間をみるということが、研究開発および事業活動の根底にあることが、結果的に今日の林原の独自性、クリエイティビティの発揮につながっていると思います。

私は、大学では法学部で学びました。バイオテクノロジーの勉強をしたのは卒業後です。いろいろ他の分野のことを学び、回り道をしたうえでバイオの仕事をしていますが、このことがかえって経営者としてはよかったと思います。

生物学の究極の目的は、生命とは何か、人間とは何かを問うことであり、それを問い続けることだと思います。答えがわかれば、生物学はもうそれで終わりなのですが、おそらく答えは永久に出ないと思います。生物学の視点から政治、経済、社会などをみていくと、大変よくみえてくることがあります。

林原は恐竜の化石の発掘やチンパンジーなど類人猿の研究もしています。それは本業となんら関連がないと思われがちですが、実はすべてがつながっているのです。これからの世の中がどうなるかについて五〇年のスパンでみたらどうなるのか。類人猿の研究成果から明瞭にわかることがあります。それは、どういうことか。二〇世紀は大きな戦争がいくつもあり、まさに「戦争の時代」でした。戦争が起こると経済は必ずインフレになり、社会形態は男性が主体になります。

ところが、米ソの二大覇権体制が崩壊し、アメリカに対抗する国が出てこなくなりましたが、それが、デフレの出発点だと私は思います。現在は、たまたま不況がデフレと重なっただけであり、デフレと不況とは本来関係ないのであり、不況が終われば、本当に豊かな社会になるのです。戦争がなければその分豊かさが加速し、平均寿命はもっと延びるでしょう。デフレのときは必ず平均寿命が延びています。

平均寿命が延びると、人間はだれしも健康でありたいと思い、かつ若々しく美しくありたいと願います。人間のこの願いに沿った研究開発をしていけば企業は必ず生き残ることができます。

チンパンジーの集団は親分と子分がいる典型的な父系社会です。しかしチンパンジーのなかでももう少し高等なボノボ（昔はピグミーチンパンジーと称されていました）は人間に近いのです。二足歩行で、社会形態は人間の先を行っており、そこでは男性の価値は平均して低くなっています。それはまさにデフレ経済のなかの、これからわれわれが歩もうとする社会を先取りした母系社会なのです。

◉なぜ「家業」か──研究開発型企業の基本スタンス

林原グループはコアグループ、マネジメントグループ、メセナグループ、海外拠点法人の四つに区分けされていて、コアグループはまさに全体のコアたるところです。林原グループは、将来、コアグループとメセナグループだけ残して、マネジメントグループはすべて独立した企業にしてそれぞれ店頭公開、上場していきます。マネジメントグループの各社は、生いたちや成長を共にした大きな意味の林原ファミリーの独立したメンバーというわけです。

コアグループは「家業」として残し、「家業」としてしかできない活動をしていきます。「家業」という言葉は、同族会社的で、旧く、良くないイメージがありますが、研究開発を主にしている林原においては、まさに「家業」でなければできない研究が多いのです。

近年、当社が研究開発したものを、世界の大手企業が買いにくるケースが増大しています。なぜこれほど世界各国から当社に注文が増えたのでしょうか。それはグローバルな規模でのM&Aが頻繁に行われていることが原因の一つとしてあります。M&Aが進めば企業は大きくなりますが、株主数が増大すると、みなが納得する研究開発しかできなくなり、リスクを伴う開発や、時間がかかる研究はできなくなります。早く収益を出さねばならず、一〇～二〇年かけてじっくりと研究開発することができないのです。

研究開発の場合、どうしても一〇年あるいは二〇年かけなければならないタイプのものがあります。それは「家業」ならば遂行できます。リスクを負いながら一〇年、二〇年かかる研究開発を「家業」が行い、その成果を「上場」している取引先の大企業に供給するという、共存共栄の道が可能なのです。自社ですべて最後までやるのではなく、一線を画して共存共栄をはかっていくかぎり、「家業」は立派に生き残っていけるのです。このような視点から「家業」の存在価値を再評価する必要があると思います。「上場企業」をめざすことがすべていいのではなく、「家業」でなければできない仕事があるのです。

林原には一〇年、二〇年かけている研究テーマが全体の約四割あります。そのうち大企業がまったくやっていないテーマが約六割あります。かつては一〇年、二〇年かかる研究の比率が多かったのですが、二、三年後には五分五分にもっていきたいと思います。

◉「マネジメントグループ」は各社上場をめざす

マネジメントグループは九社になりました。そのなかの岡山製紙は明治四〇年創業の岡山最初の近代企業の一つで、大変歴史がある企業です。一九八八(昭和六三)年に地元各界の要請を受けて林原グループに同社が入りました。近年、製紙業は大企業でも経営状態が厳しく、同社の再建は難しいと思われましたが、経営体質の転換をはかり、累積赤字もすぐに黒字に転換させ、利益を出す堅実な企業になりました。同社は段ボールを中心にした製紙会社ですが、当時、製紙会社は公害問題で四面楚歌の状態で、ビジネス環境が最も悪いときにもかかわらず高い収益を出したのです。そして二〇〇〇(平成一二)年に店頭公開しました。

店頭公開、株式上場する場合、創業者利益が発生します。高い株価でスタートすると、証券会社と創業者の親会社はプラスになりますが、その後その高い株価を維持することが難しく、経営者は大変です。林原の場合、グループ企業が店頭公開をするときは、証券会社が示した最初の価格の何分の一かに株価を抑えます。できるだけ低い価格にして、次の社長にバトンタッチをするかたちをとっています。

当グループは京都でホテルも経営しています。現在、ホテル業界をとりまく環境は厳しく、日本のどのホテルチェーンも経営状態が良くないのですが、京都センチュリーホテルは経営体質の強化に取り組んだ結果、経常利益を計上しており、昨年の年間客室稼働率は九〇パーセントを超えています。宿泊部門だけでなく、婚礼・宴会部門も順調で予約は満杯です。

当ホテルの客室稼働率は京都市内のホテルの平均より一〇パーセント以上高いのですが、その理由の一つは、ホスピタリティを大事にすることにあります。高級ホテルが稼働率を上げるために修学旅行の団体客を泊めるようになりました。京都センチュリーホテルは、一般のお客さまを大事にし、修学旅行の団体客は遠慮していただいておりますが、現在そういうホテルが京都では二軒しかないのです。

◉オンリーワンの研究開発を——独自性、創造性、新領域がポイント

林原は、常に独自の研究、新しい価値の創出をめざしてチャレンジしています。目標が達成できた暁には、その分野での第一人者になります。かりに成績トップの人が東京へ出て、霞ヶ関や大手町などで活躍していて、一方、岡山にいる人たちが二流意識をもっているとすると、そういう意識をなくさせることが、われわれの任務でもあるのです。そのためには競争者がいない分野で独創的な研究開発をして、一番になることです。最初のテーマ設定がしっかりしていれば、よい商品開発、研究開発ができて、その人はその領域で第一人者になり、一挙に一流の人材になるわけです。地方企業はこういう独自の道をいくべきです。

ライバルがいない分野で研究開発をすれば、自然に第一人者になれます。そのためには未開の領域、新しいテーマを見つけて、どう研究設計していくかが重要です。もちろん、研究者からこのテーマでやりたいという案が出ます。大学の専門家からも案が出ます。そのなかからよいテー

マをピックアップし、やると決定すれば指示を出して、私がすべての結果について責任をもちます。研究所長は技術的な面の責任を負いますが、結果責任は負わなくてよく、その点を非常に明確にしています。一般に大企業は、技術屋で常務取締役、専務取締役だった人を所長に据えて、よく売れるもの、ヒットするものをつくるように要請しますが、そんなことを期待されても所長は困るわけです。日本の研究者はほとんど転職しておらず、卒業後は研究室で研究に従事してきました。それゆえみんなの顔色をうかがい、会議をパスしそうな企画、同業他社が出している新製品に少々プラスアルファしたものを考えがちになるのです。当社は権限と責任を明確にして新しい研究開発をやりやすくしています。

私は創造性については楽観的な見方をしています。本業以外の知識と経験、全く異質の知識と経験をたくさんもてばいいのです。それを五つもてば、無限大に組み合わせができ、そこでできたものは全く新しいものなのです。

近年「産学協同」ということが盛んに謳われています。最近でこそ大学は大変協力的になりました。しかしかつては、大学の先生が産学協同で研究開発を進めることに、学校側はブレーキをかけがちでした。だから、個人の資格で先生と会社が産学協同の研究開発をしていました。現在でも昔の法律・規制がそのまま残っていたりするので、いまだに産学協同が難しい大学もあります。

共同研究は、いろいろな大学の先生方といろいろなかたちで行っています。大学では規則がいろいろあって共同研究が難しいのですが、最近は県や市が貸研究室をつくり、そこで一緒にやってほしいというまでになりました。

◉企業メセナ、フィランソロピィには「哲学」が必要

林原は、芸術、文化、スポーツの発展のために、スカラーシップ制度をもっていて、奨学金を毎年出しています。人数は決めておらず、林原が直接出すものと、間接的に行うものがあります。ある音楽家の方は障害者でありかつ音楽家なのですが、支援する代わり年に一～二回チャリティ・コンサートを開催していただいています。ロータリークラブやライオンズクラブにチャリティ・ボックスを置いてもらい、お金がたまれば障害者で芸術を志す人に奨学金を出すということも行ってきました。

アメリカ企業もヨーロッパ企業も日本企業も、多様なかたちでメセナ活動をし、社会貢献をしてきました。

林原は一九九一(平成三)年に企業メセナ協議会の第一回「メセナ大賞」を受賞しました。しかし私は、この賞をなぜ当社がなぜ受賞したのかよくわからなかったのです。というのも当社はもともとメセナ活動については、企業の仕事の一部だととらえていたからです。ですから私はその受賞式で、自らが思っていることを述べさせていただきました。

メセナには基本的に個人が行うメセナ、企業が行うメセナ、国家が行うメセナの三つがありま

す。日本の場合、戦後は税制の関係で個人の金持ちがいなくなり、企業がメセナをすることになります。ここで重要なポイントは、だれもがメセナは慈善事業だと思っていますが、それは間違いだということです。「企業メセナ」という名がついているかぎり、何らかの見返りが双方にないメセナには企業は手を出してはだめなのです。お金だけを出すメセナは長くは続かないからです。

また、大企業であるほどメセナ活動をすることが難しいのです。それはなぜでしょうか。多くの投資家が大企業の株式を所有しており、彼らも納得するメセナでなければ、厳しく批判され追及されます。その意味でも、メセナは何らかのかたちで企業にとって具体的なプラスがあるという証明ができないとだめです。また、そういう口実をつくらなければメセナは長続きしない。それゆえ、林原はお金だけを出すメセナは基本的にしていないのです。林原はメセナに関係している人を会社のなかに取り込んで、社員のようなかたちにしているケースがほとんどです。社員と昼食をし、夜一杯飲みに行くなど一緒に行動することを通じて、全く違う世界のことを双方が知識交換できるのです。支援を受ける側も、そういうかたちで取り込まれたほうがいい。メセナに対してそういう前向きな精神をもつと同時に、継続できるための手段をもたないと、メセナは長く続かないものです。

◉構造改革を超えて

日本経済は依然として閉塞状況にあります。長い不況のなかでかつてエクセレント・カンパニーと賞賛された企業もいまや凋落していて、新しい世紀に入っても閉塞状況がなかなか突破できない。しかもそのなかで「環境」「人」「企業倫理」が問われるなどいろいろな問題、大きな課題をかかえています。

しかし私はそれについては全く悲観していません。なぜならば、日本は歴史的に見て過去何回も不況がありました。今回の不況はかつてのそれとは量的にも質的にも異なっています。われわれの目から見ると、シャーレの中で菌をざっと増やしていき、あるところまで来ると、抗生物質が働いて、菌は九割以上死にますが、一〇〇パーセントは死なないのです。そして生き残った菌は耐性菌になっていて、それが次にぱっと一挙に広がるのです。

現在、小泉首相は「構造改革」を最も過酷な条件のもとで行いました。小泉首相と竹中経財・金融相はほうぼうから批判を受けながら改革を断行しつつあります。しかしこれまでの内閣は、税金を一〇〇兆円以上も使いながら構造改革をできなかったのです。

では、今までの内閣がなぜ「構造改革」ができなかったか。それはひとえに地元の利益にとらわれた代議士の責任なのです。地方で代議士を送り出しているのはほとんどが地場企業です。地場企業の大半は先祖代々受け継いだ土地持ち会社です。力のある地方企業が、代議士を送り出しているのです。ですから代議士は自分の票田を失わしめるような「構造改革」には基本的に賛成できず、だからこれまで「構造改革」ができなかったのです。小泉首相と竹中経財・金融相はそういう支持基盤がなく、浮動票が多かった。しかも竹中経財・金融相は実体経済のことがよくわからずに、教科書通りやってしまったことが結果的に良かったのだと思うのです。

金融監督庁（現金融庁）は不動産、株式、社債などの資産をすべて時価会計にするよう銀行に指導しました。まず大銀行に適用され、次いで地方銀行にも及ぶのですが、それは同一のマニュアルです。日本企業は欧米と同じ時価評価会計に転換するのです。これが実際に地に着くのが何年かかるのか分からないが、もう後戻りはできないのです。その意味で構造改革は私は成功だと思います。

円安にすることが日本の不況打開策になるという論があります。しかし韓国や中国とは事情が異なり、日本はそれができないのです。円安になれば、日本経済は一度は潤うことは確かですが、アメリカの国債を買えなくなるので、やはり円安にはできない。

構造改革は最も経済的に過酷な条件のもとに断行され、すべての企業が選別に曝されているとみるべきです。ここで生き残った企業は間違いなく世界で最もタフな企業といえます。これらの企業がこれからの日本経済の中心になり、日本経済は基本的に大変強いものになると思います。

3

わたしの「農業」
「永田農法」の存在意義

永田　照喜治（ながた　てるきち）
農業指導家　㈱永田農業研究所代表取締役

2003年12月

◉常識にとらわれない永田農法

農業を始めてから、いつの間にか五五年の歳月が経っていた。わたしが手がける農地は、荒地や岩山など、これまでの常識では、農業に向かないようなやせた土地がほとんどである。それらの土地で、水や肥料を極力抑え、野菜本来の生命力を引き出すことを心がけながら、理想の野菜や果物を育ててきた。からだにとって安心・安全であることはもちろんだが、美味しくて栄養価の高い農産物をつくることがわたしの理想である。

大学で経済学を専攻したわたしは、最初から農業を志していたわけではない。大学を卒業する頃、父が亡くなり、生まれ育った九州天草に戻ったのだが、農業の経験は全くなく、最初のうちは試行錯誤の連続であった。

あるとき、岩山のミカンが美味しいことに気づいた。そこで、周囲からは狂気の沙汰だといわれたが、先祖伝来の美田を売り、岩山ばかりを買い付けた。肥料も種類を変え、量を変えて実験を繰り返し、今の農法の原点である「やせた土地に、少量の液肥(化学肥料)」の農法にたどり着いたのである。

やがて、わたしがつくるミカンが美味しいと評判になり、国のパイロット事業として、岩山をブルドーザーで崩し、一五ヘクタールの広大なみかん園をつくった。その頃には、九州大学の福島栄二教授によって、わたしの農法にもある程度の理論的な裏づけができた。

もしわたしが、農学部を卒業していたら、あるいは普通の農業の知識を身につけていたら、「永田農法」は生まれなかっただろう。

農業の素人だったからこそ、「作物はたっぷりの肥料と水によってつくられる」という先入観に支配されず、自分の目と舌を素直に頼り、出てきた結果を信じられたのだと思う。

岩山でつくるみかんのパイロット事業の成功により、一九六四(昭和三九)年に産業の基礎研究として鹿児島県吹上砂丘で二五〇〇ヘクタールもの大規模な実験農場を営むことになった。日本の農業の将来のためにと、東大や京大、鳥取大、九州大などの先生方が理論面での協力を惜しまなかったことも支えになった。また資金や設備面では、当時住友電工社長であった北川一栄さんの尽力で、日本の経済界のトップがバックアップしてくれた。

その後も、さまざまな気づきや体験を重ねていき、「肥料や水分を極限まで抑える」、「植物の原生地に近い環境を再現する」などの「永田農法」が確立した。一九七三年には、農産物販売などを行う緑健(現㈱りょくけん)を設立し、農家には本格的な生産の指導を開始した。

◉小売業とのかかわり

これまでさまざまな流通業の方との付き合いがあった。生協には数十年来かかわっている。特にコープこうべとのかかわりは深く、名誉理事長顧問の高村勣さんとは旧制高校時代からの付き合いになる。コープこうべには、㈱りょくけんから、継続して商品を納入している。

また札幌市民生協(コープさっぽろ)も、沖縄の完熟トマトを扱っていた。普通のトマトよりも値段が高いにもかかわらず、本物を子どもにだけは食べさせたいという親心があるのだろう。若い母親たちにとてもよく売れた。

マスコミは永田農法とユニクロとの取組み(「SKIP」)に関心を示したが、あれはあくまでも市民農園を中心とした日本の農業構造改革という大きな構想のなかのステップ事業のひとつであった。単純に規模をみても、わたしが指導した農産物を販売する㈱りょくけんの売上高の数パーセントにすぎない。それに対して年間一〇〇億円を超える、コープこうべのフード・プラン事業や、西友フーズとの事業などは、初年度から大規模な収益をあげ、流通の場面での改革を起こしたといえる。

コープこうべでは、一九八八年からスウェーデンのオルタナティブ・フード・プログラムを参考にして、フード・プランと名づけた農産物、畜産物、水産物の供給事業を展開している。

フード・プランの基本コンセプトは「生産者と消費者の安全」、「エネルギー・資源の循環・節約」、「環境・生態系の配慮」の三つであるが、安全基準をつくったのはわたしである。マスコミに大々的に取り上げられることはなかったが、生協と一緒に、表面に出ないがきちんとした仕事をやってきたとの自負がある。生協からは二万五〇〇〇円の給料を二〇年以上もらったのだが、わたし自身、このことを誇りに思っている。

西友とのつきあいも古い。後に西友フーズの社長や西友の取締役を歴任した橋本州弘さんとは、彼が新入社員の頃に、住友電工の北川会長を通じて出会った。「除草剤を使わないミカンを西友で扱いたい」という橋本さんの熱意から、わたしたちとの取引が始まった。一九八三(昭和五八)年頃のことである。当時、西友では取り扱う青果物のほぼ全量を、東京青果一社に任せていたので、わたしどもと西友とは何の取引もなかった。

橋本さんの熱意にうたれて取引をし、一年でみかんを約六〇〇〇トン、一〇億円売った。現在、日本国内で流通するみかんは八〇万トンである。それに対して、当時、西友が六〇〇〇トンの「完熟屋みかん」を売ったのはすごいことである。しかも、生産量が過剰な年のことだっただけに、なおさらの感がある。

当時、西友との取引(完熟屋)は量的にも質的にも、常識では考えられないものだった。市場外流通も今ほど一般的ではなく、東京青果にあいさつに行っても、誰も本気にしてくれなかったという。

大手の小売業が安心・安全を前面に出した商品を扱うことは、当時、企業の方針に合わないとされていた。なぜなら、販売(扱い)量の一パーセント程度にすぎない食品を「これは安全である」と表現することは、残りのほとんどの食品は「危険」ということになりかねないからである。ましてや企業も、公益や社会のためという発想が、今ほど強くなかった時代のことである。社内や上司の理解は得られにくかったが、橋本さんの熱意でこのプロジェクトは実現した。

完熟みかんを年間六〇〇〇トン売ったという実績は、大企業、大組織であっても既存の大量流通以外の仕組みでもって安心・安全を提供できるのだという証でもある。

また西友の取組みは「完熟みかん」、「完熟トマト」というものを、日本の消費者に認知させたという意味で、食文化を向上させることにもなった。青く未熟な状態で収穫し、流通過程で追熟させて赤くしたトマトやみかんしか知らなかった消費者に、完熟したトマトやみかんのおいしさを知らしめたのも、このプロジェクトであった。

大量生産、大量流通への挑戦を、大手量販店とともに実現できたことが、そもそも画期的であった。

◉農業分野での知的所有権確立を

日本では農業分野でのノウハウや知的所有権というものについて、確立されたものがないが、産業の発展ということを考えると、これらを早急に確立していくことが必要だろう。

こう述べるのは、わたし自身の苦い経験からである。情報社会が来るのはわかっていながら、セゾングループもわたしも、特許の活用法を知らなかった。「完熟」で特許をとろうとしたが、「完熟」は一般用語の扱いになりできなかった。しかし、現在出回っている高糖度トマトは、その九割以上が私のやり方を模倣したものであると思われる。

「サラダほうれん草」という名称も、セゾングループが最初に使ったものである。これは独自にシュウ酸の基準値を設定し、シュウ酸の量が五〇〇ミリグラム未満のものを生食にあったほうれん草ということで「サラダほうれん草」と称したのである。シュウ酸度が基準より多いほうれん草は一般品として扱っていた。

ところが、ある県の経済連(農協)が、西友のサラダほうれん草と似て非なるものを、名前だけ使って大量に売りだした。しかしこれはえぐみが強くて、生で食べられたものではない。結局、「サラダほうれん草」の信用はこれによって落ちてしまった。今にして思えば、これも商標登録しておけば防げただろうと残念でならない。

セゾングループはさまざまな取組みを他社に先行しながら、その成果を他に取られてしまうことが多い。しかも本質を理解してきちんと取り入れられるならばまだしも、形や言葉だけをつまみ食いされてしまうことが多いのは誠に遺憾である。もっと早くから知的所有権の確立や情報作戦に力を入れていれば、ビジネスモデルのシステム特許などとれたであろう。セゾングループだけでなくわたしも同じ痛みを味わっているのであるが。

その反省から、今はできるだけ特許申請をするようにしている。おそらく農業技術の特許は世界でも一番多く取得し、情報化社会に対応した農業をやっていると自負している。

◉「市民農園」という新しい農業

今、わたしが取り組んでいる農業のなかで最も注目してほしいもののひとつに新しいタイプの「市民農園」がある。これは二〇〇四年春の完成をめざして、茨城で事業化が進められているものである。ひとり一区画一〇〇〇坪という大規模な農園で、その三分の一に果樹あるいは樹木を植え、残り三分の二にはタマネギやブロッコリーを植える。

市民農園を運営するのは一般の方である。実験中のプロジェクトなので今申し上げられるのは、一定の収入がある方、といっても飛びぬけた高所得者というのではないということだけである。また実際に農業をするだけの体力が必要だということで高齢者でもないという程度であるが、すでに茨城の市民農園では候補者が絞り込まれている。

市民農園の作業イメージは、週二日程度は自分で農作業に携わるが、普段の管理は、機械でコントロールするなどプロに任せるというものである。すでにわたしの元では、この市民農園を管理する技術者の候補が研修している。

わたしの理想は、採れた農産物を販売して、その利益で農園の運営費をまかなうことである。そのためには、プロの技術と、何をつくるかという判断、生産物に対する目利きが必要になってくる。

高品質で付加価値の高い果物や野菜は、つくれば売れる。茨城の市民農園では、橙やカボスなどのスパイスオレンジを植えるつもりでいる。ミカンはどこにでもあるが、首都圏ではスパイスオレンジはほとんどつくっていないので特徴になる。すでに果物の育成手法についての特許もとっている。

また当然だが、永田農法による野菜、特にタマネギやブロッコリーなどを作付けする。永田農法でつくったタマネギやブロッコリーは糖度やビタミンCが群を抜いて高く、おいしいのである。新しいタイプの市民農園に関する「システム特許」を申請し、先ごろ特許がおりた。

環境問題への対応もこのシステムの特徴である。農園内に建物はなるべく建てずに、簡易な液肥タンク付の農舎を置く。詳細は後で述べるが、これは完全にクローズドなシステムであり、ゼロエミッション(廃棄物なし)の営農システムが実現する。

◉既存農業や農政へのチャレンジ

大規模農業をやった経験があるからこそ、一〇〇〇坪の市民農園でも利益を出せるという発想が出てきたし、ノウハウも確立できた。

この試みは、茨城にかぎらずある程度の広さの農地があればどこでも可能性はある。わたしの計算では、一〇〇〇坪タイプの市民農園が、ひとつの村だけでも一〇〇カ所くらいできる。現在、福島県でも県の依頼で市民農園プロジェクトを進めている。

福島で準備しているのは、国の補助金で牧場をつくるために開墾したものの使われなくなり、荒地になってしまった土地である。日本全国には今、このような土地がたくさんある。

一方には後継者不足が深刻化するという状況がありながら、農業分野への新規参入は厳しく抑えられている。現行法のもとでも農業に挑戦する人は現れてはいるが、数はきわめて少ない。おかしな話である。わたしが提唱している「市民農園」は一〇〇〇坪という規模の大きさ、つまり農家の資格があると認められる規模であり、今の農業政策へのチャレンジにもなるだろう。

しかし「市民農園」という言葉は適切ではないのかもしれない。日本では市民農園というと、戦後の食糧難の頃の、間に合わせ的な一坪農園のイメージが強いからである。

最近では、ドイツをモデルに「クライン・ガルテン」と称するところが増えているが、これも実情は本格的な農業とはかけ離れている。日本のクライン・ガルテンは、市町村が補助金等を使い、ヨーロッパ視察してきた結果できたもの、都会の観光客を誘致する観光農園のようなものがほとんどである。名前だけのクライン・ガルテンであり、レストランや宿泊施設を併設したものが目立つなど、ドイツのそれとは本質的に異なっている。

わたしはクライン・ガルテンが多くあるハイデルベルグ単科大学の付近を何度か訪れたが、ドイツのクライン・ガルテンは、市町村が農地を買い取り、小面積(二〇〜三〇坪)の区画に分けて、安価で提供するものである。そしてこれに参加するのは一般市民である。ドイツにはクライン・ガルテンに関する基本法もあり、制度的にもかなり進んでいる。

◉「貴族農園」をめざす

だが、わたしがこれから広げていきたいと考えている一〇〇〇坪タイプの市民農園は、ドイツ流のクライン・ガルテンとも異なるものである。日本はもとより、従来の市民農園とは全く違ったものという意味で、わたしはこれを「貴族農園」と呼びたい。

果物や野菜は、もともと園芸作物といって、お城の中で育てられるようなものであり、貴族のためのものだった。ホルツスというラテン語は「園芸」を意味するのだが、この言葉は同時に「城壁で囲む」という意味をもつ。パリ郊外のベルサイユ宮殿には、王妃マリー・アントワネットのためにつくられた小さな庭(農園)がある。そこでは果物や野菜がつくられていたが、現在、シラク大統領は国の威信をかけて、この「貴族農園」の整備を行っている。

今、わたしが一番めざしているのは、一般の方が「貴族農園」にチャレンジしてもらうことである。「貴族農園」では、高品質で高級な果物や野菜をつくる。本来の意味での園芸をすることが理想である。そしてそれは、一般市民がかつての貴族と同じような豊かな生活をすることを意味する。

その意味でも、わたしが提唱する「市民農園」＝「貴族農園」は、社会主義運動として貧民救済の意図をもってイギリスで始まり、ドイツに渡ってきたクライン・ガルテンとは異なるものである。

◉環境を破壊しない農業

「貴族農園」には液肥タンクを設置する。タンクの上には農舎を建てるから、外からタンクは見えない。農地法上はどこにでも建てられる仕組みである。

液肥タンクには水を入れて嫌気性発酵させる。原料は、野菜くずや人間の糞尿などだが、それだけでは足りないので鶏糞も加える。鶏は移動式パオで飼育する放牧形式である。鶏が土を食べたりするので定住式にしない。また一定の数以上養うと環境が汚れるので鶏は二〇〜三〇羽程度とあまり増やさないのが原則である。一〇〇〇坪あれば鶏だけでなく、ヤギなどの小動物の放し飼いも可能である。

液肥タンクの中は三つの層に分かれている。最初の層でダンボールが溶けるくらい強い酸性で溶かして発酵させ、二つめの層でメタンガスや硫化水素を出してこれを燃やす。液肥は三つめの層に溜る。

副次的にできるメタンガスは、今は燃やしているが、このガスを燃料として活用することもできるし、燃料電池にすることも可能である。燃料電池は今から一〇年もすれば車に搭載できるくらいのサイズダウンが可能になるだろうから、有効に活用できる。

このシステムはあまり大規模ではペイしない。というのも、液肥の原料となる生ごみは、近距離でなければ運ぶのが大変だからである。大規模な実験を行ったからこそのスモールビジネスである。そしてスモール・イズ・ビューティフルと確信をもっていえる事業である。

こういう構想は今になって初めて生まれてきたものではない。環境と共生するスモール・イズ・ビューティフルの思想は日本の暮らしのなかに根づいていたものであり、日本人の発想のなかにはずいぶん以前から埋め込まれていたものである。

たとえば農業に糞尿を使うのは東洋の発想であり古くからの知恵である。江戸時代の江戸は一〇〇万都市だったが、とても清潔な町だった。下肥(人間の糞尿)は金銭と交換する価値をもち、貴重なものとして扱われていた。糞尿をごみ扱いし、経費をかけて処分するのは西洋の発想である。

農業は環境破壊の始まりである。わたしが自然環境に対して目が向くのは、いわゆる環境問題への関心というよりも、農業者としての「原罪の意識」が大きい。農業の起源は一万二〇〇〇年前、チグリス・ユーフラテス川のほとりだが、そのイラク平原は今や砂漠化している。

わたしは昔から、農業は環境に遠慮しながら過剰なものは与えない、という考え方をもち実践している。燃料電池の実験も一〇年前に高知県政策総合研究所へ提案した。最近は、環境に優しい「永田農法」として、農業だけでなく環境という視点から、表に出る機会も増えている。今回の「貴族農園」に関する営農システムも、環境負荷を与えないという観点で、すでに海外からの取材を受けた。わたし自身のスタンスは何も変わっていないが、時代がこちらに近づいてくる気配を感じる。

「貴族農園」の三分の一が果物などの樹木を植えるというのは、農地として耕さないという意味がある。耕す(カルチャー)ことは環境破壊になる。ましてや肥料や農薬をたくさん使うような近代農法というのは、大量生産、大量流通に適した、効率優先の工業社会の発想である。

自分たちが育った頃の土や空気や水などの環境はきれいだった。その美しい自然環境を工業社会は汚してしまった。今、巨大な海鼠が秋田県の能代沖で捕れるというほどに、地球温暖化は深刻化している。自分たちの世代が汚してしまった。わたしはそれを取り戻してから次の世代に伝えたい。

ただし工業社会で失ったものを取り戻すといっても、工業社会以前の状態に戻ることではない。車なしの社会に戻ることは非現実的である。わたしがめざすのは懐古主義ではない。失敗という経験を生かした未来に向けた試行錯誤を行っていかなければならないのである。

◉有機農業ブームへの疑問

有機農産物は安心・安全といったイメージが強いが、有機農法は必ずしも安心・安全ではなく、環境にかける負荷も大きなものである。有機物は分解してやがて無機物になり、植物はその無機物を養分として取り込んでいくことで成長する。肥料で問題にすべきなのは、それが有機か無機かということではなくて使用量である。

化学肥料の使いすぎは土を壊し、農産物を弱くするが、有機肥料であっても使いすぎれば同じことである。すでに海外では、有機農法の問題点が表面化しており、スウェーデンなどバルト三国では、農業に対する厳しい環境規制が行われるようになっている。バルト海では陸地から流入する堆肥の富栄養化によって、三分の一が死の海と化している。主な原因は有機肥料の過剰施肥である。しかも温度が低ければ有機物は分解しにくくなるために北国ほど問題が深刻化する。そのため同国では冬場の使用を禁止した。フード・プランの作成にあたってスウェーデンに学んだコープこうべでも、一一月から二月の間は有機肥料を使うことを禁じている。

また有機肥料の内容にも関心をもつべきである。有機肥料として販売されているものの品質、ならびにその原料や製造方法はどうなのか。農協は家畜の糞尿を人間の食料よりもっと大量に輸入しているが、ほとんどが「素性がわからない」ものであり、これを多用することは、結果的に日本の土壌を汚染することになる。その危険性に気づいている人は案外少ない。

いずれも非科学的であったり、曖昧なイメージ先行である。今は少し時代が変わってきたが、本当に正しいことが伝わっていないと思う。

しばらく前までは日本の農産物が一番危なかった。農薬の単位面積あたりの使用量が、日本はアメリカの七倍、オーストラリアの二五倍という状況が当時は一般的であった。だが、輸入農産物に比べて国内産の農産物は安全というイメージが先行しており、そういう話はタブーとされてきた。

以前、日本有機農業研究会をつくった一楽照雄さんと一緒に、全国をまわったことがある。「素性のわからない家畜の糞尿を農家に売りつけることはよくない」「日本に昔からある小規模面積ならば、焼畑農業は環境にプラス」など、晩年の一楽さんはわたしと同じような意見をもっていた。

焼畑農業については、有機物を燃やし、炭素を灰にしたほうが、有機物を地上に放置し発酵によって出るメタンガスの二五分の一という少ない二酸化炭素排出量ですむ。二酸化炭素の排出量を抑えられれば、地球温暖化を抑えることにもなる。

◉日本の農業の構造改革を

今後、日本の農業は二極化が進むだろう。プロの手による大規模農業(三〇〇〇万坪規模)と、市民が参加する一〇〇〇坪程度の「貴族農園」の二つの方向性である。

三〇〇〇万坪(一〇〇〇〇ヘクタール)の大規模な農地では、タマネギをつくる。以前、西友と「完熟屋」プロジェクトを手がけていた頃、大型商材になると見込んだ商品である。ハワイでは、毎年二〇〇万人以上のアメリカ人観光客が一人平均で、五〇キログラムものタマネギをマウイ島から持ち帰る。アメリカのタマネギは安いが、硬くて機械で掘るためには適しているが大味で甘味も少ない。それに対してマウイ島のタマネギは味に鈍感なアメリカ人でもおいしいとわかるので、みんなお土産に買い込むのである。これを見ていて、本当においしければ需要があるということがわかり、研究を重ねてきた。今、糖度が一二度と高品質なタマネギの生産が可能になり、年内には特許が取得される見込みである。長崎県が県の予算で基礎研究支援を行っており、来年あたりから量産体制に入る。

このタマネギは収益を出せる商品である。農産物できちんと収入が得られるようにしないといけない。タマネギは世界数カ国から来る国際商品であり、市場も大きい。競争力がある商材として海外への輸出も視野に入れていける。

大規模に産業化する前には、まず中間プラントをつくる。小規模で生産する場合も同様である。工業では必ずそういった方法をとるが、農業の場合も変わらない。温室を建てる場合、日本のメーカーからは購入せず、世界中から最も低コストな資材を持ってきて組み立てるなど、できるだけ合理的に進める。

これまで、省力化とコストダウンが可能な大規模農業を日本でも定着させるべく、実験を行ってきた。今後は電波ロボットなども実用化する時代になるだろう。

日本でも大規模農業への取り組みが現実味を帯びてきたことを実感する。現在、一人当たりの作付面積は、アメリカでは二〇〇ヘクタールだが、一〇～一五年後には、日本にも三〇〇ヘクタールの時代がくるだろう。今の農業人口の減少と老齢化の様子からみて、国内で農地が余るようになるのは明白である。世界を市場として視野に入れていかなければならない時代が間近なのである。

◉食にかかわる産業は生活提案業

農家が行う農業は第一次産業だが、一般の人が行う農業は第三次産業である。

市民が参加する「貴族農園」のようなシステムは、自分でつくっているから安心であり、結果的にコストも安い。遠くから来るものほど、流通コストや信用保証代金などがプラスされていく。

わたしは、にんじん嫌いやほうれん草嫌い、野菜嫌いの子どもたちが、喜んで食べるような農産物をつくりたい。今の子どもは偏食なのではない。市場に出回っている野菜は本来の野菜ではないから、子どもたちが嫌うのである。今でもシュウ酸の科学分析は難しいが、子どもは食べただけでシュウ酸値がわかるようだ。シュウ酸一〇〇〇ミリグラム以上だと、子どもたちの喉を通らない。子どもたちは本来、味にも安全性にも敏感である。そういう子どもたちが食べたがる野菜をつくるのがわたしの目標である。

農産物は採りたてが最も新鮮である。たけのこやアスパラガスなどは、掘りあげたその瞬間にビタミンCが半減する。だから食べ物との距離を近づけ、「安全」な食べ物を美味しいと思える人が増えるように、自分でつくることを積極的にすすめている。

二〇〇三年五月に通販企業「カタログハウス」の本社ビル屋上で、園芸教室を開催したが、申し込みは約五～六倍と都会の人々に人気がある。一般向けに、「永田農法」でつくるベランダ菜園の本も出した。

これからは、市民一人一人がつくり手になり、表示ではなく、自分の目と舌で本物を見極める力を身につけるべきだ、とわたしは思う。

なぜならば、食べ物は他人と山分けするものではないからである。食は生活提案なのだから。安全でおいしい野菜を食して健康を維持してほしい。それがわたしの願いであるし、そのためには、野菜をおいしく食べられる食卓や、食を楽しむ生活提案をしていくことが大切と考えている。

たとえば「貴族農園」では、シャモを飼い、燻製にする。その燻製にはそこで採れた橙《ダイダイ》と、甘味と酸味の強い永田農法のトマトがピッタリである。脂が乗ったさんまには、えぐみのないサラダほうれん草が合う。こうした素材の個性や相性を生かすことが大切であるし、おいしいものをおいしく味わうためには欠かせないことである。

そのためにも野菜を自分でつくる楽しみを覚え、食べ物との距離を縮めてほしい。ベランダの一鉢からでもいい、一般市民の方が本物をつくるのが一番だと思っている。

こうした小さな動きも、やがて大勢の人が参加することで、日本の農業の将来に影響を与えていくだろう。わたしが提唱する農業は、マクロとミクロ両面から、日本の農業に変革を促すものである。

4

日本のショッピングセンターの現状と流通業をとりまく課題

岩﨑 雄一（いわさき ゆういち）
㈳日本ショッピングセンター協会会長

2003年3月

ショッピングセンターのルミネを通じて小売業に携わるようになって約七年が経ちました。この間の事業展開を通じて得たこと、日本ショッピングセンター協会会長として日頃ショッピングセンターや小売業について考えていることを述べてみたいと思います。

日本のショッピングセンターの月間販売統計が発表されるようになったのは最近のことです。それ以前は年間統計の他に四半期毎に一回販売統計が発表されていました。ショッピングセンターのような組織の場合、月次販売データの収集がかなり難しいことから、最近まではなかったのです。しかし商業動態統計その他のデータとのバランスや比較などを考えれば、ショッピングセンターの月次販売データの取りまとめは不可欠であると考えて、協会加盟各社やセゾン総合研究所の及川亘弘前所長などの多くの方々の協力を仰ぎながら、ようやく発表の運びとなりました。これによって日本ショッピングセンター協会の社会性も高まったと考えております。

◉日本の小売業の発展とショッピングセンター

ショッピングセンターに先だつ集合的な商業施設は駅ビルです。その第一号ともいえるのが一九五〇（昭和二五）年にできた豊橋駅ビルです。当時は第二次世界大戦後の復興期で商業施設といえば少数の百貨店と町の中小商店しかありませんでした。そこに新たにつくられた商業施設が駅ビルです。

当時の国鉄（今のＪＲ）は、戦災で被害を受けた駅舎の改築、再建を進めていましたが、資金的に厳しかったこともあり、地元にスペースを貸す代わりに建設費を出してもらい駅舎を復興しました。それを民衆駅といいました。豊橋駅ビルはそういう民衆駅としてつくられたもので、集合的な商業施設とはいっても、実態は場所を提供して低額な家賃をもらい、商店が複数集まっていたというレベルのものです。

しかしその後、商業の世界ではいろいろなものが出始めます。一九五三（昭和二八）年には、青山に紀ノ国屋ができました。日本初の本格的なセルフサービス店、今でいうスーパーマーケットが登場したのです。昭和三〇年代になると新しいタイプの小売業が続々と生まれてきます。たとえば一九五七（昭和三二）年にはダイエー、イトーヨーカ堂が出てきました。これは後に総合スーパー、いわゆるGMS(general merchandise store)として発展していきました。ジャスコ(現イオン)はダイエーやイトーヨーカ堂には少し遅れましたが一九六八(昭和四三)年に発足しています。ここに百貨店以外の大型小売業、いわゆる量販店が勢揃いをしたのです。

日本初の本格的なショッピングセンターはその翌六九(昭和四四)年に誕生しました。横浜高島屋が出資してつくった郊外型商業集積、玉川高島屋ショッピングセンターです。複数の小売店が集まった集合的な商業施設はそれまでもありましたが、本格的な意味でのショッピングセンター、つまり商業施設として一定のコンセプトに基づいて統一的に経営されるものは玉川高島屋ショッピングセンターを嚆矢とします。

ショッピングセンターとは、ディベロッパーが、一定のコンセプトに基づいて多くの専門店を一つに取りまとめて統一的なマネジメントで全体の効率を上げていくという意思をもった商業集積のことであり、それは単なる場所貸し業ではないのです。

一九七〇年代に入ると全国各地にショッピングセンターがいくつもつくられます。それらを横につなぐ組織が必要になり、一九七三(昭和四八)年に日本ショッピングセンター協会が発足しました。初代会長は三井不動産の江戸英雄さん、二代目会長は玉川高島屋ショッピングセンターをつくられた東神開発の倉橋良雄さんでした。三代目会長がイオンの岡田卓也さんです。私は四代目になります。今年(二〇〇三年)は日本ショッピングセンター協会創立三〇周年にあたるために、いろいろな記念行事を進めております。

日本ショッピングセンター協会が設立された一九七三(昭和四八)年は、さまざまな意味で興味深い年でした。平塚に平塚ステーションビルができましたが、これは民衆駅ではなくて国鉄出資駅ビルの第一号なのです。それまでの民衆駅は国鉄がお金を出していない駅ビルでした。しかし平塚ステーションビル以降は、国鉄がお金を出して子会社をつくり、駅の立地を生かして商業に参画しました。それまでは国鉄が商業施設を運営するのは民業圧迫になるからと認められていなかったのです。しかし国鉄は昭和三〇年代末頃から経営的に厳しい状況に陥りました。そこで経営改善のための副業経営——一定の条件付きではありましたが——が、一九七一(昭和四六)年の政令改正によって認められ、駅ビルの第一号が平塚ステーションビルでした。

同じ年、コンビニエンスストアのセブン-イレブン——これは周知のようにイトーヨーカ堂がアメリカのサウスランド社と提携してつくったものですが——ができました。その後、ファミリーマート、ローソンなどもできますが、この年に小売業の基本的な業態が一応出揃ったとみることができます。ディスカウントストアやホームセンター、ドラッグストアなどの業態もこれと前後して登場しています。

◉ショッピングセンターの現況

日本のショッピングセンターは現在どういう状況にあるのかといえば、表1に示したように、二〇〇二年一二月末現在、全国に二六一五のショッピングセンターがあり、テナント出店総数が

表1　日本のショッピングセンターの現況

（2002年12月現在）

ショッピングセンター（SC）総数	2,615
テナント出店総数	116,178店
1 SC 当たり平均テナント出店数	44店
キーテナント出店数	2,372店
SC 総面積	38,619,573m²
SC 平均面積	14,768m²
キーテナント平均面積	7,119m²

表2　開設年別ショッピングセンター数

1970 年以前	1971～80年	1981～90年	1991～2000年	2001 年	2002 年	合計
178	577	667	1,104	39	50	2,615

表3　核テナント業態別出店数

ショッピングセンター総数	2,615
核なし	633
1 核	1,594
複数核	358

一一万六一七八です。つまり一つのショッピングセンター当たり平均テナント出店数が四四店です。キーテナント出店数は二三七二です。一つのショッピングセンターの平均面積は一万四七六八平方メートルで、一つのキーテナントの平均面積はその約半分の七一一九平方メートルです。キーテナントを有するショッピングセンターにおいては、キーテナントゾーンと専門店ゾーンが拮抗している形になります。

表2は開設年別にみたシ

ヨッピングセンター数です。一九七〇年以前のショッピングセンター数は民衆駅の駅ビルを入れても一七八でした。その後、七〇年代には五七七、八〇年代には六六七のショッピングセンターが開業しました。そして九〇年代には一一〇四、二〇〇一年の開設数が三九、二〇〇二年は五〇で、合計二六一五ということになります。

二六一五のショッピングセンターのなかで核テナントがないスペシャリティセンターが六三三あります。それ以外のショッピングセンターには核テナントがあります。百貨店が二つとか、百貨店とGMSとか、GMSが二つとかいうように、複数の核テナントを擁するものもありますから、核テナント数は一九五二になります。日本のショッピングセンターの核テナントにはGMSが圧倒的に多い。その次に多いのがスーパーマーケットです。衣料や雑貨を中心にした大型店はあまり多くないという傾向があります。

二〇〇〇年六月一日に大店法が廃止され大店立地法が施行されましたが、特にこの時期には駆け込みオープンがあって、ショッピングセンターの開設も多くなっています。二〇〇三年の現時点では一〇〇〇平方メートル以上の大型店の届出件数は大店法時代の約六割です。不景気のため規制緩和下であるにもかかわらずショッピングセンターの新設数は少なくなっています。

◉ショッピングセンターとは何か

ショッピングセンターとは何かについて考えてみたいと思います。ショッピングセンターは不動産を貸す、場所を貸す、そしてその賃料や地代をもらうといった不動産管理事業ではありません。そういう意識をもっていたのではショッピングセンターの経営はうまくいかないでしょう。ショッピングセンターとは、全体の運営に当たるディベロッパーが多数の専門店を一つの商業施設であるかのごとく演出する大型小売業であるという認識のもとに、一定のコンセプトと強い経営意思をもっていることが重要です。どのようにテナントをまとめていくか、どのように商業施設全体を運営していくかという基本方針と戦略があってこそショッピングセンターなのです。

かつて「稼ぐのはテナント、管理するのはディベロッパー」という考え方が通用した時代もありました。しかし今ディベロッパーが見据えるべきはお客様です。お客様を見て、テナント・ミックスやマーチャンダイジングをどうするかを考えるのがディベロッパーの仕事です。ディベロッパーとテナントが協業することで最大の成果をあげるのがショッピングセンターという商業施設です。それはオーケストラのコンダクターと楽団員の関係に似ています。ショッピングセンターという小売業の世界に足を踏み入れたとき、最初にそう感じました。コンダクターがタクトを振って楽団員がハーモニーを醸し出す、双方の息が合っていれば美しい音楽が醸し出されますが、技量の落ちる者がいると不協和音が出ます。コンダクターがいくら指導しても駄目な場合は演奏者を交代させます。そのような努力の結果としての素晴らしいハーモニーに聴衆は満足し、お客様が増えてくるというわけです。

現在のショッピングセンター経営においては、ディベロッパーはテナントに経営情報の開示を求めますが、ディベロッパー側からは情報開示がほとんどありません。ディベロッパーの倒産が問題になりつつありますが、信頼関係構築のためにもディベロッパー側は経営情報開示を考えるべきでしょう。いずれにせよ、ショッピングセンターという商業施設全体の集客力と販売力を最大化するのがディベロッパーの役割です。個々のテナントは自分のお店の効率化や生産性の向上ができても、商業施設全体の効率を最大化することはできません。その意味でディベロッパーは重い責任を負っています。

ショッピングセンターを構成する専門店は「専門店」という名称にふさわしい店でなければなりません。では専門店とは何か。それは他の店にはない何か特別なもの、特質をもつ店のことです。ほかにはない個性的な商品を売っている、ほかにはない優れたサービスがある、ほかにはない魅力的な店装、あるいはほかにはないビジュアル・マーチャンダイジング（VMD）といった特色をもつのが専門店です。このような条件の揃った専門店をテナントとしてお迎えをして、それらが最高の成果をあげるような商業施設を構成し、運営することがディベロッパーだと認識しています。

◉ルミネの一二年間

経　過　具体例として㈱ルミネのことをあげましょう。㈱ルミネは一九六六（昭和四一）年に当時の国鉄の子会社として設立されました。九二（平成四）年に国鉄分割民営化後の東日本旅客鉄道㈱が、それまでの国鉄出資駅ビルの大型店を合併し、翌年、ルミネ立川を合併するなどして今日の姿になったものです。現在、大宮店、北千住店、新宿店、立川店、横浜店、町田店、荻窪店、大船店、藤沢店、品川店などを展開しています。ルミネの立地は都心部、郊外のターミナルなどですが、いずれも集客力のある主要駅です。それまでのJRの駅ビルは一駅ビル・一会社というかたちで、各会社に社長がいました。しかしルミネは経営の最高責任者である社長は一人です。これはJRの事業のなかでは全国的にも特異な形態です。

私は一九九六(平成八)年にルミネに着任してから小一年、ショッピングセンターの状況やルミネの現状を観察し、九七(平成九)年に「第一次ニュールミネ計画」という総合的なマネジメント計画をスタートさせました。そして小売業の意識改革や業種業態改革、顧客満足(CS)への取組みを開始しました。「ルミネカード」も発行しました。

一九九九(平成一一)年にはルミネ町田店を開業しました。町田は大変豊かなマーケットを後背地としてもっている素晴らしい所です。ルミネ町田店の規模はそれほど大きくはありませんが、年間売上高は約一〇〇億円であり、毎年業績を伸ばしています。またルミネ品川店は、高輪口に食品店とレストラン、カフェの三つを経営しています。これは将来の品川再開発の先取りという形で出店しました。

機構変革にも取り組みました。たとえばルミネと京浜急行が同率出資した大船ルミネウィングが駅ビルも経営していましたが、それを切り離してルミネの直轄部分をルミネ大船店としました。

二〇〇〇(平成一二)年には「第二次ニュールミネ計画」をスタートさせました。二〇〇三年度は「第三次ニュールミネ計画」をスタートさせました。約七年間の経験を踏まえていえることは、駅ビルというショッピングセンターの運営には人材力、投資力、効率化の点からみてルミネ形式が望ましいということです。JRには他にたくさん駅ビルがあり、そこにはそれぞれ社長、専務、部長、そして社員がいます。しかしそのような分散化され細分化された組織では現在の激しい商業競争には対応できません。できるだけ統合し力をつけるとともに効率化する必要があります。親会社のJRもその方針になりましたから、これから合併が進むことになります。

二〇〇三年の四月一日にルミネ荻窪を合併したのが第一号です。ルミネ荻窪は立川店と新宿店の間にあります。同じルミネだからお客様は「ルミネカード」で買物できるものと思われるわけですが、レジで「このカードは使えません」と言われ、「いったいどうなっているんだ」というクレームが随分ありました。名前は同じ「ルミネ」であっても実は会社が違っていたわけです。合併によってこうしたことも解消しました。

業績改善への取組み　一般企業と同様、ルミネも厳しい環境下にあります。一九九一(平成三)年は立川を含め五つの駅ビルで合計一八四四億円の売上でした。その後九二～九七年は前年比でマイナスを続けました。私が着任した時には、右肩下がりの状態が定着していました。当時のマイナス成長に対する受けとめ方は、おおむね現在はバブルが崩壊して景気が最悪なので経営悪化は仕方がない、景気さえ回復すれば、集客力のある駅に立地しているのだから一気に回復できるはずだ、というようなことだったと思います。したがって対策としては、合理化のほかは、特段のことはやっていませんでした。

たしかに業績低迷の直接のきっかけはバブル経済の崩壊ですが、これは世の中の構造変化に起因するので、それには構造改革をもって対応する必要があると考えました。そこで経営活性化計画を策定し、九七（平成九）年四月一日から「第一次NLP」（ニュールミネ計画）に着手したわけです。最初の一年は売上減を止めることができず、前年比四パーセント減少になりました。しかし二年目にはプラスマイナス・ゼロになり、九九（平成一一）年は四・一パーセント増とプラスに転じ、以後連続してプラスを続けています。

おかげで「ディベロッパー大賞」（繊研新聞主催）を二回受賞しました。これはテナントがディベロッパーを評価したものです。二〇〇一年はルミネ全体が評価され、二〇〇三年にはルミネ新宿店が代表で選ばれました。二六〇三あるショッピングセンターのなかから選ばれたわけで光栄なことです。

◉ショッピングセンターのマネジメントの実際——ルミネを例として

ニュールミネ計画 Creation2005（=第三次ニュールミネ計画）　NLPの具体的な中身について申し上げましょう。

意識改革　ショッピングセンターのマネジメントの実際において最も力を入れたのは意識改

革です。「ショッピングセンターのディベロッパーは、不動産管理業ではなく、小売業である」という意識改革をめざしました。われわれは直接お客様と接する販売業務に携わっているわけではないが、さきほども触れたように、「ディベロッパー」は「小売業」であるという意識をもつべく意識改革をはかりました。これは頭ではわかるが、身体全体でわかるためには時間がかかります。しかし意識改革なくしては何も始まらないのです。

業種業態改革

〔考え方〕二番目はショッピングセンターとしての業種・業態改革への取組みです。変化する市場において常に最善の業種・業態を考え、それに向かって変革していくことです。ルミネにかぎらず駅ビルは「金太郎飴」といわれるほどどこも似通っていて、玄関口付近にはどの駅ビルも同じようなナショナルチェーンのテナントが並んでいました。初期の形態としては決して間違ってはいなかったのですが、問題はお客様ニーズとの間にズレが生じてきていたことです。そこを変革していかなければいけない。

ルミネはルミネらしくという基本的な方向性を決める必要がありました。その一つが、駅にあるという「立地性」の徹底活用でした。たとえば新宿駅は三〇〇万人というように駅は多くの人々が集散する場所です。そのための生活支援機能の充実に努めることにしました。基本施策として、食品、レストラン、生活雑貨、ドラッグ、化粧品、書籍、ＣＤなどです。そのなかで勢いのある業態店の導入をはかることにしました。魅力的なＳＣであるためには生活支援商品でも積極的な新しいライフスタイルの提案が必要です。最近の例ではお惣菜などが典型的です。たんに生活支援というだけでは十分ではありません。

ファッション系は売上が全体の約四割近くありますが、これは買回り品です。駅にあるから買うというものではありません。そこで、付加価値化とライフスタイル提案性による競争力を重視しました。新宿へ買物に行って、たまたま駅にルミネがあったので便利だから洋服を買おうという気には消費者はならないでしょう。高島屋、伊勢丹、丸井、三越などへ行き、あちこち回ってみて、ルミネにも立ち寄ったりして、比較したうえでいいものを買うのです。ですから買回り競争に勝てるテナント構成と品揃えでなければいけない。現在、ルミネのコア・ターゲットは若い女性層ですが、これが将来ともに変わらないかというと、そうは考えていません。すでに新宿店・横浜店と、立川店・大宮店とでは少し違います。郊外店や地方店ではヤングミセスやミセスへの対応も重要になりつつあります。一方、新宿店や横浜店はコアが二〇代、三〇代の女性、それもファッション感覚が鋭く消費意欲が強い購買力のある女性です。要は商圏市場の変化に合わせてルミネ自身を変革していくということです。

新宿ルミネ2の七階に吉本(「ルミネ the よしもと」)を入れたのも同じ発想からです。吉本ファンとルミネ新宿店の客層が年齢的にも似通っています。「ルミネ the よしもと」は今や吉本の東京での拠点になっていますが、アミューズメント性を加味しつつ相乗効果を考えてテナントを組み合わせることもディベロッパーの重要なマネジメントです。

その他のポイントは、コア・ターゲットを引きつけつつ、その一方では年齢・性別を問わず幅広い客層に対応できるテナント・ミックスを考えることです。先の生活支援業態などもそれですが、たとえば無印良品やソニープラザのようなテナントを導入することで客層を広げています。コア・ターゲットが若い女性だから、テナントはすべて若い女性向けというのでは、ほかの客層をシャットアウトすることになり、肝心の若い女性たちにも飽きられてしまうでしょう。若い女性が中心ですが、それと関連をもたせつつ、客層を拡げることが大切です。

〔都市型生活ファッションの提案〕　ルミネは東京あるいは首都圏の主要都市の中心に立地していることから、全体としてはベターゾーンを中心に、つまり中間価格帯以上の個性的でソフィスティケイテッドな生活ファッション提案型のショッピングセンターをめざしています。洗練された商品とテナントとサービスにより都市型生活ファッションの提案を心がけています。

重要なのが品揃えです。ルミネは、ハイカジュアル中心にトップクラスの専門店によりテナントミックスを構成していますが、スーパーブランドとは一線を画しています。そこは厳密に棲分けています。スーパーブランドを入れるのなら、それを徹底しなければならない。ルイ・ヴィトン、グッチ、エルメス、シャネル等を揃えねばならないでしょう。しかしルミネはハイカジュアルを中心に生活ファッションのトップクラスのMD（マーチャンダイジング）を充実させることをめざしています。それがルミネに期待されているところであり、アイデンティティだと考えています。

〔時宜にかなった適切なリフレッシュ策を〕　テナントミックスの見直し、入れ替えを適宜行うことが大事です。テナントの入れ替えを伴わない改装は行いません。だから今、ルミネでは改装のことを業種・業態改革といっています。ルミネ立川店が一九九六(平成八)年四月〜五月の二カ月間を全館休業して三五億円かけて大改装した結果、その年は売上が伸びましたが、翌年は売上が元に戻りました。それはなぜかといえば、いわゆる改装で中身が変わっていなかったからです。三五億円投資した効果は一年ちょっとで終わった。だからといって更なる投資を行うことはできないので、極力投資回収に努力してもらうこととして、とりあえず他店から業態改革を進めました。そうこうしているうちに、グランデュオの新設、伊勢丹、高島屋の相次ぐ増床などルミネ以外に大きな店が五つでき、立川地区の競合が激しくなってきたので、一昨年からテナント見直しを主体とした改革に着手し、その結果、二〇〇二(平成一四)年の売上高は五年ぶりに前年を上回りました。たんにお化粧直しをする改装では意味がなく、中身が変化しないかぎりは、お客様の評価は高まらないのです。

第一次、第二次のNLP(ニュールミネ計画)では毎年床面積で約一割程度の改革をしており、そうすれば一〇年間で一巡します。部分的段階的に改革する理由のひとつは、一斉に全体を変える大改革は、変化が激しい時代にあっては、世の中の方向が変わったときに、それと大きく乖離するおそれがあるからです。一年ごとに少しずつ改革していく方法であれば、世の中の変化を見極めながら対応できます。

第三次のNLPからは競合激化の状況にかんがみ若干スピードアップし、毎年約一五パーセントの業種・業態改革を行うことにしています。したがって約六年半で一巡します。改装後の活性化効果はかなり大きいものになると思います。

〈吸引力のある魅力テナントの招致〉　当然テナントの選定は大事です。最初の頃は、入ってほしい魅力的なテナントに打診してもなかなか思うようにはいかず、断られることが珍しくなかったのです。今の駅ビルのテナントミックスでは、うちには合っていないから出店できない、というのが理由ですから、このままではいつまでたっても良くならない。突破口が必要です。そこで市場で圧倒的に評価の高い魅力専門店に何とか入ってもらい、それをテコに他の専門店を引きこむという作戦に切り換えました。そのときに注目したのがユナイテッド・アローズ（UA）です。UAにふさわしい器として考えたのがルミネのなかでは一番ソフィスティケイテッドな横浜店です。それまであった飲食店などに何とか移動してもらい、ファサードの右側を一六〇～一七〇坪空けて、そこへの出店をUA社長の重松理さんに何回もお会いしてお願いをし、実現することができました。UA出店後、「ユナイテッド・アローズが入店しているのなら当社も出店しましょう」という具合にテナントの輪が広がっていきました。それが横浜店だけでなく、全ルミネに及びつつあります。

組織構造改革　以上からもおわかりになるように、ルミネの店づくりは完成したわけではなく、改良・改善すべきことはまだ多いのですが、ルミネらしいショッピングセンターづくりという基本線は見えてきたと考えています。

現在の第三次ニュールミネ計画では、特にテナントとのリレーションシップづくりに配慮しています。ショップ運営や販売手法、販売促進など具体的な中身を一緒に考え、双方で目標を立てて行動する目標管理を行い、問題があればそれを改め、さらに実行していくという努力を日々重ねています。

その実現のためには組織のあり方を見直す必要もあります。これまで現場組織は伝統的に売上管理、契約担当、販促担当などに分かれていて、大事なフロア担当はそれぞれの係から兼務する寄合い型で運営されていて、どうしても後回しにされる傾向にありました。これをフロアマスターをキャップにしたフロア担当を中心に位置づけ、それを支えるための組織として売上管理や契約担当その他がいるというように発想を切り換えました。

テナントは基本的に自社、自店のことをまず考えます。オーナーや店長の関心は自店の効率性アップであり、売上拡大です。しかしショッピングセンターのような商業集積では、部分の最適化だけでなく、全体の最適化を考えなければなりません。フロアマスターやフロア担当の仕事はまさにそれなのです。もちろんテナントが最大限の力を発揮できるような環境整備も必要です。チェーンストアの場合、本部の方針や指導があり、それとの調整も必要になりますが、すべてをテナント側の自主性に委ねるのではなく、総体として最高の成果があげられるように努力することが大切です。それがディベロッパーの仕事なのです。

CS(顧客満足)に向けた改革

顧客満足(CS)も大事なマネジメントの課題です。CSは意識改革なくしては実現しません。「お客様を大切にしよう。お客様が第一だ。お客様におもてなしをする気持ちで接触しよう」ということを理解するのは容易です。しかしやさしいことほど難しいのです。言葉だけではCSは定着しません。ルミネ社員はもちろんのこと、テナントオーナーや各テナントの従業員、警備やビル管理、清掃のスタッフなどルミネで働くすべての人々、もちろんアルバイトやパートタイマーも含めて、研修や会議や朝礼やOJTなどあらゆる機会を通じて、根気よくはたらきかけなければなりません。とくにCSの成否は幹部の粘り強いリーダーシップにかかっているので、テナントオーナーとの緊密な連携が重要です。またこれからはニュースタッフ研修を徹底させ、それを受けていない人は店頭に立たせないことにします。同時にショップ店長の研修を一段と充実させ、店長がOJTでスタッフを的確に指導できることを期待しています。

ルミネは営業部員を教育し全体で約一〇〇人くらいをインストラクターに仕立てあげ、テナントニュースタッフの研修指導を担当させています。また対話集会も必要です。こうした努力の積み重ねによって少しずつ効果が出てくるのがCSです。

ルミネは一九九七(平成九)年からCSに取り組んで七年目に入っています。専門家に毎年全店舗を診断してもらい、どこが良くてどこが悪いかを細かく採点しています。店の成績表は全部各店に送っています。日頃CSにどう取り組んでいるかが見事に点数に表れます。

CSに着手しようとしていた九六(平成八)年暮れの、最初の診断調査の結果はひどいものでした。ルミネの接客サービスレベルは「よくこれで小売業をやってますね。評価以前です」と酷評されました。酷評されたことをバネに、ＣＳに取り組みました。そして六年後にようやく一〇〇点満点で七七〜七八点、中の上レベルの評価をもらいました。これからさらに上位をめざそうとしています。

ＣＳは一朝一夕には実現しません。どんなに努力しても結果が出るのは数年先です。したがってルミネの現在のレベルに他のショッピングセンターが追いつくにはそれなりの時日を要すると思います。これまでの取組みはその意味で重要な差別化戦略だと思います。現在、一応のレベルまでは到達しましたが、これに安住せずさらに上位をめざします。幸いＣＳに向けた改革はディベロッパーとテナントの協力でかなり気運が盛り上がってきています。

カード戦略　カード戦略も重要です。現在、「ルミネカード」のホルダー数は約六〇万人で、そのうち実動のものが四〇万人強です。第三次ＮＬＰでは実働カードホルダー数を六〇万にしたいと考えています。そうなれば売上シェアで約三割の安定的な顧客を有することになります。カードにはいろいろな機能が期待されます。情報収集や販促効果、顧客の囲い込みという点でも有効です。囲い込んだ顧客の購買頻度を高める効果も期待できます。ルミネの経営戦略の重要な柱のひとつです。

ＣＩの確立　その他取り組んでいるのがＣＩです。経営の活性化とデザインプログラムを通じてコーポレイト・アイデンティティの確立をめざすものです。ＣＩブームが十数年前にありましたが、今や忘れ去られた感があります。しかし私はこういう時代だからこそCIの確立が必要だと考えています。CI室をつくりチームを発足させましたが、その具体的な取組み内容はここでは省略します。

以上の改革を推進するには、いずれにしても社内の改革パワーの増強が不可欠です。意識改革により、それを引き出していくことが必要です。そのための施策を講じなければなりません。

◉ショッピングセンター、小売業の経営課題

活性化策なき状況下での流通業

現在の経営環境は非常に厳しいものです。わが国のGDP(国内総生産)は約五〇〇兆円、そのうち個人消費は約三〇〇兆円と六〇パーセントを占め、一五パーセントが民間設備投資ですから民需がGDPの四分の三を占めている計算になります。つまり民需が増えなければデフレも克服できません。

民需が活性化するための環境整備、雰囲気づくりが不可欠です。同時に社会保障の先行きに対して誰もが不安をもっており、その不安を解消する青写真を示すことも必要です。

しかし現実の国の経済政策は、有効なデフレ対策がなく、不良債権処理は思うように進まず、株価は低迷し続けているという状況です。社会保障の見直しや消費税率の一層のアップなど、国民負担率の増加が近い将来予想されます。したがって今の状況は今後一〇年くらいは続くという

覚悟が必要です。その前提で血路を拓く積極的な経営を行わねばなりません。

グローバル化への対応

もう一つの大きな変化はグローバル化です。

流通のグローバル化についていうと、欧米や中国などの外資の圧力が強まってきているなかで、特に約三〇兆円の売上高を誇る世界最大の流通企業ウォルマートの動向が注目されます。ウォルマートのコア・コンピタンスはEDLP（エブリデー・ロー・プライス）ですが、それを巨大なバイイング・パワーとサプライチェーンマネジメントシステムが支えています。高度なITシステムが巨大企業の非効率面を消去しています。この大変優れたビジネス・モデルをもった巨大流通企業が、今まさに日本市場に本格参入しようとしています。

日本の流通企業がウォルマートに対抗するために価格競争をやったのでは、経営破たんに追い込まれたKマートの二の舞になることは明らかです。特にGMS（総合スーパー）は大変厳しい状況になるでしょう。

しかしウォルマートが日本で展開する場合に弱みもあります。一つは食品分野です。最近のウォルマートは食品に力を入れていますが、生鮮食品などは地場仕入・地場消費が原則ですから規模の経済性があまり発揮できないと思います。また日用雑貨や耐久消費財、衣料品などは安いからといっても厳しい眼をもった日本の消費者が買うかどうか疑問です。

コスト面でもウォルマートには課題があります。日本は不動産コストも人件費も高く、またフリーウェイが縦横に走るアメリカとは違って交通事情が悪く物流コストがかさみます。アメリカの方式をそのまま日本に持ちこんでもうまくいくとは思えません。ウォルマートの日本進出は脅威であるものの、全くかなわない相手というわけではないと思います。

その他の課題　少子高齢化も流通業にとっては大きな課題です。あと数年たたないうちに、日本の人口が減少し始め、二〇五〇年には約一億人になると推計されています。人口減少によって、まず市場が縮小します。また生産年齢世代の社会保障費負担率が増大するので、購買力が縮小します。お金を持っている高齢者も将来不安のために消費を抑制するので、市場活性化は期待しにくいのです。

その他、ＳＡＲＳや北朝鮮問題などの不安要因もあります。このように前途に横たわる問題は少なくないことを銘記しておくことが必要です。

◉おわりに

しかし流通業はどのような厳しい時代にあっても必要不可欠な産業であり、なくなるわけではなく、またすべての流通企業の経営が悪くなるわけではありません。どんな困難な時代にも突出した業績をあげる企業、元気のいい企業が存在しています。時代の流れを敏感にとらえ、知恵をしぼって市場創造する企業が生き残っていくのです。そういう元気な企業、生き残り組に入っていくように努力することです。それに向けて会員企業を支援していくことがわれわれ日本ショッピングセンター協会の役割だと考えています。

2　人と企業

当該分野においては商品開発力、顧客との信頼関係その他において圧倒的な魅力をもつ企業の経営者が、人を生かし、生活の豊かさを提案する企業とはかくあるべき、ということを中心に論じる。

5 人を幸せにする企業

塚越　寛（つかこし　ひろし）
伊那食品工業㈱代表取締役社長

2004年1月

◉企業の倫理観

いろいろな場面で多くの人が世の中を良くしようと考え、取り組んでいるにもかかわらず、日本社会や経済が落ち込んだままであるのはなぜでしょうか。みんなの心が明るくならないのはなぜでしょうか。私には全体の方向が間違っているとしか思えないのです。

私が、「今の世の中はおかしい」と思っていることのひとつに、「ビジネス」あるいは「ビジネスのため」という名分のためにすべてが許されるような風潮があります。ビジネスの世界においては、強者の論理がまかり通っているように思います。また誰かに多大な迷惑や損害を及ぼしたとしても、経済行為の名のもとに許されてしまうことがしばしばです。企業をつぶしても罪に問われることはありません。

資本主義社会にあっては、市場原理のなかにあっては、利益をあげ存続することが企業の責任であり、競争に打ち勝つことこそが重要なのだと思われがちです。

しかし資本主義は倫理観という箍《たが》がなければ機能しないものではないでしょうか。それはコンプライアンス（法の遵守）というような次元に限らず、もっと根源的なものです。「ビジネスのため」という名目のもとに個人や企業の我儘が横行するのであってはいけないと思います。

人に迷惑をかけてはいけない、というのも企業がもつべき倫理観でしょう。自社の成長のために社会に対して多大な迷惑を及ぼし、他者を踏みつけにしたり、他者を犠牲にするのであれば、それは倫理観なき企業といわざるをえません。また経営者のロマンを掲げていても、それがきわめて個人的な夢にすぎなかったり、人を拘束し、資本という社会的な資産を使って実現するようなものであれば、それはロマンと呼ぶべきではないでしょう。

考えてみれば企業とは大変な存在です。人を雇用するというのは、その人の一生のなかの多くの時間と機会を拘束し、奪うものです。だから企業の経営者は、雇用した人がどうすれば幸せになるのかを真剣に考え続けなければならないのです。自分の都合や目先の利益のためだけに採用したり、簡単に首を切ったりしてはいけないのです。どんな社会になっても、どんな企業であっても、経営者たるもの、会社は社会に対してどのように貢献するのかを考え、人々を幸せにするためにはどうあるべきかを考え続けていかなければなりません。経営思想、経営の哲学をもたなければいけません。私はそう考え、これまで経営をしてきました。

◉働く人が幸せになる企業

自分が利益を得るためだけに経営するのであれば、それは家業あるいは生業にすぎません。大勢の人を拘束し、土地や資源を使う企業である以上は、社会と共存する企業としてどうあるべきかを考えるのが経営者の義務だと思います。社会の公器としての企業のあり方を考える、といってもいいでしょう。

ところが今の日本の風潮では、社会の公器としての企業を考えるのではなくて、利益をあげることを最優先に考えます。利益をあげるために企業を経営すればいいのだと考えます。利益をあげるためには多くの犠牲が生じてもかまわないのだと考えるのです。しかしこんなおかしなことはありません。

企業とは一体何のために存在するのでしょうか。もちろん企業は税金を納めるための仕組みであるのでもなく、社会奉仕のための機械でもありません。企業とは雇用機会を創るためのものであり、そこに働く人々が幸せになるための場と機会を提供するものであるべきです。

社員を幸せにするためには、企業が永続する必要があります。永続するためには、企業はしかるべき利益をあげる必要があります。しかるべき利益を継続的に確保するためには、成長を永続させる必要があります。

あまりにも急速な成長であっては永続できません。稼げるうちに稼いでおく、というような短期的視点ではなくて、急成長は可能だが、あえて成長を抑制することで永続する企業をつくるという発想も重要です。

ゴーイングコンサーンである以上、成長を止めることもできません。企業も自然の一部です。自然体である以上、あたかも木が年輪を刻んでいくように、厳しい環境下であっても毎年少しずつ成長していくべきものです。

創業間もない時期には成長率は相対的に高いものですが、成長するに従い、成長のスピードは緩やかになっていくものです。自然の摂理に従えば、一定の規模に達した企業は、高成長から安定した成長へと変化するでしょう。数字で示せばコンマ以下の成長率、ほとんど横ばいという状況であっても、大規模になった企業にとってはそれが自然の姿なのです。

経営にはバランス感覚が重要です。急成長でもなく、マイナス成長でもないところに自社の方向を定め、それを実現するための方針をつくり、社内の環境を整えるのが経営者の役割です。しかし今の日本では企業も経営者も、働く人々も、あまりにも多くを求めています。あまりにも大きなものを実現しようとしています。

二〜三パーセント程度の成長率でなければ好況感は出てこない、このままでは大変なことになると多くの人が騒いでいます。しかしその時には日本のＧＤＰにとっては二〜三パーセント程度の成長が、どこかひとつの国のＧＤＰに相当する規模なのだということの大きさが認識されていません。日本のような大国が年率二パーセント以上成長するためには、相当の自然資源を浪費することになるのですが、その認識がありません。

私はそんな風潮はおかしい、と考えてきました。だから当社では成長の数値目標を掲げることはしません。売上げや利益の数値とは、活動の結果であって目的化すべきものではないと考えるからです。自然体としての企業である以上は必ず成長するものであり、前年を下回らないという歯止めさえあれば、あえて数値目標を掲げる必要はないと考えるからです。

◉社員がベストを尽くせる環境をつくる

その代わりに、各人がそれぞれの持ち場でベストを尽くすというのが大前提です。対前年比○○パーセント増であるとか、年間売上高(利益)○○億円増であるという数値目標の代わりに、自分たちができる範囲でのベストを尽くすことを求めています。

そして社員がベストを尽くせるような環境をつくり出すことは経営者の責任です。

今の時代、若者をはじめとして多くの人は平穏で満ち足りた暮らしをしたいと考えています。出世欲も稀薄です。ところが多くの経営者たちは、かつて自分たちがそうだったからという理由で、みんな上昇志向が強く、もっと豊かな暮らしとより多くの収入、より高い地位を求めているだろうと考えて、成果主義や効率主義を導入します。

しかしそれは、人参を鼻先にぶら下げて無理やり食べさせようとすることや、走りたくないのに無理やり走らせようとするのと同じで、おかしなことです。私はこれまで一貫して、社員みんなが何を望んでいるのか、どう考えているのかを知らない経営者であってはならないと肝に銘じてきました。みんなが求めるものに合った仕組みであれば、人は自然にそれについてきます。

社長がダイレクトに範を垂れるというのではなくて、みんなが自分で考えて、自主的に行動するようにすることが肝要です。たとえば社長が朝一番に出勤するから、社員も仕方なく朝早く出てくる、というのではいけません。あくまでも自然にそうなるような雰囲気、風土をつくり上げていくことが必要です。

当社では社員が率先して会社周辺の環境整備に取り組んでいます。誰に命じられたわけでなくても、構内だけでなく会社の周りの道路の掃除をし、草取りをします。大雪が降った翌朝、休日であるにもかかわらずみんなが会社にきて雪かきをしているというのは当社ではあたりまえの風景です。個人的な欲得を超えて行動するというのは、当社の社員の体に染みついた特質であるのはうれしいことです。

私なりの工夫もしています。たとえば臨時ボーナスを支給するときには、さまざまな名目を考えています。冬場であれば「スタッドレス・タイヤ手当」として支給します。雪道で事故を起こせば本人や家族が不幸になるだけでなく、社会に損害も与えます。当社の社員はそんなことをしてはいけない。だから冬場には新しいスタッドレス・タイヤを付けるようにといってボーナスを出します。

「車庫手当」というのもあります。当社がある伊那谷は寒い地域ですから、冬場は車を運転する前にかなりの時間アイドリングしなければならない。屋外に車を置いておくと、アイドリングの時間は長くなり、当然ガソリンを無駄遣いするし、排気ガスも増えます。環境を阻害します。だから車庫をつくってそれを防止するのならば、手当を出します、というものです。

こんな風に、あれやこれやいろいろなことを考えるのは楽しいものです。私自身、気がつくと一カ月以上も休みなしに働いていることもあります。しかし私は経営者が経営を楽しむから、社員は楽しく働き、幸せになるのだとも考えています。

当社では三二年前から国内と一年おきに、全社を挙げて海外旅行に行っていますが、みんなそれを楽しみにし、満喫しています。国際感覚も身につきますし、自分たちとは違う価値観に接することもできます。社員が幸せな顔をしている。それを見るのも経営者の醍醐味です。

誰かに、何かに強制されて働くのは楽しくないし、楽しく働けないのなら、幸せになれるはずがありません。社会や地域を愛するはずがありません。社員だけでなく、企業の存在意義はそこにかかわる人を幸せにすることにあるのです。

◉年功序列という社会秩序

緩やかだけれど、毎年確実に成長していますから、ボーナスも毎年増えます。もちろん給与は毎年上がっていきます。当社では年功序列の原則を崩しません。なぜなら企業経営にとってはそれが自然だと考えるからです。年功序列を否定する流れがありますが、私はそれはおかしな風潮だと考えています。年をとり、子どもが大きくなれば、教育費その他がかさみます。家の維持費その他も増えてきます。だから年功序列で給与が上がるのは当然だと思います。

また当社では採用も新卒採用が原則です。部分的には中途採用をしますが、それは例外的なことです。それは目先の効率や生産性の向上をめざして即戦力のある人材を中途採用する、というのは社会のルールに反していると考えるからです。人を育てる企業、人が育つ企業であるべきですし、企業は人や地域社会と共に育っていくものであるべきです。

現在では新卒を採用して、彼らを育てていく余裕がない企業が多いようです。なぜ企業にとって最も大切であるべき人材を育てていく余裕がないのかというと、儲からないからだという。なぜ儲からないのかと問えば、競争が激しいからという。

競争が激しいのは、みんなが目先のことにとらわれ、急成長しようとシャカリキになっているからではないでしょうか。モノが満ち溢れる豊かな時代になってもまだ昔の価値観にとらわれていて、貧しかった時代と同じようなペースで成長しようとするから、競争が激しくなり、持ちこたえられない企業がたくさん出てくるのではないでしょうか。

不況下で業績が上がらないからといってリストラをし、少ない人員を効率的に働かせようと、長時間労働や夜間労働を強いる企業が多くなっています。しかし私に言わせれば、人の健康を損ねるような経営者はそれだけで失格です。

経営者とは本来、時代の流れや社会の変化を敏感に読み取り、適切に対応しなければならないものです。社員を酷使するのではなくて、彼らが生活を楽しめるようにしなければならないのです。それなのに必死で働いて急成長するのが目的だという拡大主義、古い時代の価値観を引きずっている経営者が大半なのではないでしょうか。

しかも古い価値観や規範に、アメリカ流の実利主義という新しい手法を無理やり適用させようとするものだからひずみができるのは当然です。

あるいは株主無視の経営をしてきたことへの反動のように「株主利益優先の経営」を目標に掲げて短期的に利益をあげ、株価を上げようと生産を拡大します。そして欲しくもないモノをつくることになります。その結果、モノが余り安売りせざるをえなくなり、一生懸命に働いても、いっこうに儲からないという構造になり、あちこちにほころびが出てきて、手がつけられない状況に陥っています。

◉成長至上主義を超えて

モノが満ち足りた時代に、もっとたくさんのモノを買わせようとする愚かさに多くの経営者は気づいていないようです。マスコミもその風潮を煽り立てるだけで、間違いを指摘しようとはしません。

今のような時代に企業がなすべきことは何でしょうか。経営者が考えるべきことは何でしょうか。それは社員を幸せにすることであるし、環境問題に取り組むことであるし、地域に貢献し、景観を美しくすることです。

企業の収益はその結果として出てくるものです。当社が四六期連続で増収増益を実現し、毎期最高益を更新しているのは、また世の中が不況真っ只中であるのに好業績をあげ、臨時ボーナスを支給できるのは、企業のあるべき姿を考え続けていることの結果にすぎないのです。

そんな暢気なことをいえるのは、もともと恵まれた状況にあったからだろう、と思われるかもしれません。しかし実際は違います。私は若い頃に大病を患い高校中退を余儀なくされましたし、私が二一歳という若さで再建のために乗り込んできた頃の当社は、債務超過で地元の信用金庫の管轄下に置かれるという惨憺たる状態でした。はっきりいえば経営状態は滅茶苦茶でした。それでも何とか再建しようとあがき、努力し、ここまできました。だから共に苦労してきたみんなへの思い、地域との連帯感はひとしおです。

私の父は画家でしたから、儲けるという感覚や金銭的な利害とは縁がありませんでした。その影響を受けているかもしれませんし、経営には美意識が必要だという思いは私の体に備わったものであるのかもしれません。しかしそうでなくても、経営者には美しい地域環境づくりに貢献するのだという意識、幸せを感じられる職場をつくるという思いがなければならないと考えています。

当社では大して利益があがっていない時代でも全社員で海外旅行に行きました。みんなが幸せだと感じることが企業を支える力になるからです。余裕がないから、というのは言い訳になりません。

◉モラールが高まればモラルは上がる

当社の仕入先は全世界にわたっていますから、ビジネスそのものがグローバル化しているのはもちろんですが、全社員で海外旅行するというのはグローバル社会においてはとても大切なことです。チリ、モロッコ、韓国に専用工場があります。海外の原料産地での工場づくりには二五年以上前から取り組んできました。

専用工場といっても、出資によって関係をつくっているのではなくて、友好的な技術指導に基づく信頼関係がビジネスのベースになっています。当社の社員が常駐しているわけではないのですが、円滑に運営されており、取引もスムースに行われています。

私も仕事で世界中に行くだけでなく、個人的にもあちこち旅行します。先日はニュージーランドに行きましたが、自然との共生や日々の暮らしを楽しむ意識、生き方などにふれて自分の価値観を見直す機会を得ました。

翻ってみると、収益の拡大だけをめざしたならば、当社は今よりももっと大規模な企業になっていたかもしれません。成長の機会、事業拡大のターニングポイントは何度もありました。大型の設備投資で生産能力を飛躍的に上げることもできたでしょう。

しかし当社は、あえて売上高や利益の大きさ、急成長を追求するのではない部分に経営の価値軸をおいてきました。企業にとっての設備投資は自社の工場や建物についてのものだけではありません。地域への貢献もまた大切な投資です。地域の人々に信頼され、愛されていることは企業にとっての活力となるからです。

たとえば当社の本社前の道路にかかっている歩道橋は、地元やここを訪れる人のために当社がつくったものです。ガーデンやレストランは事業としては採算ベースに乗らないものですが、地元や当社を見学に来た人々が楽しんでくれればいい、みんなが幸せになればいいのだという考えから運営しています。

またホールは地元の人がいろいろな催しに活用してくれます。自分の会社が地域の生活文化に貢献しているという自負は、社員のモラール(士気)を上げ、企業を永続させるパワーになります。

もちろん企業である以上、収支構造については冷静な眼も必要です。経営者は、企業を永続させるための仕組みをつくりながら、社員を幸せにするための環境や条件——それは給与であり、働き甲斐であり、地域社会への貢献などですが——を整えなければなりません。そうすることで社員のモラールが上がります。モラールが高まればモラルも上がります。

社員のモラルが保たれれば、治安もよくなりますし、社会全体のレベルが上がります。

企業の利益とは何か良いことをしたことの結果にすぎません。社会に貢献してこその企業なのです。

●安定成長社会実現のための好況対策を

良いものをつくっていくのは当然のことです。どうすればたくさん売れるか、を考えるのではなくて、どうすれば人々が喜んでくれるのかを考えることが重要なのです。みんなが喜んでくれれば、その結果として売上が上がり、利益が生まれます。広告宣伝、販売促進のテクニックを駆使して、無理やりに消費欲をかきたてて売り込もうとするのでは、長続きはしません。

ナノテクやバイオ、ITなどのように、新たな市場が創造される最先端産業は別として、多くの産業には成長、拡大の限度があります。特に食品のように、市場が安定した分野、パイの大きさが決まっている分野においては異常な高成長はありえません。派手な広告宣伝で話題をつくり、ブームを起こしたとしても、それは所詮一時的なものです。あるいは誰かのパイを強引に奪い取った結果にすぎないのです。

業種の特性、時代背景、マーケットの変化などさまざまな条件を見据えて、企業としてどうあるべきかを考え、将来へ向けての戦略を決めるのが経営者の役割です。そして一つ一つの製品をていねいにつくり、ていねいに売っていく。誠実さとはいつの時代にも変わらぬ経営原則です。

当社のような食品産業では品質はきわめて重要です。また販売方法としては自ら販売にタッチするのがよいだろうと考え、その仕組みづくりに取り組んでいます。本社にはレストランや売店があり、たくさんの観光客が訪れます。また伊那市内の再開発ビルに小規模ですが店舗を出すことになりましたし、仙台では営業所に隣接して小売店とカフェをつくりました。

現在、中小企業をとりまく環境は非常に厳しい。ベンチャー育成の必要性がいわれながら、それを存続させるための仕組みや、オーナー経営者の良さを生かすような制度が整っていません。

必要な経費についての控除や資産償却の方法は制約の方が大きいのが実状です。

　またどんな企業でも経営の求心力は重要ですが、とりわけ創業者やオーナー経営者が常に真剣勝負で事業に取り組んでいる中小企業の場合には、彼らを守るような制度も求められます。現在の日本では株式所有や相続税その他の制度上、オーナー経営者の利益が十分に守られていないという問題があります。農業経営が相続できるのと同じように、中小企業のオーナー経営者の自社株所有も相続できるような制度づくりがあってもいいでしょう。その制度が整えば、健全経営の中小企業をバックアップし、挑戦的で革新的なベンチャー企業の育成にもつながるでしょう。

　経済にはアップ&ダウンがつきものです。成長した後には必ず景気は落ち込みます。山と谷を繰り返すのが経済だといわれます。

　しかし本当にそうなのでしょうか。なぜフラットな経済、安定成長の経済ではいけないのでしょうか。景気の波に翻弄されて右往左往するような社会ではなくて、皆が安定し、安心して暮らせる社会であるべきです。その意味では日本のような成熟社会に必要なのは、落ち込んだ景気を浮揚するための不況対策ではなくて、急成長しすぎないような政策、バランスのとれた経済を実現するための政策、いわば好況対策であると思います。

　これはビジネスにおける法定速度を守らせるための仕組みです。たとえばあまりにも急成長した企業に対しては他の企業よりも税率を高くします。余分に儲けた企業からはより多くの税金を取るようにします。そうすれば無理に高成長するよりも、適正成長の方がいいわけですから、全体のバランスが保たれ、経済も安定します。

資源の浪費も避けられますし、また高成長のための過大な設備投資に向けていたものが、給与を上げるとか、メセナその他の社会貢献に振り向けられることになるでしょう。

そのことが国をそして社会を豊かにするのです。

あるいはこんなアイディアはいかがでしょうか。日本の全産業を七つのグループに区分けします。そして順番に休みをとります。月曜日には第一グループに区分された企業が休み、火曜日には第二グループの企業が休み、水曜日には……という具合です。そうすれば休みが分散します。レジャー施設も交通機関も混みあわないからゆったりと遊ぶことができます。コストも安くなります。落ち着いて買い物することもできます。

夏休み、冬休みやゴールデンウィークなど長期休暇を都道府県別にずらす、という方法も考えられます。これもまた弊害の多い集中を分散するための工夫です。

みんながいっせいに同じことをする時代ではありません。発想を転換してみれば、むだな設備投資などしなくても日本の景気をよくすることができるはずだということに気づくのです。

◉一芸に秀でた研究開発型企業をめざす

永続する企業であるためには絶えざる革新が必要です。その内容は分野によって異なりますが、研究開発や事業創造への取り組みも必須です。

事業とは、経営とは、仕事とは、踏襲ではなくて革新です。前例のないことや、実績がないことには取り組まないというのであっては進歩も発展もありません。老舗とは革新の結果としての存在です。

そして革新のためには一業だけではだめなのだという認識も重要です。イメージとしては絶対的な強さ、他を圧倒する何か特別の製品や事業、いわば企業としての一芸をもちながらも、範囲を広げていく力、応用自在さや柔軟さが必要です。

また流通が力をもっている現在では、モノをつくるだけの企業は弱いものだという認識も必要でしょう。流通へのかかわりも永続する企業の必須条件です。わが社はモノをつくる力と同じように、売ることやサービスについても熟知している企業でありたいと考えています。

わが社は「寒天の伊那食品工業」として圧倒的なシェアをもっていますし、一般的なイメージとしてはまさに寒天製造企業ですが、実際の事業領域ははるかに幅広いものです。小売店やカフェなどにも広がっていますし、最先端のバイオ分野まで多岐にわたっています。ナノテクへの関心もあります。

ひとつのことに秀でながらも、それをベースとして企業を発展させていく企業でありたいと考えています。そのためにも研究開発には力を入れています。従業員の一〇パーセント以上を研究開発部門に投入しています。

企業とは人のため、社会のための存在です。経営者の使命は、人や社会を幸せにするような企業をつくり、永続させていくことにあると思います。考えてみれば、あたりまえの経営を続けてきた結果の、あたりまえの企業が当社です。しかし、あたりまえのことが忘れられがちな時代にあっては、珍しい存在なのかもしれません。

企業の原点を忘れず、しかし常に遠くを見つめながら、たゆまず研究開発に取り組み、事業創造していくことが重要です。その結果、顧客や取引先、社会の信用を勝ちうることができますし、過大な投資によらず、また過当競争に陥ることなく、売上高やシェアを拡大することができます。永続する企業になれるのです。

伊那食品工業㈱の概要

寒天(一般食品用・乳業用・化粧品用・医薬用・培地用)の製造/販売。

全社員の一割以上が研究開発部門にたずさわり、寒天の新規用途開発、新しい品質管理法、そして新しい生産方式の開発等、寒天の可能性を常に追い求め、将来をみすえたテーマに取り組む研究開発型企業。

【設　立】　一九五八年六月一八日
【資本金】　九六八〇万円
【代表取締役社長】　塚越　寛
【社員数】　三二五名(男一七五名、女一五〇名)、平均年齢三四歳
【売上高】　一三、三一六百万円(二〇〇三年実績)
【経常利益】　二、〇一八百万円(二〇〇三年実績)
【事業所】　本社・北丘工場・沢渡工場・藤沢工場・猪ノ沢工場/寒天レストランさつき亭、味のレストランひまわり亭/輸入インテリア雑貨サンフローラ/かんてんぱぱホール(青野恭典フォトアートギャラリー、茶房桂小場)/以上　伊那市西春近・かんてんぱぱカフェ仙台店/仙台市泉区
【営業拠点】　東京・名古屋・大阪・岡山・福岡・仙台・札幌・長野

【事業内容】
①業務用寒天部門
伊那食品工業の主力部門。昔から乾物として和菓子の材料以外には大きな用途がなかった寒天を使いやすい粉末にすると同時に、量産による安定供給と価格の安定、品質管理の徹底や、全く新しい寒天の開発によって食品原料や、医薬品の原料としての用途を広げつつある。
②業務用ゲル化剤部門
単品による販売が主であるために用途が限られていた寒天を、他の天然物とブレンドすることで欠点を補い、和菓子用製剤として〝露草〟や〝種助〟などの優れた寒天製剤を開発、販売。
③家庭用製品部門
日常生活の中で寒天を手軽に使っていただこうという願いから、「ちょっと手づくり」をコンセプトとした「かんてんぱぱ」ブランドの家庭用製品を開発/販売。
③アガロファイン部門
我が国で初めてアガロース(寒天の網目構造を構成する主成分)の量産工場を建設し、数種のアガロースを生産。アガロースからアガロースゲルが精製されるが、アガロースゲルは、電気泳動法や細菌培地、DNA鑑定などバイオインダストリー分野で使用されている。
④化工機部門
SUNZAXのブランドで寒天製造用プラントを自社で生産。粉末寒天製造の歴史が比較的浅く、業界規模が小さいこともから寒天製造機械の専門メーカーがなかったため、自社で機器を開発。現在は、他社で扱う寒天関連の機械も製造/販売。
⑤外食サービス部門
本社及び北丘工場周辺の約六万平方メートルの赤松林を、一本でも多く残そうという考え方からかんてんぱぱガーデンを開発。本社や工場見学、松林内の山野草観察などに訪れる人たちのためのレストラン、さつき亭、ひまわり亭を開設。寒天や海藻及び野菜を主に使ったヘルシーな食事や南信州ビール(地ビール)や輸入ワインを提供。

6

ホスピタリティ産業としてのホテル

サービスマーケティングの最前線から

窪山　哲雄（くぼやま　てつお）
㈱ザ・ウインザー・ホテルズ インターナショナル代表取締役社長

2004年3月

◉多大な期待と困難な課題を抱えたホテル再建プロジェクト

ザ・ウインザーホテル洞爺は、北海道の洞爺湖近く、函館と千歳の中間に位置している。きわめて交通の便が悪い場所に位置しているのだが、その分豊かな自然環境に恵まれている。私見では世界中にもこれほどの場所はない。有珠山や、蝦夷富士とも呼ばれる羊蹄山に囲まれ、海側は内浦湾に面している。ホテルは標高約七〇〇メートルの山の上にたち、視界は三六〇度に広がっているという素晴らしいものである。

しかし、私がこのホテルの再建を引き受けたとき、堀達也北海道知事(当時)から、このホテルを再建することは北海道経済の再建の試金石になるだろうといわれた。それほど象徴的なことであり、また過大なまでの期待と困難さを抱えていたプロジェクトであった。

約四〇〇室のこのホテルは、もともとバブルの時期に会員制のリゾートホテル「ホテルエイペックス洞爺」としてスタートした。二つの専用ゴルフ場、スキー場などのアウトドア施設も併設し、国際会議もできる施設をもった国際級のホテルであった。オーナーのカブトデコム㈱はバブル期に急成長した不動産開発企業で、日本国内だけでなくオーストラリアやアメリカ、アジア各地で大規模なリゾート開発や不動産投資を積極的に展開していた。しかしご多分にもれず、バブル崩壊で事業は困難を窮めていく。

◉世界に通用する高級リゾートホテルを

メインバンクである北海道拓殖銀行(拓銀)から、私に洞爺湖のホテル再建の話が持ち込まれたのは一九九六年夏のことであった。素晴らしい自然ロケーションと国際級のハード設備をもちながら、バブル崩壊で会員も思うように集まらず、宿泊料金を下げたものの一般客も確保できない状況で、一九九六年の客室稼働率は約二一パーセントという惨憺たる状況であった。従業員の士気も落ち、サービスレベルの低下と客層の低下の悪循環が生じていた。

しかし私はこの素晴らしい環境と設備をもってすれば、国際的に通用する素晴らしいリゾートホテルをつくることができると確信した。翌九七年三月末にハウステンボスのホテル会社「株式会社NHVホテルズ インターナショナル」の社長を辞し、ホテル再建のプランを抱いて北海道へ移ってきたのである。

ホテル運営を受託するにあたっては㈱ザ・ウインザー・ホテルズ インターナショナルという運営会社を設立した。これは自分で運営会社を設立すれば、オーナーとの契約が続くかぎりはホテルマンとして培ってきたノウハウを活かして思い切った運営ができるからである。拓銀からホテルの運営を受託し、これまでのスタッフに加えて、マーケティングや営業、宿泊、料飲、GRO（ゲスト・リレーションズ・オフィサー）など各部門にわが社のスタッフを配置した。一九九七年五月一日運営が開始され、六月にグランドオープンの運びとなった。

その年の七月一日「ザ・ウインザーホテル洞爺」に名称変更。マスメディアに大型の広告を打ち、北海道に素晴らしいホテルが生まれつつあることをアピールすると同時に世界有数のホテル予約システム会社LHWへの加盟申請をした。

◉閉鎖そして再び洞爺に戻る日を信じて

しかし再び問題が生じた。翌年六月のグランドオープンに向けて、予想を上回るペースで予約が入り、新しいホテルづくりへの道筋が着実に進んでいた矢先、一一月半ばに拓銀破綻のニュースが飛び込んできたのである。その後一二月末には拓銀から閉鎖通知があり、翌年三月一八日にはホテルと関連施設の所有会社であるエイペックス社とカレント社が破産申請をした。そして三月二二日にはすべてを撤収するようにとの連絡が裁判所から届き、ホテルは閉鎖に追い込まれたのである。

世界有数のリゾートホテルのプロジェクトに手応えを感じはじめていた時期の閉鎖であった。しかし私は再開、再建の希望を捨ててはいなかった。時流の厳しさにもかかわらず、必ず再び洞爺に戻る、戻ってプロジェクトを成功させるという確信と義務感があった。

ホテル閉鎖後はウインザーの一部社員とともに東京に戻り、残務整理と新しいオーナー探し、新規の仕事開拓に邁進する日々が続いた。

しかし新しいオーナー探しは難航した。アメリカのヘッジファンドが出資するとの話もあったし、外資の高級ホテルとの提携や鉄道系企業からのアプローチなどもあったが、いずれも実を結ばなかった。われわれは新しいオーナー候補が出てくるたびに膨大なプレゼンテーション資料を用意し、説得にあたった。そして相手の態度に一喜一憂しながら二年以上が経過した。

二〇〇二年の初め、ある方の紹介でめぐりあった総合セキュリティ企業「セコム」がこのプロジェクトに好印象をもってくれた。北海道経済は依然としてどん底状態にあったが、先方は現地のロケーションをひと目見て気に入ってくれた。

東京に戻り事業提案書を作成し直してプレゼンテーションに入った。何度も追加資料を提出し、補足説明に努めた。これまでとは違うという確信と手応えを感じながら。

◉EQの高い高付加価値型ホテル

一連のやり取りの後、飯田最高顧問から内諾を得たとの連絡があった。「北海道再生のためにEQ(emotional quotient 情動指数)の高いホテルをつくってほしい」といわれたと聞き、勇気づけられたのをおぼえている。その後契約が済んでから、最高顧問に会う機会を得た。ハウステンボスでの私の仕事ぶりについてもご存知であり、また当時の北海道知事堀達也氏との間で北海道再生に向けて意見交換したとのことであった。

北海道拓殖銀行倒産関連の象徴的な事業として、また北海道のマイナスイメージをすべて引き受けたかのようであったザ・ウインザーホテル洞爺は再生に向けて走り出したのである。

再開は二年前、二〇〇二年の六月である。

日本一の高単価ホテルであるにもかかわらず、現在までのところ好調に推移している。お客様一人当たりの一日の消費金額は五万五千円と札幌の一流ホテルの場合の五~九倍の水準である。ザ・ウインザーホテル洞爺はこのように典型的な高付加価値型ホテルである。

私がザ・ウインザーホテル洞爺の経営に乗り出したのはデフレ真っ只中のことであった。日本全体の潮流に逆向するようなものであるにもかかわらず、なぜいったん閉鎖したホテルを再生しようとしたのか。

まずホテル経営の概要を述べよう。価格破壊、デフレが横溢する時期に高単価・高付加価値型のビジネスに取り組むのは無謀にみえただろう。蛮勇だと評する人もいた。しかし私には勝算があった。

◉日本の観光資源、観光マーケットの可能性に賭ける

ひとつは観光産業市場についての見方である。日本の観光産業はきわめていびつである。

現在、毎年約一七〇〇万人が海外に出かけている。ところが海外から日本に来る外国人客はせいぜい五〇〇万人にすぎない。しかも五〇〇万人中一三〇万人程度は韓国・北朝鮮との往復という里帰り系であるし、その他にも観光客ではない人々が相当数含まれている。

つまり日本は海外からは観光地とみられていない。日本人自身は観光地日本を疑っていないし、日本はホスピタリティ溢れる国だと思っているにもかかわらず、である。

実際、世界的にみて日本ほど素晴らしい所はない。自然が豊かで、人心が穏やかで、社会も安定しており、安全である。それなのにどうして海外からの観光客は少ないのだろうか。普通に考えれば一千万人を超える観光客が訪れてもいいはずなのに、どこかおかしいのである。

また日本の観光客が海外で落とす金額は一人当たり三一万円であるが、日本人が国内旅行で使う金額は三万六千円と九分の一程度である。つまり、日本の観光地やホテルに魅力がないというのが問題なのである。特にホテルに魅力がない。それが日本の観光産業の最大の問題点であり、ホテルの高付加価値化は不可避の課題なのである。

◉外資系に席捲される日本のホテル

話が飛ぶが、今、国内ホテル企業は、東京をはじめとする大都市ではホテル飽和状態にあると思われ過剰競争を憂慮し、悲観的であるにもかかわらず、大規模で高級な外資系ホテルの進出が相次いでいる。同じように日本のマーケットを対象としているのに、どうして国内ホテルと外資系とでは行動パターンが全く違うのだろうか。

いかにして高付加価値型ホテルをつくっていくのか。それを考えるためには一九七〇年代に戻って考える必要がある。オイルショックの時期を中心とする一九七〇年代というのはホテル業界にとって日本と欧米、特にアメリカとの違いや格差が決定的に拡大した時代である。

今のホテル業界は完全な西高東低型である。欧米型の高級ホテルが隆盛で、国内ホテルは停滞している。東京のパークハイアットや六本木ヒルズのグランド・ハイアット、フォーシーズンズホテルやウェスティン、大阪のリッツ・カールトンなどのホテルは好調である。残念ながら帝国、オークラ、ニューオータニなどの国内高級ホテルには往年の勢いがない。東京をはじめとして大都市圏では新しくいろいろな都市再開発プロジェクトが立ち上がっているが、それらのなかで中心的な役割を果たしているのはほとんどが外資系ホテルである。

さらに日本の老舗ホテルの多くが外資に運営を委託し始めている。白金の都ホテルはラディソンホテルとなり、また京都の都ホテルはウェスティンに、宮崎のシーガイアはシェラトン系になった。

つまり日本のホテルというのは運営も経営も上手でないということである。

さらには二〇〇五年から〇七年にかけて、これまでの日本は経験したことがないような東京最高級ホテル戦争が起こってくるだろう。日比谷にはペニンシュラホテルが、日本橋にはマンダリン・オリエンタルホテルが、汐留にはコンラッドホテルが、六本木防衛庁跡地再開発プロジェクトではリッツ・カールトンがという具合に都市再開発プロジェクトのフラッグシップホテルはいずれも外資系である。すなわち二〇〇五年以降、日本人によって運営される超高級ホテルは存在しなくなるかもしれない。そのような状況が目前に迫っている。

ここでは外資系ホテルと日本国内のホテルとの間に大きな境目が生まれる。日本の高級ホテルはいずれも、国内都市マーケットは飽和状態である、これ以上の出店はすべきでないと考えている。ところが外資系はごく一部の例外を除いては、今後高級ホテル、超高級ホテルをどんどん出店していこうと意欲満々である。

◉日本のホテルから失われた頂上部分

なぜこれほどまでに大きな差が生じたのだろうか。日本のホテルはバブル期には元気すぎるほど元気だった。大手ホテルのなかには外国のホテルから学ぶものは何もない、と言い切る人もいた。ところがバブル崩壊後は自信を喪失し、一気に萎縮してしまった。これ以上高級ホテルが増えれば、マーケットを食い合うことになると危惧した。そして不景気下でのマーケットの縮小を恐れて単価を引き下げ、動員増をはかることに集中した結果、競争力は減退し、従業員の技術と意識の低下、サービスレベルの低下を招いてしまったのである。

マーケティングのピラミッドでいえば日本のホテル産業は頂上部分が削り取られてしまい、それは外資系ホテルに移った。外資系ホテルは日本企業と反対にマーケットを絞り込み、客層と消費単価の上昇をめざした。夢のあるオペレーションが結果的に客層を引き上げ、新たなマーケットの開拓に寄与した。かくして高価格帯はほとんどが外資系ホテルによって占められるに至った。

外資系は都心部の人口増加傾向をプラスの要素と考えている。さらにライフスタイルの欧米化や団塊の世代のリタイア時期になるにつれて質量ともに拡大するシニアマーケットにも大きな期待をかけている。外資系企業にとっては高齢化はむしろマーケットチャンスの拡大である。なぜなら消費促進年齢層である五五～六八歳層が分厚くなるのだから。しかも彼らは成熟化し、欧米化した消費者であるから外資系ホテルにとっては優良顧客になりうる。外資系企業はこの傾向が今後一〇年以上にわたって続くだろうと考えている。

さらには二〇代から四〇代までの層では貯蓄型から消費型へとライフスタイルがシフトしていくとみている。彼らはまたインテリジェントマネーへの関心が高く、ペーパーマネー派からプラスティックマネー派へと転換していくことが確実である。

消費は現在の収入の枠内で納めなければ、という意識が薄くなっており、将来の所得を先取りして消費することに抵抗感が少ない世代である。これらの要素にライフスタイルの高度化が加味されていき、アメリカ型ライフスタイルが中心的になるだろうとオプティミスティックに考えるのが外資系ホテル企業である。私の見解もそれに近い。

さらに彼らはＩＴの発達を踏まえて、アジア経済の活性化と富裕層の増加にも期待をかけている。

◉邸宅型ホテルの時代

成熟した富裕層に対して観光の重要性はますます強まることになる。裾野が広がれば頂上はさらに高くなるから、ホテルも高度化するだろう。こういう好循環を期待するのが外資系ホテルである。一九七〇年代のオイルショックの時期に日本と外国を分かったものが連綿として今に至っているのである。

一九七〇年代までは、ロサンゼルスのボナベンチャーに代表されるような、巨大な吹き抜け空間を特徴とするアトリウム形式のホテルがもてはやされた。しかしこの構造はエネルギーコストが膨大になるという問題点をかかえていた。

オイルショックの時期にアメリカのホテルはこの点の改善に腐心し、建築素材や断熱材の開発、内装の改良も含めてホテル建築のすべてを変えていこうと取り組んだ。ニューヨークのウォルドルフ・アストリアホテルではコーネル大学から研究者を招聘し、エネルギー効率の改善と構造改善に取り組んだ。他のホテルも同じような動きをした。アトリウム型ホテル設計者の代表であったジョン・ポーツマンはこの時期以降一切アトリウム型のホテルをつくらなくなったのである。

日本では一九九〇年代初頭までアトリウム型ホテルをつくり続けたのに対して、アメリカではオイルショック以降のホテルの中心は、熱効率のよい邸宅型ホテル、サンフランシスコのノブ・ヒルにあるようなもの、へと移っていったのである。

サンフランシスコ邸宅型ホテルは吹き抜けはなく、天上高は若干低く、高級な絨毯を敷き詰め、家具も重厚なものを多用するというような建物構造的な特徴だけでなく、客室数が少ないのが特徴である。グランドホテル・タイプが一千数百室以上の規模であるのに対して、邸宅型ホテルは最大でも四〇〇室程度と部屋数が少ない。

少ない部屋数で一定の収入をあげるためには、単価を上げる必要がある。しかし単価の高い客層型の高級ホテルづくりは容易ではない。アトリウム型やグランドホテル・タイプの動員型ホテルは単価を下げて多数の顧客を集めるものであるから、顧客主義にならない。しかし邸宅型ホテルは満足度を高め客単価を引き上げる努力が必要になる。

ともあれ一九七〇年代後半には邸宅型ホテルという新しい潮流が生まれ、アメリカのホテル業界はあらゆる面で急激な変貌をとげていく。変化はホテルで働く人たちの服装や絨毯の仕様や素材にも現れた。ホテルの制服といえば「黒服」といわれるように、汚れの目立たない生地で低コストかつ耐久性のある素材が一般的である。絨毯は丈夫でメンテナンスが容易なことが第一義とされる。

しかし邸宅型ホテルではお客様に好印象を与えるように柔らかな色合い――これはつまり汚れが目立つものだが――で高級な素材の制服で、デザインを重視したものに切り替えられた。絨毯はといえば、お客様が室内で履物を脱ぐことを想定して住宅仕様の高級素材へと切り替えられていった。耐久性一辺倒ではなく快適性や感性の高さを求めるようになっていったのである。

◉邸宅型ホテルにふさわしいサービスを

当然、費用はかさむ。だからより高い収益性を追求する必要がある。高い収益性を維持するためには単価を上げるのと同時に、近代的で合理的な経営技術を導入し活用する必要が出てくる。流通業界ではあたりまえのことだが、集中購買や計画的な購入によりバーゲニング・パワーを発揮して仕入れコストを引き下げる努力が重ねられた。

また汚れが目立つ服装になったのだから、少しでも汚れないように立ち居振舞いに気をつけるようになった。さらにお客様がどう考え、どんなものを見ているのかを理解できるように、お客様と同じレベルにまで目線を引き上げるようにとの指導も徹底された。

成熟したお客様は、団体客と個人客が混在する雑踏のような大型ホテルではなくて、個室も共有空間もゆったりしていて、落ち着いて過ごせるようなホテル、痒いところに手が届くようなサービスレベルの高いホテル、小規模で個人顧客に特化したホテルを志向するようになった。ホテルの潮流が、大規模動員型から邸宅型へと変化をとげるのはある意味で必然だったのである。

邸宅型ホテルの個室はスペースも天井高も従来の大型ホテルよりもゆったりとしつらえられている。室内の快適性や付加価値を高め、部屋の中で過ごす時間を長くするようにとの工夫がされている。清掃サービスも徹底的に行う。それはお客様が部屋の中にいる時間が長いほど、ホテルの利用度が高まり、ロイヤリティが高まり、ホテルとしてのブランドをつくりやすくなるからである。

◉細部に込められたホテルの思想

これらの変化や改善への努力の積み重ねによってひとつのブランドが形成され、ブランドロイヤリティが生まれてくる。そうなるとひとつのホテルにとどまるのではなくて、チェーン化する意味が出てくる。アトリウム型ホテルから邸宅型ホテルへの転換はそのような副産物——副産物というのにはあまりにも大きな変化——を生み出し、ホテル経営戦略の基本方向の転換をもたらしたのである。

ホテルでは部屋や設備やサービスの細部にまで思想が込められていなければならない。高級ホテルとは、すべてはひとつの思想あるいは哲学を基本として組み立てられているものである。お客様は無意識のうちにホテルの思想に反応してくれるものである。

だから小さなことでも基本体系から外れたものが生まれてくると調和が乱れ、失敗する。ホテルは装置産業であるから、いったん失敗するとその影響はきわめて大きい。だから常に先を見据級ホテルは少ない。状況を見誤ったり、小手先の対応で窮地に追い込まれるホテルが後を絶たないのである。

え、状況に応じて視点を変えていなければならない。しかし日本では適切な戦略を打ち出せる高

◉小さな夢を積み重ねていく

ザ・ウインザーホテル洞爺はバブルの時期に輩出した一連の豪華ホテル群とは違うものだと思う。私がめざすのは夢のあるホテルである。それも小さな夢を積み重ねていくことで、できていくホテルである。ホテルにかぎらず、小さな夢を積み重ねていくことが二一世紀のマーケティングのキーワードではないだろうか。

ザ・ウインザーホテル洞爺にいらっしゃるお客様には、値段の高さを責める方はほとんどいない。しかしスタッフの対応についてはきわめてシビアである。おざなりな対応だとか心が込っていないサービスだと思われれば、たちまちにクレームである。

私はこれまでもいろいろなホテルにたずさわってきたが、これほど細かいところにまでお客様の注文が多いホテルはなかった。しかしそれはお客様の期待度が高いからである。

私はホテルづくりにあたって「予感」「体感」「実感」をキーワードに掲げている。来ていただく前にワクワク感をもっていただく。そしてそのワクワク感を壊さないようにお応えする。

マーケティングを駆使してつくり出したワクワク感が大きければ大きいほど、お客様が「体

感」に求めるレベルは高くなる。だから小さな失敗が命取りになる。

この点に関しては日本のホテルよりも外資系ホテルの方が優れているようだ。特にシステムやハード面では外資系が強い。しかしそうはいっても外資系にも弱点はある。人の問題である。だから日本の高級ホテルがヒューマンウェア重視の戦略を徹底していけば、外資系ホテルにも負けないホテルができるだろう。

◉ホテル経営におけるヒューマンウェア

サービスも商品も、すべてが人本位制に変わろうとする時代である。ハードウェア、ソフトウェア、ヒューマンウェアというホテルの三つの付加価値のなかで最も大切なのはヒューマンウェアである。ホテルの付加価値を支えるのは一人一人の従業員であるといってもよい。従業員が満足していなければそれが挙動や視線に現れ、お客様に伝わる。だからこそわが社では従業員満足度を高めるために力を入れ、モチベーション・マネジメントに気を配っている。

ハウステンボス時代の経験を述べよう。一九九一年にハウステンボスがスタートしたとき、八二〇人強の従業員の八割は新人だった。しかも自分たちはハウステンボスに入社したのであり、たまたまホテルに配属されたのだ思っている人が大半だった。つまり全くの素人集団である。

しかしその素人集団が一九九二年から九七年までの間に売上を倍増させ、日本一高収益なホテルをつくっていったのである。しかもこの間、従業員の数は六〇〇名程度へと合理化されている。より少ない従業員でより高い収益性をあげえたのはなぜか。その秘訣は徹底したモチベーション・マネジメントによって「人づくり」に力を入れたからである。

◉モチベーション・マネジメントは認知することから始まる

一言でいえば人に対する認知を高めた。マリー・ローランサンが恋人だったアポリネールに捧げたという詩に「退屈な女よりもっと哀れなのは　悲しい女です。悲しい女よりもっと哀れなのは　不幸な女です。不幸な女よりもっと哀れなのは　病気の女です。病気の女よりもっと哀れなのは　捨てられた女です。捨てられた女よりもっと哀れなのは　よるべない女です。よるべない女よりもっと哀れなのは　追われた女です。追われた女よりもっと哀れなのは　死んだ女です。死んだ女よりもっと哀れなのは　忘れられた女です。」（『鎮静剤』堀口大學訳）というのがあるが、人間は誰でも自分を認めてほしいと思うものだ。

一言声をかけるだけでよい、話を聞いてあげるだけでよい、とにかく上司や職場の人々に認めてもらえば、それが生きがいや働きがいになり一生懸命働くのが人情である。そのモチベーションづくりをシステム化することが重要になる。

◉あえて「公私混同」を

私は従業員満足度を高めるためのキーワードとして「公私混同」をあげたい。一日のうちで最も大切な時間の大半を仕事という公の立場に置いているのだから、私の部分と切り離すのは不可能である。仕事で嫌な思いをすれば、それは必ず私的な場面に影響を及ぼすから公的な場面をできるだけ心地よいものにしていかなければならない。また私的な場面で問題が生じたとき、職場や上司という公的な立場から従業員たちを助けるのも当然である。

だからファミリー・リレーションというセクションを設置した。病気がちの母親を抱えているために出張仕事ができない社員がいたときに彼が不在の間、お母さんの面倒を看るように社員を派遣した。また遠方から赴任した人たちに対しては住いの手配やガスや電気、水道、電話などの諸手続き、生活情報の提供などもした。

そういう公私混同はむしろ歓迎すべきことであろうと考えたからである。悲しい出来事ではあったが、ある女性が個人的な人間関係のトラブルから大火傷を負ってしまった。その女性の治療や職場復帰をコミュニケーションをとりながら会社を挙げて三年以上応援したこともある。そうすることで本人だけでなく周りの人々も会社に対して信頼感や愛情を抱くようになっていった。彼女の場合は新しい場を求めてホテルを去っていったが、できるだけのことはしたという思いがある。

これは別にヒロイズム的発想や人道的立場からせざるをえなかった、というような問題ではない。そうすることが当然だと考えたからである。何とかしてこちらの思いを伝えようとするところからすべてが始まる。モチベーション・マネジメントとはそういう真摯なものであり、人の心の琴線にふれるようなものである。それはまたあるときには壮絶なものであって、たんに何か報奨を与えて「やる気」を鼓舞するというものではない。従業員のやりがいは会社のような組織体であれば容易に進むことでも、個人レベルでは対応しきれないこと、苦労することが多い。その場合、組織として個人を応援し、支えることを考えるべきだろう。

◉感動を生むエモーショナルなサービス

心がこもっているサービスとそうでないサービスとでは雲泥の差がある。特にホテルのようなところでは表面を取り繕ったサービスは通用しない。すべての商品とサービスの根幹に心がなければ、高い価格をつけたり、感動させたり、リピーターをつくることはできない。

また感性や情緒(右脳)とデジタル能力(左脳)の両方の訓練が必要である。これは製造業でも同じだろう。心づくりがモノづくりに先行するのであり、心づくりのないところにモノづくりはありえない。ホンダのような優れたメーカーはそのことを認識しているようだ。

良いソムリエというのはお客様の予算を超えたものを買わせる力をもっている。あえて予算を上回るものを勧めて、お客様にチャレンジを促す。しかしそれは決して高いものを買わせるためではない。あくまでも良いものの情報を提供したうえでお客様に判断していただくというのが基本である。

少し背伸びをすれば手が届く上級のワインを勧める。付加価値が高いことを理解してもらい、納得してもらう。それが優れたソムリエの要件であるし、それを受け入れたお客様は必ず戻ってきて、リピーターになってくれる。

ITが発展すればするほど、エモーショナル（情緒的）な側面が強まる。本質的なサービスが求められ、評価されるようになる。たとえばタクシー業界でのMKタクシーをみればわかる。儲からないビジネスといわれていたタクシー業界にあって、MKタクシーはタクシーだがハイヤー並みのサービスをと心がけた結果、売上は順調に伸びている。今では大手各社も黒タクシーとして真似するほどである。

サービスとは相手によって違ってくる。ふれあい方によって異なるものである。昔のサービスを復活させるときもあるだろうし、新しいサービスを創造していくこともあるだろう。

◉日本人の感性がつくり出す高級リゾートホテル

洞爺に最高級のリゾートホテルをつくることにこれほどこだわったのはなぜか。それはホテルというビジネスについては、欧米の人たちよりも日本人の方が強いという確信があったからである。日本人でもここまでできるのだということを知らしめたかった。

ハウステンボスにホテル・ヨーロッパをつくったときも徹底的に日本人としての感性にこだわ

った国際的ホテルをめざした。訪れた外国人に、このようなホテルが日本人によってつくられたはずがないとまでいわれた。ある意味では噴飯モノの評価だが、ある意味では非常に高い評価を得たのである。

だからとザ・ウインザーホテル洞爺においても、私は徹底して日本的マネジメントにこだわった。洞爺というのはホテルのマネジメントとしては最も難しい部類に属する。

自然に恵まれているとはいえ、ロケーション的にこれ以上難しい所はない。時代背景的にも諸々の状況から考えても難しかった。仮にわれわれが再建を引き受けなかったとすれば風化してしまったプロジェクトであろう。しかし困難や問題点が山積みだからこそ面白いと考えた。

辺鄙なロケーションだからこそ、東京からの集客比率を六割と想定した。東京からお客様に来ていただくためには、食が充実していなければならない。北海道には素晴らしい食材がある。しかし料理の技術が低いし、感性も未熟あるいは素朴すぎる。

またサービス業に向かない人が多いという地域柄である。モチベーション次第で火がつき、燃え上がるだろうと信じてはいたが、お客様の六割を東京から引っ張ってくるためには北海道の技術に依存しないという割切りが大切である。

◉世界の逸材が地元の食材を生かす

地域の食材を生かしながら、しかし技術面では世界中から逸材を探すということで目をつけたのがフランスの三ツ星レストランのミシェル・ブラスである。ミシェル・ブラスはフランス南部のライヨール村という辺鄙な場所で、地元産のハーブや野菜をつくって素晴らしい料理をつくり、繁盛していた。ミシェル・ブラスは食卓に供するのは自然の表現でしかないのだという料理哲学をもっている。それは食という分野でわれわれがめざすべき未来の姿であった。

ミシェル・ブラスが本店以外の店を出すのは初めてだった。しかもパリでもニューヨークでも東京でもない、北海道の洞爺に店を出すというのは彼にとっても大きな賭けであったろう。

交渉は困難を窮めたが、何とか洞爺に来てもらうべく説得した。彼は日本ではフレンチ・レストランの時代は終わってイタリアンの時代になったのではないかと危惧してもいた。私は高級ホテルの食のベースはフレンチであると考えているから、彼の危惧についてはそれほど問題にならないと思っていた。問題は彼が洞爺を気に入るかどうかだった。幸い彼が訪れた当日は晴れ渡り、ホテルからの素晴らしい眺望にブラスはＯＫのサインを出した。

ブラスが北海道の食材を使って生み出す料理の素晴らしさはたちまち評判になり、プロの料理人も一般のお客様も次々に訪れるようになった。ホテルのレストランの基本であるフレンチはこれで整った。しかしそれで終了というわけにはいかない。日本のホテルだから日本料理でミシェル・ブラスに対抗できるものが欲しかった。そこで考えたのがハウステンボス時代から関心があった野草一味庵・美山荘である。

美山荘は大悲山といって京都市内から鞍馬方面を抜けて車で一時間以上かかる場所にある。よくもこんなに辺鄙な場所にあるなと感心するほどである。呆れるほど辺鄙な場所にありながら、人々を引きつけるというのはミシェル・ブラスも同様であるし、ザ・ウインザーホテル洞爺も同じである。その点もぜひ美山荘を入れたいと考える理由になった。

◉すべての責任を負うのはホテル自身

私はホテルのレストランはテナントにすべきでないという考え方である。テナント形式にするとお客様にとって不都合なことが生じやすい。たとえば何か問題が生じたとき、その責任を負うのはテナントである。しかしテナント形式でない場合、リスクや責任はすべて私どもホテル側が負う。だから何か問題が生じれば、お客様の立場にたち、徹底的に対応する。

それは実に大変なことである。しかし大変だからこそ本当の意味でいいレストランをつくっていくための条件を整えることにつながるのである。お互いに対等の立場でより良いレストランやホテルをつくっていこうという建設的な関係がつくれるようになる。

日本では多くの場合、フランス料理のレストランとの契約は先方に都合のいい内容になっている。日本側が我慢しているから、利益を生み出すのがきわめて困難である。しかし、われわれはきちんとした利益を得ることが大原則だと考えるから、交渉にあたっても安易に妥協しない。「ミシェル・ブラス」についても導入前も導入してからもかなり高密度なやり取りを交わしてきた。難航してもうやめたと言いたくなることもあった、しかし私は正論を譲らず、向こうもプライドを捨てず、やり取りも繰り返すなかで、それなりの答えが出てくるようになった。

それほどの苦労をしたがその甲斐あって、ミシェル・ブラスは今、ザ・ウインザーホテル洞爺の優等生である。また最近、六年がかりでつくってきた「ラ・ロカンダ・デル・ピットーレ」というイタリアン・レストラン（ピッツェリア）をオープンした。オーナーシェフがイタリアで修行し、北海道のチーズを使って本格的な石釜で焼き上げるピザは本当に美味しい。私は日本で一番美味しいピザだと思っているのだが。

◉安定経営のためのインターナル・マーケティングの高度化

とにもかくにも、ここまでのところは何とか順調にホテルビジネスが続いている。二年目の今は初年度収入の二倍増が目標であり、三年目には一・五倍増をめざしている。

今年最大の課題はインターナル・マーケティングの高度化である。まだまだ内部のレベルは満足できないものである。また従業員と企業間の信頼関係、親愛関係の構築がある。従業員満足度を引き上げ、お互いにもたれかからないような関係をつくり上げようと考えた。五年目のハウステンボスを一〇とすれば、ザ・ウインザーホテル洞爺の従業員のレベルは三程度だろう。今年中に六に引き上げ、来年中にはハウステンボスに匹敵あるいはそれをしのぐレベルにまで引き上げたいと考えている。そうなれば顧客安定度も高まるだろう。

顧客安定度が高まればホテルのマネジメントは安定する。リゾートホテルの場合、安定顧客率が三割に達すれば広告は必要なくなるといわれている。

リゾートホテル、特に高級リゾートホテルは都市ホテルよりも経営的に難しい問題を抱えている。これまで日本では国際的なリゾートホテルができなかったが、都市ホテルよりもリゾートホテルの方が経営、運営が難しいからである。

第一に季節による変動が激しい。サービススタッフをどの稼動レベルに合わせるのか、年間平均稼働率をどう設定し、閑散期をどう乗り切るのかなどの経営ノウハウが必要である。だからといって繁忙期のみのオープンでは人材もマネジメントも育たない。通年で苦労してこそマネジメントが構築されるのであって、儲かる時期だけ開けているのではリゾートホテル運営のノウハウは構築できないのである。

高級ホテルほど人件費の固定費部分が増えてくる。これをどう改善するかが重要になる。だからといって安易にパート・アルバイト化することはできない。正社員比率が低ければ、会社に対するロイヤリティが低くなるからである。しかしその前提に立つかぎり、いつまでたっても高級リゾートホテルを成功させられない。そこでこの発想を逆転させようとした。福利厚生、フリンジ・ベネフィットは正社員以外にも同じレベルで提供するようにし、パートやアルバイトでも正社員になれるようにプログラムをつくった。さらにＣＤＰ(Career Development Program)を導入した。

◉パートもアルバイトも戦力化するためのキャリア・ディベロップメントプランづくり

ザ・ウインザーホテル洞爺の経営的な生命線は人件費の変動費化という点にある。人件費の変動費比率が高くなるほど利益率は高まる。人件費の変動費比率が低ければ失敗の可能性が高まる。

人件費を変動費化するためのプログラムの基本は、すべてを要素に分解することである。結婚その他の理由で退職した人が、新しい条件で再び働けるようなプログラムをつくることもそのひとつである。

子育て中はパートで働き、子育てが終わった後は正社員に戻るということもある。パートやアルバイトのランク付けをし、時給に差をつけていくことはもちろんだが、彼らをマネジメントに参画させることも重要になる。一定の基準に達すればパートやアルバイトでも部下を教えたり、マネジメントするようにして戦力化をはかる。

すぐに辞めてしまうのだから、パートやアルバイトに本格的な教育をほどこしても無駄だと考えるのではなくて、積極的に教育する。パートやアルバイトのレベルを高めることで顧客サービスも上がる。お客様からすればパートやアルバイトであろうとなかろうと、ホテルの従業員であることに変わりはない。だとすれば彼らを戦力化するのは当然である。

だからパートやアルバイトが増えれば増えるほど、インターナル・マーケティングは高度化する必要がある。

ホテルの人材は多種多様である。シェフやソムリエのような専門職とゼネラルマネジャーとではキャリアの積み上げ方は異なる。だからそれぞれにあったキャリア・ディベロップメントを進めるために、一人一人と面談し、記録するという作業が不可欠である。自分のキャリアは自分で積み重ねるのが第一原則である。そのうえで会社は各人のキャリア形成を支援する。そのためには事業を成功させる必要があるのだという共通認識をもつことが重要である。会社のために働いてやっているのだという発想がみんなのなかにあったり、会社の側に、みんなを働かせてやっているのだという発想があるかぎり、キャリア・ディベロップメントも事業経営もうまくいくはずがない。

◉C3I（シーキューブアイ）

ザ・ウインザーホテル洞爺にはまだまだ課題も多いが、それなりに改善、改革に努力しながら進んでいる。たとえば洞爺駅とホテルの一体化である。クリスマスのときにはハンガリーから招聘したクラシック音楽の演奏家たちが駅舎でミニコンサートを開く。これはザ・ウインザーホテルのコンセプトであるコミュニティ重視にもかなっている。

ここで私どもの基本コンセプト「C３I（シーキューブアイ）」について説明しよう。これはアメリカ国防総省（ペンタゴン）のコンセプトをもじったもので、ペンタゴンのそれがcommunications（通信）、control（統制）、command（指令）であるのに対して、われわれのC３Iは平和的に、culture（文化）、comfortability（快適性）、community（地域）とintelligence（情報発信・知性）である。

Ｃ３Ｉの視点からいくつものプランが実施されている。たとえばお正月プラン実施の際に取り入れたのだが、われわれのホテルは駅舎でなく、プラットフォームでベルマンがお迎えする。つまりお客様は列車を降りた瞬間からホテルのサービスに包まれるのである。これはオリエント・エクスプレスの発想を借りたものだが、旧来の発想を超え、サービスをextendしたことによって、お客様には殊のほか喜ばれている。このように何でもないことを角度を変えて考えていくと、いい方向へ進むものだと思った。ザ・ウインザーホテル洞爺での経験は実に多くのことを教えてくれる。

◉マーケティングの中枢にはいつも戦略がある

わが社ではマーケティングを殊のほか重視しており、私自身がマーケティングのチームに入っている。私が考えるマーケティングはたんなる販売促進ではなく、中心に政策や戦略ありき、のマーケティングである。マーケティングの中心には政策がなければならないと考える。中心に政策と戦略があればこそ強いマーケティングが打ち出せる。

特に最近は通常のマーケティング、エクスターナル・マーケティングよりもインターナル・マーケティングに力を入れている。トップがコミットする方がインターナル・マーケティングの成果は高まる。それは経営資源の分配にあたって戦略的に行うことが可能になるからである。現在、わが社のマーケティング部門のスタッフは約一〇名である。

タイアップに際しても高級感を重視しており、上のレベルから下に降りていくというhigh–low政策をとっている。たとえばＬＶＭＨ（モエ・ヘネシー・ルイ・ヴィトン）グループとのタイアップであり、ＬＶＭＨのシャンペンのクリュッグをハウス・シャンペンとして提供している。世界有数のホテル予約システム会社ＬＨＷの加盟ホテルとのタイアップもhigh–low政策のマーケティングのひとつである。

またスパを中心としたヒーリング（癒し）を食と連動させるというのも、現在力を入れているマーケティングである。

◉第一線で働く人を育てる

高級ホテルにふさわしい従業員教育、人材育成のために私の役割はきわめて大きい。私は、自分は社長であるだけでなく、ひとりのホテルマンであり、マーケティング担当者であり、よろず問題承り役であると考えている。

そして私が最も力を入れて教育しているのはトップマネジメントでも中間管理職でもなく、第一線で働く人たちである。彼らに対してホテルの実際を説き、政策と方針を理解させる。

そして人材教育のためには会議の手法を重視している。わが社では会議にあたっては周到に準備し、前もってアジェンダを用意するのが原則である。また会議のスタート時には前回の結論を確認する。議すれど決せず、ということにならないようにするのはもちろんである。これらはすべてマニュアル化している。マニュアル化したものをもとに、部下の教育や人材育成にあたる。

わが社の場合、スタッフの出身がさまざまであり、いろいろなホテルのルールや経験に染まった人材が混在している点が特徴である。私のめざしているのは科学的な運営手法であり、それは彼らの手法とは相容れないことがしばしばである。だから私の方針・ルールを徹底的に伝え、学び・理解してもらう。その次には、彼らは自分たちが学んだことを部下に伝えていくのである。

トップが直接現場と接触しなければ、方針や戦略は下まで伝わらない。あるいは社長の方針が下まで伝わっていないことに気づかない。それを放置すると大変なことになる。少なくとも下の層に対しては噛み砕いた表現で説明しなければならない。体で証明しなければならない。これはしんどいことであるが、そうすることが最も効果的であるし、早道でもある。

誰かに伝えれば、うまくやってくれるだろうと考えてはいけない。できるだけ直接のコミュニケーションをとることが重要である。しかし組織が大きくなるほどにトップの意見や考えは末端まで伝わらなくなる。しかも対面サービスが大前提のホテルであるから末端部こそが最もお客様との接点が多い。

二〇〇五年から始まるホテル戦争の前哨戦がすでに始まっている。そこでは人材の取り合いが熾烈化する。しかし面白いことだが、今後出店しようとする外資系ホテルがねらっているのはほとんどがレストランのスタッフである。ホテルマンよりもレストランで育った人のほうが高レベルの教育を受けていると評価されている。それが非常に残念であり悔しいことであり、最大の問題である。

わが社ではマーケティングをエクスターナル・マーケティング（対外部的マーケティング）とインターナル・マーケティングとに分けて考えている。従業員に理解してもらうためにはインターナル・マーケティングすなわちインターナル・マーケティングの充実が必要である。ESとCSをつなぐのであれば、社内のマーケティングすなわちインターナル・マーケティングが必要不可欠である。一番大切なのは従業員が心から理解することである。だから社内報もインターナル・マーケティングのメディアとしてとらえ、将来を見据えた戦略性の高いものにしていこうとしている。さらに家族も含めて企業の一員だと考え、インターナルなイベントにも力を入れていこうとしている。

手をかけ、智慧を絞り、お金を使っていくことが重要である。総合的なインターナル・マーケティングを確立するためには、社内報ひとつにしてもコミュニケーション・ツールとして考えることが重要である。

◉ホテル経営は人間の体づくりと同じ

われわれのホテル経営は洞爺だけにとどまらない。ホテルビジネスとして最も高収益になるのは、一〇程度を擁したときである。人材育成面でも効率化し、人材レベルが上がり全体的に安定してくる。マーケティングやお客様とのリレーションシップのレベルも高まる。将来的には上場をめざしている。

またホテル経営の原則についてふれよう。ホテル経営は人間の体にたとえられる。まず第一に内部から美しくなることを考える。そのためにはバックボーンがしっかりしていなければならない。次には内臓をしっかりとしたものにしていく。コスメティック・ワークで美しく飾り立てるのではなくて、体の中から美しくなるようにするのである。

内臓を鍛え、また動脈や静脈、毛細血管まで一連の流れが生じるようにしていく。そのためには血液型は一つにしなければならない。凝固してしまう。価値観の統一が重要である。しかし今の日本のホテル経営は、体のあちこちがバラバラに動いているようなものである。手と足がそれぞれ勝手な動きをしている。つまり、サービスに統一した流れ、美しい所作が出てこない。

人の体の中を流れる血液が体全体に酸素を送り、老廃物を除去する役割を果たしているのと同じように、ホテルの中の流れを一元化して、それによって企業のサービスのばらつきを避けたい。血液と同じように老廃物の自浄作用が生まれてくるのが最高の状態であろう。

私はホテルのブランドというのは「人」に落ち着くべきだと考えている。商品にブランドはない。ウインザーホテルのどこを見ても、「人」に体化されたブランドがあるという状態が理想だと考えている。

私は留まることは潔しとしないが、急激な拡大も良しとしない。ホテル業界の先輩諸氏の苦労に報いるためにも、彼らが犯した失敗を繰り返してはならない。また外資系ホテルから学ぶべきものは学びながら、独自の価値を創造していきたい。

7 都市型食品スーパーの現在
クイーンズ伊勢丹がめざすもの

田村　弘一（たむら　こういち）
㈱クイーンズ伊勢丹取締役会長

2003年10月

◉はじめに

㈱クイーンズ伊勢丹は、現在、資本金二億五五〇〇万円、年間売上高四三三億円（二〇〇二年度、対前年度比一二三・一％増）の中堅の食品スーパーマーケットである。ここ数年、二〇パーセント前後の伸びを続けており、日本経済新聞社の「日本の小売業調査（二〇〇二年度）」の売上高伸び率ランキングでは七位に位置している。また『日経食品マーケット』創刊号（二〇〇三年七月号）の「全国スーパー満足度調査」では顧客満足度第一位に選ばれている。

好業績企業が多い食品スーパーマーケットのなかにあって、このように高く評価されているのは誇らしいことだが、ここまでの道のりは決して平坦ではなかった。

私は一九九六（平成八）年に百貨店の伊勢丹からクイーンズ伊勢丹へ出向した。当時の年間売上高は一五〇億円、しかもそのうち二〇億円は卸売・外商によるものだったので、スーパーマーケットとしての実質の売上高は一三〇億円、現在の三分の一強であった。利益となると一〇分の一程度にすぎなかった。

当時は「伊勢丹」というブランドを冠していながら、その自覚もなく、ブランドを高めようともしない平凡なスーパーマーケットだった。百貨店では全社員が伊勢丹というブランドの価値を高めようと必死で取り組んでいたのに、クイーンズ伊勢丹は伊勢丹のブランドを汚しているようにみえた。

品揃えはといえば、特徴がないだけでなく、店は汚く暗い印象で、社員の覇気も感じられず、ダメスーパーといわれても仕方ない状態だった。

にもかかわらず、お客様は「伊勢丹に買物に行った」とか「伊勢丹で買った」といって喜んでくださるので、これは大変なことだと思った。一方では、クイーンズ伊勢丹は「商品の価格が高い」という評判も耳にした。これもどうにかしなければいけない。課題は山積していた。

しかしこの七年間で状況は一変した。優秀な人材と伊勢丹のブランドの効果もあって、売上高は三倍、利益は一〇倍に拡大した。

二〇〇三年一月まで私は社長として経営にあたってきたが、現職（会長）に就いてからは、いろいろな意味で経営について振り返る余裕もでてきたので、ここでクイーンズ伊勢丹について、また食品スーパーマーケットや小売業について考えてみたい。

私は一九五八(昭和三三)年に伊勢丹に入社したが、以来、紳士服部門で販売およびバイヤー職に携わってきた。

一九八四(昭和五九)年に浦和店総務部長に就任し、クイーンズ伊勢丹に転じるまでの十数年間は、売場面積二万八千平方メートル、年間売上高五百数十億円という百貨店で経営全般についての経験を積んだ。

小売ビジネス実務には自信があったが、分野としては紳士服やファッションが専門であり、食品には全く素人であったために、クイーンズ伊勢丹の経営を任されて、まず全国のスーパーマーケットを見て回ることから始めた。商品については基本から勉強した。

しかし、商売の原点は同じである。また、食品については素人だったからこそ思い切って取り組めたこと、改革できたことも多い。伊勢丹というブランド力のある百貨店での経験や知識、考え方が都市型の高質スーパーマーケットをつくるうえで大いに役立ったことは間違いない。

◉七年前

クイーンズ伊勢丹の前身である伊勢丹ストアの開業は一九六〇(昭和三五)年である。これは西友の開業とほぼ同時期である。百貨店が生み出した同じスーパーという業態だが、西友は総合スーパー大手企業になったが、クイーンズ伊勢丹は大きくならなかった。その理由の一つは、百貨店の子会社としての存在にとどまっていたことがある。社長は親会社である伊勢丹から派遣されるが、ほぼ二年で交代し、そのたびに経営方針が変更された。社長は所詮限られた任期であるために、経営に本腰を入れることができないという状況が続いていた。

私は伊勢丹で役員の手前の理事職にあったときに、小柴社長(現伊勢丹会長)から内示を受けて、意気揚揚として着任した。しかし当時、クイーンズ伊勢丹はスーパーマーケット業界では取るに足らない存在であり、取引先からも軽く見られていた。

社内の空気はといえば、トレンドだとかファッションだとかスーパーマーケットには関係ない業界からまた新しい社長が乗り込んできた、というふうで、最悪最低の状況であった。私は、これはまずい、何とかしてこの企業風土、企業文化を変えていかなければならないと痛感した。

私が社長に就任する以前からクイーンズ伊勢丹はAJSに加盟していた。私は関西スーパーマーケットをはじめとして全国各地のAJSの会員企業の店を見せていただき、そのすばらしさに圧倒された。サミットも関西スーパーマーケットもアルプスも業界の先進企業の店は、みな明るく清潔であり、販売員のマナーは良く快適だった。商品の絞込みが的確であり、並べ方や見せ方、品出しの仕方も際立っていた。作業の基準書等が整備されており、どんな仕事も決められた手順に従い、手際よくこなされていた。

普通は汚れ放題のバックヤードの作業所も清潔で、真っ白な白衣姿できびきびと働く姿が印象的だった。しかも各社とも、こんなことはスーパーマーケットではあたりまえなのだとおっしゃる。クイーンズ伊勢丹とはレベルがあまりにも違う。生半可なことではスーパーマーケット事業はうまくいかないと覚悟した。その後、会長に就任するまでの五年間は、ほとんど仕事を休まなかった。土日は自店他店を問わず店舗回りをした。

◉現場に学び、現場を活かす

現場第一主義の伊勢丹では、現場を徹底的に回り、現場や顧客に教えてもらうというのが基本である。だからクイーンズ伊勢丹に来てからも徹底的に店回りをしたのだが、見るたびに自分の店のダメさを思い知らされた。問題点はいろいろあったが、第一に店が汚く、薄暗く、長居をしたくないということだった。後方で作業する人の白衣はもちろん、販売員のユニホームも他社のそれと比べ物にならないほど汚れていた。しかもそれを誇るような風潮、ユニホームの汚れは働いていることをアピールするものだという間違った風潮すらあった。これは百貨店の売場を見慣れた眼にはカルチャーショックであった。

品揃えはもっと深刻だった。スーパーマーケットにとって最も大事な生鮮品、特に魚がどうしようもない水準だった。もちろん野菜も肉もパンもほめられたものではなかったのだが。

どうすればいいかと考えたとき、伊勢丹浦和店の魚売場を思い出した。現在もそうだが、浦和店の魚売場には東信水産というテナントが出店している。ここは業界でも話題の「売れる店」である。直営の売場ではあまり売れなくても、東信水産の売場はいつでも賑わっていた。繁盛の秘訣の第一はプレゼンテーションの巧みさにある。当日の朝、全国の市場や浜から仕入れた新鮮な魚を売場に並べるのだが、品出しの際のプレゼンテーションが、ファッションの売場でもこうはいかないというほどに素晴らしい。たとえば六尺ほどの平台四本の上に新鮮な魚を並べるのだが、その中に真っ赤など色鮮やかな魚を二、三匹混ぜる。生きて動いている魚も並べている。その隣には名前も知らないような珍しい魚が置いてある。という具合で、そのカラーコントロール、鮮度の良さがお客様の興味を引く。つい足を止めて買ってしまいたくなる。そんな売場である。

では、クイーンズ伊勢丹はどうか。何の変哲もない多段ケースにパックされた魚が並んでいるだけである。鮮度や品質にうるさいお客様がこれで満足するはずがない。最初のうち、私はクイーンズ伊勢丹では、魚をパックしたまま築地から仕入れているのかとさえ思ったほどである。もちろんそんなことはない。バックヤードに行けば、毎朝大きな魚をきれいにさばいている姿が見えた。いかにも新鮮で美味しそうな魚である。それなのになぜ、その魚の魅力をストレートにお客様に見せないのだろうか。そのときのショックもまた大きかった。

魚売場には優秀な人材がいたが、仕入ルートに問題があった。一般に魚売場に長くいる人ほど、仕入は築地市場からがすべてであり、それ以外の仕入はとんでもないという風潮があった。しかしそれではありきたりの魚売場しかできない。何とかしてクイーンズ伊勢丹ならではの魚売場をつくりたかった。そこで、伊勢丹浦和店内の東信水産の当時の店長のやり方を見習い、魚部門のバイヤーと営業本部長と一緒にいくつかの浜へ赴き、直接仕入のルートを築いた。

◉伊勢丹で学んだこと

従業員のモラール（士気）も低かった。新しいことに取り組もうという意識は稀薄で、他店に比べて大変遅れていた。

欠点も多々あるが、百貨店に働く人の優れた点は、いろいろなことを考えていて、絶えず何か新しいことに取り組もうとする姿勢である。百貨店の良さは商品に対する展開力や考える力、トレンドを読む目などだろう。次のシーズン何が売れるだろうかといったことを常に考えている。知識創造意欲が旺盛なのである。

ところがスーパーマーケットでは、スーパーマーケット理論が先走りしていて、現実の対応が追いつかない。極論すれば英語に強い人の理論に振り回されている感じがする。だから現場では余分なことをしようとはしない。また業界の論理にとどまっていて外の世界から学ぼうという意識も薄いようだ。

伊勢丹は昔から「食もファッションである」と考えてきた。私も百貨店から来た人間なので、スーパーマーケット業界に転じてからも一貫してトレンド、感性、ファッションなどの概念を重視している。

私がクイーンズ伊勢丹に来た当時は、スーパーマーケットには感性もファッションもトレンドも関係ないといわれていた。今はそういう傾向も薄れてきたが、それでも、ファッション分野の人間に、食やスーパーマーケットがわかるのか、という見方が残っているようだ。

商売に本気で取り組んでいる人にとっては、ファッションや食といった違いはそれほど大きな意味はない。畑は違っても商人の原点はみな同じである。与えられた職務に対して本気に取り組んでいれば、現場の第一線にいれば、どう工夫すれば売れるのか、何が売れるのかが自然にわかってくる。

私自身、伊勢丹で実践を通じて商売の勉強をしてきた。紳士服の営業、バイヤー時代が長かったので、営業、とりわけ紳士物に関しては自信があった。そしてそこで培われたものは、食品スーパーマーケットの経営に必ずや活かせると信じてきたし、実際それが可能だった。

◉改革への第一歩――リモデルから始める

具体的には、以下のようにして改革を進めた。

私が社長に就任した当時のクイーンズ伊勢丹には、出店計画も改装計画もなく、二店舗閉鎖という後ろ向きの計画があるのみだった。社員は男性も女性も高齢化していた。男性社員の平均年齢が四八歳という構造のなかでの閉店計画であれば、この先にあるのは人員整理と考えられる。

当時、不況下で子会社を整理する企業が多かったこともあり、中高年の男子社員が集まると、この会社はいつまでもつのだろうかと話していたそうである。しかもプロパーの社員は、次々に代わる社長を信用していなかった。私に対しても、今は、「クイーンズ伊勢丹を立て直そう」などと大きなことを言っているが、これまでの社長と同じで、二年もすれば伊勢丹に戻るものとみられていたようだ。

そのような状況下で、私が最初に行ったことは四店舗の閉鎖だった。しかし閉鎖だけでは業績は落ち込み、社員の士気も落ちるばかりである。それと並行して既存店の改装に取り組んだ。これは品揃えをはじめとした全面改装である。

希望ケ丘(世田谷)店は、二層の古く汚い店で、売上高は一四億円と落ち込んでいた。そこでまずそれをリモデルすることにした。惣菜売場や魚売場を直すという部分改装では意味がない。お客様に強いインパクトを与えるように、店内はもちろん外装まですべてを変えた。

またCI、ユニホーム、品揃え、雰囲気などすべてを変えた。この結果、改装後の年間売上高は二〇億円を上回った。五〇パーセントという売上高の伸びをみて、社員も私の言うことを信用するようになってきた。

その後、一年に三~四店舗の割合で既存店はすべて全面改装してきた。それまであまり業績が良くない店でも売上高は対前年比で二十数パーセントは伸びているので、平均では三〇~四〇パーセントの成長率を確保している。あわせて取り組んだのは、他店が撤退した跡に出店することであった。地方都市であれば新規店舗の開発は比較的容易だが、大都市、特に東京では新店をつくるのに四年以上かかる。再開発物件ともなれば、計画が固まってから実際に開店するまで四年はかかる。しかも立地が限られている。

そういう状況のなかでは、撤退店舗への出店は大変有効な成長戦略であると考えられた。

私がクイーンズ伊勢丹に就任した年の秋に、Dスーパーが北与野駅から撤退することになった。伊勢丹浦和店時代からの知己もあり、与野市からの依頼で、その年の冬にDスーパー跡地の地下のみを借りて開業した。当時はまださいたま新都心もなく昼間人口も夜間人口もそれほど多くなかった。しかも北与野の駅前は人通りも少なく、周辺の小売店には閑古鳥が鳴いていたので、こんな立地でスーパーマーケットが成立するはずがないと、社員はみな反対した。

しかし私には目算があった。伊勢丹浦和店時代の十数年の経験で、埼玉県の計画や交通アクセスは熟知していた。大宮や浦和の駅前は土曜・日曜は大渋滞で、車が入れる状況になく、周辺には駐車場も少なく、道幅が狭かった。

一方、北与野の駅前店舗には五〇〇台収容の駐車場があり、道路アクセスもよく、心配は不要だと思った。多くの反対のなかでオープンしたこの店は、初年度に二一億円を達成した。Dスーパー時代の年間売上高は一一億円だったから、いかにそれが成功だったかがわかろう。

また、浦和駅から歩いて一五分ほどの前地というところに、Iスーパーが撤退した後、七年近く空家になっている店があったが、ここにも出店することにした。Iスーパーであった頃は年間売上高は九億円程度だったが、クイーンズ伊勢丹になってからは一七億円に売上を伸ばし、現在は二一億円に達している。

京王線の仙川には、駅前の地主の持つ土地に二階建てで築二五年ほどのKストアがあった。京王電鉄が駅を地下化するのに合わせて駅ビルをつくり、Kストアをそこに移転することになった。

地主はＫストアの移転で空く店舗を活用しようとしていた。

その情報を入手した私は自らオーナーに会い、クイーンズ伊勢丹に貸してほしいと依頼した。この立地ならば必ず成功するという自信があったので、「当社に任せていただければ、仙川の町は大きく変わります」とまで豪語した。オーナーは私の熱意に賭けてくれた。

Ｋストア時代には一八億円の売上だったこの店は、初年度で三八億円を達成した。儲かる店になっただけでなく、実際に仙川の町が変わったので、地主も周辺の住民も喜んでくれた。

当社が出店するまでは空室が目立っていたビルやマンションが埋まり、その後この五年間にさらに多くのビルが建てられるようになった。

◉新規出店――自ら指揮し、実行する

その後、三井不動産の助力を得て、錦糸町のそごう跡地ビルに出店した。そごう跡地ビルを見て、入店に意欲がわいた。すでに二十数社のスーパーが出店を希望していたが、すぐ社長の私が行って直接交渉した。社長自ら来る企業は前例がないというので、ビルのオーナーである三井不動産と日本生命の部長の対応を受けた。当社の店を見せてほしいというので小石川店へお連れしたところ、この店ならば大丈夫だろうと評価してくれ、条件が折り合い、当社が出店することになったのである。

当社は小さな会社なので私が代表取締役社長、店舗開発部長、営業本部長を兼任した。大企業

のように常務や担当役員に任せるなどせず、自ら指揮し、自ら実行することが大切である。すべてを自分で見て判断しているので、他社よりも対応が早い。熱意をもって交渉にあたるために好条件で借りることができ、有利な場所にテナントを出店することができるなど、新規出店も順調に推移している。

クイーンズ伊勢丹が今日あるのは、クイーンズシェフの存在が大きい。クイーンズシェフも私がクイーンズ伊勢丹に着任した頃は、特に高級感があるわけでもなく、ありきたりのスーパーマーケットになっていたので、高級食品専門店に向けて私なりに再構築した。クイーンズシェフは儲けなくていい代わりに、クイーンズ伊勢丹にとってのクイーンズシェフは、ソフィスティケートされたアンテナショップである。輸入食品やレベルの高い商品の実験場であるのと同時に、それらの分野の専門人材を養成する場として位置づけた。だから新宿のクイーンズシェフは赤字でもいいから普通のスーパーマーケットにはしない、安売りをしない、できるだけ磨きをかけたいと割り切った。

その結果、それらのノウハウが身につき、それをクイーンズ伊勢丹というスタンダードレベルのスーパーマーケットに援用することができた。

たとえばクイーンズシェフのベーカリーのノウハウや人材を既存のクイーンズ伊勢丹に持ち込んだ。パンやワインのノウハウや人材のレベルが上がったのは新宿のクイーンズシェフがあったからこそである。

◉内部に人材を育てる

当社が恵まれていたのは、優秀な人材がいたこと、伊勢丹という名前が残っていたこと、まがりなりにも生鮮三品を自営でやっていたことだ。現在、百貨店系のスーパーマーケットが数社あるが、最近は切り替えつつあるものの、たいていは惣菜、魚、企業によっては肉までテナントが入っている。当社には先日閉店したクイーンズシェフという新宿の店があり、パンまですべて自営で取り組んでいたノウハウがあり、これが功を奏した。

人材面ではプロパーの社員を育成すると同時に、他社でリストラに遭った社員を積極的に採用した。最初はアルバイトで募集したところ、相当の倍率で応募があった。元気で技術をもった熟年の方々が入ってきた。その後優秀な人材は一年契約の社員に変え、さらに、年代が若く、本人、当社の双方が長期就業を希望する人を正社員に登用した。この手順で技術を要する分野ではプロパーよりも優秀な人材を多く得られた。これが現在の商売の核になっている。

◉女性の活用

私は百貨店時代から従業員とのコミュニケーションが得意だった。店中を回ってみんなに声をかけ、名前を呼ぶ。スーパーマーケットに来てからも、売場だけでなく、作業所にもどんどん入り込んで話をする。そうすることでみなのやる気を喚起するだけでなく、そこから商売のヒントが出てくるし、改善すべき点が浮かび上がってくる。

小売業にとって女性の能力を活用できるかどうかは大変重要である。スーパーマーケットに来て一番不思議だったのは、女性の職務が決まってレジかサービスカウンターだった点だ。高齢化して五〇、六〇歳になってもそのままではおかしいではないかと思った。伊勢丹は百貨店のなかでも特に女性の活用に熱心であり、いろいろな部門で多くの女性が活躍している。下着のバイヤーは女性と決まっているほどであり、レディースはもちろんメンズ、ハンドバッグや靴などにも女性バイヤーがいる。感性が必要なきめ細かい仕事には男性がかなわないくらいの女性が大勢いる。私は、そういう女性を目の当たりにして一緒に仕事をしてきて、女性の力を信じているので、クイーンズ伊勢丹でも女性の活用に心を配った。

まず男女ともにこの仕事をしているからこの給与なのだということを明確にした専門職、一般職という給与体系に変えた。以前は女性のバイヤーは皆無だったが、現在は約一〇人の女性バイヤーが日々頑張っている。またパートタイマーのなかから売場のチーフが出てきており、店次長や店長も生まれている。最近の新入社員には有名大学卒業者も多く、これが今後当社の財産になると思っている。

◉キャリアアップの体系づくり

また男女ともに広範囲に活躍できるようにジョブ・ローテーションを組んで、魚を扱い、次に肉を扱っていくという複数の部署を経験するやり方と、数人の専門家を育成するやり方とを想定している。後者は、魚の専門家、ワインに関しては日本でナンバーワンの専門家であるとか、ナチュラルチーズだったら誰にも負けない知識をもつ人が育たなければ、素晴らしい企業にはならないと考えている。

　だから魚の専門家であっても一般職の常務と同じくらいの給与体系までいけるような基準に変えた。企業を支える人材を育てるために、仕組みから変えてやっている。

◉顧客満足とは何か

　年に二、三店舗の出店ペースであり、他社に比べれば拡大速度は比較的緩やかだが、もともとは一〇店舗しかなかった企業がこれだけ増えると、一〇〇店舗ある店が年間三〇店増やすのと同じペースになるので、プロパー人材だけでは追いつかず、中途採用が大変重要になる。幸い、優秀な人を採用できているので、今のところ人材的にはうまくいっている。

　小売業の原点は、顧客との会話や対面販売にある。かつてであれば、主婦は夕方には楽しみにして街に買物に行った。後継者難などで、中心市街地が衰退していく時代であっても、お客様は街の商店、魚屋や八百屋や肉屋と会話することも楽しみのひとつだった。たとえば今日はどんな魚があるのか、珍しい素材をどう調理をしたらおいしいのか、これはこのように切ってくれ、などである。

　ところが、当時のスーパーマーケットは、売場でのお客様との会話などはとんでもないことで、サービスカウンターやレジで「ありがとうございました」などと大きな声を掛ければいいと思われていた。

私は、お客様との会話や対面販売、コンサルティング販売をすることこそが商売の原点であり、本来の姿であると思う。しかし、スーパーマーケットの経営者の多くは、人時生産性と坪効率の話ばかりしていて、お客様との対話には思いが至らないようである。

たとえば、「当社の企業理念はお客様第一から出発することである」という企業がある。しかし、実際に何をやっているかといえば、どうしたら利益があがるのかということだけである。お客様は神様であるといっているのに、神様との対話を大切にしないのはおかしい。対面販売やオープンキッチン、コンサルティング販売を必要なところへ取り入れながら、その次にどうしたら効率があがるかを考えるべきであるのに、先に人時生産性ありき、坪効率ありきになっている。

なるべく人を使わずコストを削減し、できるだけ売上が安定しており、売れ残りのリスクも少ない定番商品に絞り込むことが、はたしてお客様のためであるのだろうかと常に自問している。

百貨店もそうだが、スーパーマーケットは、新店や改装の開店時に混雑することを自慢する。これもおかしな話である。朝八時から開店、何万人入り、入場制限を何回したなどと、混雑を演出することさえある。顧客無視もはなはだしい。混雑していて買物ができなかった、とお客様に言わせるようなスーパーマーケットであってはいけない。

私は、ソフトオープンとして、一回目はこの範囲の訴求、二回目は、三回目は、と一カ月くらいかけて開店セールをしろといっている。適当な賑わいのなかで、目玉商品も適当にあるというように、いい雰囲気のなかで買物をするのが一番大事だと思う。

お客様が、「私のまちにクイーンズ伊勢丹があったらうれしい」と思ってくれるような店でありたい、と常々考えている。クイーンズ伊勢丹が出店することをみなが喜び、自慢できるような店をつくりたい。

うれしいことに、最近では分譲マンションのカタログに、「近くにクイーンズ伊勢丹がありま す」と載せると売行きが違うという話も聞く。また小石川店ができたときに、息子に「こんなにきれいな店をつくる会社にいるお父さんはすごい」と尊敬されたことを喜ぶ社員がいた。自分の土地に出店してほしいと言ってくる地主の方がいる。

私は、そういうことを誇りに思い、もっともっとがんばっていきたいと思う。

◉自前主義

私は伊勢丹時代に、伊勢丹から東急百貨店、東急ストアの社長に就任し再建に貢献した山本宗二さんの薫陶を受け、山中鏆《かん》さんにはマーチャンダイジングのイロハを教えていただいた。山中さんは、伊勢丹から松屋社長に転じ、松屋の再建を果たした後、東武百貨店社長を務められた方だが、「百貨店とは、専門店の集合体だ」といっておられたのが今でも頭にこびりついている。

クイーンズ伊勢丹がめざすのは食品のテナントを取り揃えたアウトソーシング型のスーパーマーケットではない。魚も肉も野菜もパンも惣菜もすべて自営でやる店、山中さんのいうところの「専門店の集合体」である。私は就任以来こういう企業をつくろうと邁進してきた。

どこかの店のベストセラーを探し、NB(ナショナルブランド)商品を集めればいいという普通のスーパーマーケットが多いが、私はそれはおかしいと思う。

自分の企業はどうあるべきなのか、どんな店にしていくのか、そのためのコンセプトは何か、対象の顧客は誰か、そのためにはどこからどこまでを揃えていくのか、何が足りなくて、何が欲しいのか。このようにしてつくったり、集めたり、編集し直して展開していくのが、本来の商売だと思う。

アウトソーシング、コラボレーションなどの形で、自社でできないことは他に任せればいいという考えもあるが、原点は自前自営にこだわっていきたいというのが私の経営理念である。

これに関しても百貨店時代の経験が生きている。

伊勢丹には伊勢丹の社員が常に携帯している「マーチャンダイジングノート」がある。これは一九五一(昭和二六)年、三代目の小菅丹治が欧米視察に行った際に、米国の百貨店が作成した「マーチャンダイジングバイヤーズマニュアル」を持ち帰り、伊勢丹の社員がみなで勉強し翻訳し、伊勢丹流にアレンジして作成したものである。

伊勢丹にかぎらず先進的な百貨店は既製品を仕入れるだけでなく、自らデザインを興こし、色柄、サイズや素材を決め、仕様書を発注するという形で取引先と組んで商品開発をしてきた。この手法は現在の食品小売業界でも大いに参考になる。お客様が何を欲しいと思っているかを、百貨店が自ら見つけ、メーカーと共同で開発していく手法を、私はクイーンズ伊勢丹というスーパーマーケットに来てからも取り入れている。

◉企業文化の創造的破壊

ファッションに強いと定評を得ている伊勢丹が、新しく食品スーパーマーケットという専門店をつくったとしたら、どんな店をつくるだろうかと考えたのが、今のクイーンズ伊勢丹の原点である。だから私は伊勢丹の企業理念をバックボーンとして、経営方針をつくり、行動に移した。当初は子会社なりに独自の企業理念をもっていたが、それを伊勢丹のものに戻したのである。根本精神は変わらない。道義を守り、奉仕の心をもつ企業経営の徹底である。そして「毎日が新しいファッションの伊勢丹」をスローガンに掲げ、日々改革、革新に努めよということを全社に浸透させた。

そのうえで、当社の強み・弱みは何かを分析し、対応を考えた。グローバリゼーションが急速に進むなかで、小規模のスーパーマーケットが勝ち残るには、イトーヨーカ堂、西友、ダイエー、サミット、いなげや、マルエツのような大企業の真似をしても意味がない。クイーンズ伊勢丹らしさとは何かを再度分析して、「こういう会社にする」というビジョンを明確にした。そして、従来の企業文化をすべて破壊することから始めることにした。

クイーンズ伊勢丹が進むべき道を明確に宣言し、社員に対しては事あるごとに話をした。ドメインを明確にし、その方向に向かって一歩一歩進んで現在に至っている。

◉思い入れがいい店、いい企業をつくる

今でこそ、店舗ごとの個性や主張が感じられるようになっているが、私が着任した当時、スーパーマーケットはどの店も同じようだった。外装も店内のレイアウトも品揃えも陳列の仕方も似ていて、どのスーパーマーケットなのかわからなかった。ナショナルチェーンの店なのか、地元のスーパーマーケットなのか区別がつかなかった。はたしてお客様はそれで満足されているのだろうかと疑問に思った。

アメリカのカジュアルファッション専門店のバナナ・リパブリックのオーナーは、自分が着たい洋服がないので店をつくっていったという。小売業にとって重要なのは、どういう思い入れでその店をつくるかということである。

バーバリーの例にみるように、上に立つ人間やデザイナーが代わることで、その企業が蘇ることがある。反対に経営者が代わってだめになる企業もあるだろう。私はクイーンズ伊勢丹というスーパーマーケットの経営にあたって、どこにでもあるスーパーマーケットをつくるのではなくて、田村弘一の思い、経営哲学を実践したいと考えた。

しかしトップが自らの個性を主張し、強力なリーダーシップを発揮できる企業は限られている。私は年間売上高数百億円が限度であろうと思っていたのだが、先日、野中郁次郎先生にお会いしたときにうかがった話では、カルロス・ゴーン氏に率いられた日産自動車の例にみるように、そんな限界はないということだった。大切なのは何を思い、どう行動するかだというお話に力づけられた。

◉独自性を貫く

小売業にとって、店内のイメージ、マーチャンダイジング、商品政策、顧客管理をどうするかは永遠の課題である。クイーンズ伊勢丹はクイーンズ伊勢丹らしさ、独自性を出さなければいけない。現在のような厳しい状況下で、年間売上高数百億円程度の企業が生き残るためには、卓越した個性を出さなければいけない。

出店要請は首都圏以外に地方からも数多くあるが、目下のところお断りしている。というのも、現在のところは首都圏——それはすなわち伊勢丹ファンの多いところという意味だが——に出店し、着実に力を蓄えていく段階にあるからだ。

クイーンズ伊勢丹は豊田団地や小平団地など、東京の郊外の団地の店から出発した。当初は売店程度の小さな店で、商圏も限られていた。私の時代になってからは規模を拡大し、都心立地を選んで出店しているのだが、都心であればどこでもいいというわけではない。いいマーケット、具体的には高所得者が住んでいる所を選んで出店している。高級住宅地の店舗はクイーンズ伊勢丹のコンセプトとマーケットがフィットしているので、業績がよい。G高級食品店が成城から撤退するという話を聞いたときも、すぐに出店を決めた。一一月には自由が丘に出店の予定であるし、来年(二〇〇四年)春には品川駅に大型店舗を出す。その後も都心部に数店舗展開の計画があり、高輪白金地区にも出る。とにかくクイーンズ伊勢丹らしい場所、いい立地へ出店する。

「いい店」であり続けるためには、立地と並んで規模が重要である。駅ビルならば最低二二〇〜二三〇坪が必要だ。私は、「クイーンズ伊勢丹はファッショナブルで自分を主張できる『いい女』をめざせ」と言っている。最初のうちは多少背伸びが必要でも、「いい女」であろうと努力し、店をブランドとしてつくり上げていく。そうすると自然とみなが評価するようになり、評判になって出店要請が増えてくる。そうすれば、たくさんのなかから自分たちの主張にあった場所と条件を選んで出店できるようになるので、高業績が見込める。そしてさらに出店要請が増える……。

このようにわがままが言える時代になってきたのは、この七年間、方向性を決めて、それから外れないように辛抱してやってきたからである。細かな点もおろそかにせず、ひとつずつ成果を着実に積み重ねてきた。小さな企業であるからこそ、基本戦略を決めたら、それを貫くという姿勢が大切である。

小さい企業だからこそいっそう独自性を出していかなければならない。凡庸な店や品揃えであっては、競争、特にナショナルブランドの価格競争でライバルに太刀打ちできないだろう。ナショナルブランドは往々にしてバーゲン商品と化す。スーパーマーケットで扱っている商品は、人気のあるブランドであるほど目玉商品にされがちであり、他店が安売りすればそれに追随したくなる。しかし安売り競争には際限がないから、クイーンズ伊勢丹のスタンスを忘れて価格競争に打って出るのは危険であり、命取りになりかねない。

以前、当社の店舗の真ん前に安売り店が出たが、一年で撤退した。この店があったとき、店長には見に行くなと言い聞かせた。なぜならば目の前の競合店が安売りで賑わっているのを見ると、一緒になって安売りをしかねないからである。賞味期限切れの商品を通常価格の四分の一で売ったり、一円セールなどをしても、それが長続きするはずがない。

基本は真っ当な商売をすることにある。お客様のなかには特売商品だけを買ういわゆるチェリーピッカーもいるが、それに合わせて商売をしてはいけない。目玉商品だけ買って帰ってしまう人は当社のお客様ではないと割り切ることも必要である。

地方のスーパーマーケットは商圏が限られており、低価格競争が激しいので、このような割り切り方は難しいと思うが、当社のように首都圏の都心型スーパーマーケットの場合は、贅沢な言い分が許されている。というよりも、ターゲットを絞り込まなければ、逆にお客様に逃げられてしまうだろう。何を拡大し、何に絞りこんでいくかの見極めと判断が大事である。

価格競争をしないといっても、それは高い商品を売ることではない。最初に述べたように、私が来た頃のクイーンズ伊勢丹は「価格が高い」スーパーマーケットだという評判があったが、これは改善した。価格が高い商品を売るのではなくて、質が高い商品を適切な価格で売るのがクイーンズ伊勢丹である。

できるだけよい雰囲気の店、レベルの高い店にして、そのなかでリーズナブルな価格、値ごろ感のある商品を提供するという方針を貫いている。

伊勢丹でバイヤーをやっていた頃の経験だが、すばらしいイメージの売場で値ごろ感のあるスーツを売ると大変売れ行きがよかった。ところがゴージャスな売場だからといって三〇万円、二〇万円という高価格のスーツを置くとそれほど売れない。商売というもの、顧客心理とはそういうものなのである。

◉編集の時代

私は、CI(コーポレート・アイディンティティ)からカラー、制服、徽章、すべてを変え、企業文化そのものを変えた。シンボルカラーは研究した結果、ダークグリーンに決めた。

伊勢丹の「オンリー・アイ」に学んで「グリーンQ」というオリジナル商品(プライベートブランド)を開発した。独自性を出すという意味でオリジナル商品の開発は重要だが、だからといってむやみと増やせばいいわけではない。それよりもナショナルブランドや輸入品を、自分たちの主張に合った形で編集することが重要である。また新開発商品や珍しい輸入品などを他社に先駆けて扱う先行販売も独自性を発揮するのには有効である。

幸い、クイーンズ伊勢丹には全国各地からの見学者も多く、この商品を店に置いてくださいという売り込みも少なくない。これらのなかからクイーンズ伊勢丹らしさを出せる商品を選び、それを限定販売することも独自性発揮には有効である。

どこにでもある商品を、何の工夫もせずに販売するのではなくて、自分たちの店にあった形にアレンジ、編集し、オリジナル商品や限定販売商品との組み合わせで品揃えの独自性を出す。あたりまえのことに思えるが、それを一歩一歩着実に進めていく先に成功がある。

◉百貨店はライバル

私は同業のスーパーマーケット以上に、デパ地下をライバルと考えている。今、多くのお客様に支持されているロックフィールドや柿安をベンチマーキングしている。しかしだからといって百貨店の食品売場と同じように、人気のあるテナントを入れるわけではない。デパ地下のテナントのメニュー提案力、飾り方の優れた点に学びつつも、彼らの価格の六掛け程度で売れる商品を開発するのがクイーンズ伊勢丹である。

いい商品、売れる商品であれば積極的に取り入れる。たとえばおはぎである。当社は仙台の奥座敷といわれる秋保温泉名物の佐市商店のおはぎを三年前から販売して好評を得ている。これは私たちの世代が子どものころに食べたような素朴なおはぎである。おばあちゃんやおかあさんがつくってくれた、餡こがいっぱいはいった懐かしい味のおはぎだから、今やクイーンズ伊勢丹の名物になるほど売れており、あちこちのデパ地下でも似たようなものを多く見かけるようになった。百貨店のテナントがスーパーマーケットの真似をするようになってきているようだ。

多くの人はまだ、百貨店とスーパーマーケットは違う業態なので競合しないとか、お互いに相手にしないといっているが、時代は変化している。どんな小売業も現状に安住することはできない。昔のままの考え方で、昔のままの商品を販売しているのでは、お客様やマーケットの変化についていけない時代なのである。

◉いっそうの美味しさを求めて

魚に関しては相当力を入れてきたので、現在では大変強くなったし、お客様にも高い評価をいただいている。スーパーマーケット業界では魚、野菜などの生鮮品が強ければそれだけで競争力があり、いいスーパーマーケットだといわれる。たしかに魚はとても大事な商品だが、それだけではいけない。生鮮三品がしっかりしていて、そのうえで惣菜やデリカ部門も充実していなければいけない。

昔のクイーンズ伊勢丹では、牡蠣が旬の時期でも冷凍の牡蠣を揚げて牡蠣フライとして売っていた。どうして生の牡蠣を揚げないのかと問うと、スーパーマーケットなのだからこれでいいのだと答える。アジのフライ、コロッケ、その他の惣菜、すべて同様だった。おにぎりもしかり。

コンビニエンスストアのおにぎりは美味しいからスーパーマーケットもそれを目標にすればいいという人がいる。しかし私からみれば、もっと美味しいおにぎりができるはずであるし、スーパーマーケットはそれを開発する努力をすべきである。

スーパーマーケットだからこの程度の品質でいい、という思い込みが、美味しい商品を提供するのを妨げていたし、今でもそうである。日常的な食を提供するスーパーマーケットであればこそ、よりいっそうの美味しさを追求するという姿勢が求められるのである。

現在、まだワイン、ナチュラルチーズ、香辛料、インストアベーカリーのわかる人がいないスーパーマーケットが多い。成熟した消費者相手の商売には、これらの部門が大変重要であるにもかかわらず、自前でこれらの売場を展開する力をもった企業は少ない。私はこの七年間にこれらの分野での専門家を育ててきた。普通のスーパーマーケットでは、ナチュラルチーズを売っているといっても、品揃えはきわめて限定されている。決まったメーカーのものしか置いていない店がほとんどである。しかしクイーンズ伊勢丹は海外のメーカーと直接取引をしており、百貨店の食品売場と比べても見劣りしない独自の品揃えを誇っている。着手してから三年がたつ。当初は思ったほど売れなかったが、二年目から徐々に売れるようになり、今では完全に根づいてきている。

◉めざすのは高質な都市型スーパーマーケット

七年間でクイーンズ伊勢丹のレベルはかなり上がったと自負している。しかしまだまだ改善すべき点は多い。固定観念にとらわれないで、お客様が欲しいものを増やしていくのはなかなか難しいことである。

今のスーパーマーケットに感じるのは、効率一辺倒で揺らぎや遊びがないことだ。生産性や効率性はたしかに重要だが、より長期的な視点をもつことがさらに重要である。経営上のバランスをとりながら、着実に利益をあげる店、今よりも来年、再来年ともっとよくなる店、つまり成長する店をつくっていくことが大切である。

グルメストアタイプのスーパーマーケット、いわゆる高級食品スーパーマーケットはチェーンオペレーションが組めないという難問をかかえている。一方、標準化された普通のスーパーマーケットは、都市に住む消費者にはもうひとつもの足りない。そこにクイーンズ伊勢丹のビジネスチャンスがあると思う。

世の中の変化は激しい。お客様も変化している。年をとっていく。今のお客様を大切にしながらも、常に新しいマーケットを開拓していかなければ、時代に取り残されてしまう。当社はそのような危機感をもちながら、他のどこの店とも違う独自性をもった高質の都市型スーパーをつくり上げていきたいと考えている。

8 二一世紀の吉野家の経営

更なる「成長」と「進化」

安部　修二（あべ　しゅうじ）
㈱吉野家ディー・アンド・シー代表取締役社長

2003年8月

◉一〇年ごとの転換期

吉野家ディー・アンド・シーの二〇〇三（平成一五）年度決算は連結で売上高一四五九億円であり、うち主力の牛丼関連事業の売上高が九六七億円、店舗数は七月末現在九三九店舗であり、今期中に一〇〇〇店舗を突破する予定である。

当社が現在に至るまでの過程には、転換点の年があった。それは一九八〇年、九〇年、二〇〇〇年であり、ちょうど一〇年サイクルになっている。

一九八〇（昭和五五）年に会社更生法適用を申請し受理された。一九九〇（平成二）年に株式を店頭公開し、二〇〇〇（平成一二）年に東証一部に上場した。

ただし、われわれとしては、一九九〇年の株式店頭公開よりも、一九八七(昭和六二)年の会社更生終決の方が実感としては本当の節目である。なお、二〇〇〇年以降でいえば、二〇〇一年が価格改定の年で転換点である。

◉「YDC21」のスタート

私が社長に就任したのが一九九二年九月であり、今年(二〇〇三年)で一一年目になる。店舗数も増え、五〇〇店舗に近づき、事業は順調にいっているようにみえたが、一九九四年空前の米不足の年に就任して初めて減収減益となった。

一九九五年から九六年にかけて長期経営計画「YDC21」を策定し二〇〇六年に向けての一〇カ年計画を立てた。これは吉野家ディー・アンド・シーのさらなる成長と進化をめざしたものであり、①既存事業の成長と進化、②国内における多角化、③吉野家の海外展開、の三つを基軸とした。またチャレンジするテーマとしては、①環境変化を先取りしていく企業の進化、②グローバル・アドマイヤブル・カンパニーを目指す、③次世代を担うグローバルな人材の輩出、④スピードある事業展開、を掲げた。事業構造の変革の方向性を示し、具体的数字目標を設定した。吉野家を基軸にして新しい発想で新時代の新しい会社の姿を描き、みんなで共有できる目標をつくった。

外食市場は成熟段階に入っていて売上高は前年割れが続き、そして消費者の価格への志向性が確実に高まっていき、吉野家は売上高と客数を減少させていた。この市場の変化に適応するためには、会社の思想や構造のフレームワークそのものを変えなければならないと考えた。

◉外食産業・失われた一〇年

外食産業も一九九〇年代は「失われた一〇年」であり、成長率は鈍化しすでに業界が成熟化の段階に入った。

一九七〇年代は業界の黎明期であり、高度成長のエネルギッシュな活動だった。一九八〇年代は青年期で成長と活力はあった。当社が会社更生法の適用を申請した一九八〇年は象徴的な年である。京樽が東証に株式を公開した。一九七八年にすかいらーくの店頭公開、ロイヤル・ホストの福岡証券取引所二部上場など、八〇年代はエネルギッシュな動きがあった。

「外食産業」という言葉も一九七〇年代の後半にできたのであり、その意味で外食産業としての社会的地位が認められはじめた時代であった。

当社は一九八〇年の会社更生法適用申し立てから七年で更生債権の弁済を終決した。その間、健全な回復はしていたが、再建の時代であった。

一九九〇年代は一〇年で売上、利益が倍増している。当社は業界の全体の動きとは少し違う動向で増収増益を続けていたが、二〇〇〇年代に入ると様相は変化した。

業界全体が既存店のダウントレンドで七〇カ月連続のマイナス成長である。二〇〇二年一二月の日本フードサービス協会（ＪＦ）の統計では、既存店の前年比は九三パーセント台となっており、外食産業も過剰調整（淘汰）の局面であり、厳しい競争のなかにいる。その意味では二〇〇三年がボトムではなかろうか。

◉市場と競争

外食市場の成長性はどうだろうか。中食、外食の比率をみていくと、外食は微増である。日本フードサービス協会（ＪＦ）統計では外食比率が三七パーセントであり、惣菜や弁当を含めると四七パーセントになる。

中食という分野を外食産業がカバーしはじめた。スーパーなども惣菜をこれまで以上に強化している。

消費者の利用動機はさまざまであり、スーパー、デパ地下の惣菜、オリジン弁当や地球健康家族、あるいは柿安の惣菜類に代表される外食の専門分野としての惣菜、弁当が台頭している。

牛丼市場への参入状況をみると九〇年代半ばまでは、この領域は当初あまり注目されず、参入もあまりなかった。九〇年代半ばから松屋、すき家、なか卯など同業他社が力を付けてきている。ただし消費者のそれらの店の時間帯別利用動機はさまざまである。

売上の影響では、同業他社よりもコンビニエンスストアの弁当が、ボリュームとして影響は大きい。

マスコミは、同じ商品を扱っていれば勝手に、コンペティター（競争相手）と思ってしまう。店間の距離が近く、吉野家が後発で出店した場合は相手に大きな影響を与え、相手が後発のときは、吉野家にも影響がある。同一商圏の取り合いになっていくが、それも同じ商圏に一店あって二店目を出した場合に、総売上は一のままで既存店の客数を取り合うカニバリズム（共食い）になるわけではない。

◉商品は「飽きない」

吉野家がブランド力を高めていった軸足、出発点は、常識の否定にある。「商品は飽きる」の が常識であり、消費者が飽きるから変えたり増やしたりする企業が多い。しかし当社は、「商品は飽きない」、「飽きさせないようにする」ところから出発している。ブランドを「飽きない」に基づいて組み立て、ディテールの表現方法や方法論を考えていく。

商品づくりのポイントは食後感のよさであり、顧客がいかに高頻度のリピーターになるかが、最大の関心事である。新しい仕掛けで新しい顧客に利用していただくよりも、来店頻度を高め、客数や売上を増大させることがすべての活動のベースである。そのため仕掛け方の発想も短期レンジでやろうとする要素のものは、当社の発想の枠の中にはない。

しかし単品メニュー牛丼というスタイルは、くだり勾配に入ると、影の部分の論理が正当であるかのようにみえることがある。商品を増やす、高級化する洋食やファミリーレストランの業態を考えるなどさまざまな否定論が出てくる。そしてこの議論は、入社以来何年かのサイクルで起きてきた論議である。

◉なぜ単品ブランドか

主力商品については、長期レンジで考える。たとえば、一〇品目で一〇〇人の客数を獲得していたとして、一品目増やして一一品目出すと一～三カ月は客数が一一〇になることは起こる。トップマネジメントの思惑でやり始めることが多いので、それを成功という結論にしがちであり、拙速で全店舗に入れてしまう。しかし、結果は三カ月から半年もたてばもとの数字に戻ってしまうだけでなく、今度は一一品目で一〇〇人になってしまう。一品当たりの客数(作製量)が減ると、それまでのクオリティー感やバリュー感にダメージを与えることが多い。それは新しい仕掛けで客数、売上を増やしていく発想と、今あるものをブラッシュアップしてより良いものをつくろうとするスタンスの違いである。正しい試行錯誤を重ねればお値打ち品をつくることができるはずなのに、短期レンジで、年がら年中仕掛けでつくっていくものにお値打ち品もオリジナリティーもつくれない。

重要なことはブランドへの信頼性、好感ということを追求し、高めていくことだと思う。

吉野家の創業は一八九九(明治三二)年、松田栄吉氏が東京日本橋の魚河岸に牛丼の店を開いた。その後築地に移転したが、戦後復員した長男の松田瑞穂氏によってビジネスとして再強化されチェーン化を開始した。毎日同じ人たちしか来ないクローズドマーケットでいかに売上を上げるかを考えなければならないところから出発した。これが吉野家の牛丼の原点である。これはまさに現在でいうビジネスモデルの発想であり、その成功体験の確信が、その後の吉野家の大きな成長を支えてきた。魚河岸という特別な立地だったからこそであり、街中で出発していたならば、単品で繰り返し食べてくれるという確信は形成されなかったのではなかろうか。

◉品質管理は最大の課題

品質管理も標準化も品目数は多ければ多いほど難しさがあり、その点でファミリーレストランはたいへん苦心している。一方彼らは当社に対して、同じ商品でずっとビジネスを続けていくのはたいへんだろうと思っているようだ。

品質管理は最大の課題である。ビーフの最大のリスクは、マーケティング的な視野でいえば、単品は飽きられるという常識があることである。店舗数(総客数)に限界はあるが、ビーフの嗜好性および単品は飽きられるというリスクを一度も思ったことがない。主要原材料の調達が最大リスクである。

不幸なことに一昨年BSE(牛海綿状脳症)により牛肉という原材料リスクが顕在化してしまった。当社は、USビーフに頼っており、コストの面や輸入障壁や関税問題などさまざまなビーフにまつわるリスクが考えられる。

アメリカのビーフ需要は背中のステーキ部分が一番多く、その需要にあわせて生産供給体制をとっていて、当社が使うショートプレートの需要は低い。当社は昭和四五年からアメリカのショートプレートを輸入し、その後ほとんど輸入に切り替えた。以前は当社だけだったが、現在ではさまざまな分野で当社仕様だったカットが使われている。

◉グローバルYOSHINOYA

海外のネットワークは、アメリカ、台湾、中国(香港を含む)、シンガポール、フィリピンの五カ国に広がっている。アジアのマーケットでは中国が今、最も有望である。特に沿岸部がどんどん近代化、都市化し、食生活が急激に変わってきている。成長率ではアメリカよりも中国のほうが高い。また売上ではすでに台湾を超えアメリカを追い越すのも時間の問題だろう。

海外における現在の店舗数はアメリカ八二店、台湾五三店、中国五四店(香港一六店、北京等三五店、上海三店)、シンガポールは一二店、フィリピンは四店である(二〇〇三年七月末現在)。

吉野家の出資比率は、アメリカ一〇〇パーセント、上海については五〇パーセント(子会社)で、香港は一六パーセントである。香港吉野家については現地マネジメントにすべて委ねており、彼らが主体的に展開している。また台湾吉野家に対しては八三パーセント出資である。今後質量ともに高成長が見込まれる上海、台湾については、キーステーション(拠点)に経営責任者を派遣している。

◉吉野家のフランチャイズシステム

直営店とフランチャイズ店の比率は店舗数で六対四であるが、今後もこのバランスを維持したいと考えている。直営店がマジョリティであるほうが経営的に健全であると考えているからである。

フランチャイズチェーン店が過半数にいくようだったら、コントロールしていくつもりだが、現在のところは六対四でバランスよく推移しているので、フランチャイズ店の出店をあえてセーブすることは考えていない。これは直営店の開発がやや加速されていることの効果もあるだろう。むしろ成長のためにはフランチャイジーにも出店を促す必要がある。三年先を見据えた出店計画に基づき、当社の開発スタッフとフランチャイジー(加盟店経営者)との協働体制により展開している。

ときには(新店開発のための投資資金に限り)債務保証し、フランチャイジーの出店が円滑になるように支援することもある。またフランチャイジーの出店が滞るような場合には直営で出店する。

社員のなかからフランチャイジーに転進する人もいる。現在までに約二〇人が独立した。なかには一人三店舗を経営するオーナーもいる。

東京、大阪のようなメトロポリタン(大都市マーケット)については物件優先主義でありテリトリー制にはこだわらない。その他の地域――北陸、東海、九州、北海道、中部、四国、東北

——は、直営店の方が後発であることからも現地のフランチャイジーに任せている。そこが順調ならば対抗馬（競合するような他のフランチャイジー）はつくらないようにしていて、直営店と張り合わせることもない。既存店に隣接するところに優良物件が出た場合には、まずは既存店所有のフランチャイジーに情報提供する。情報提供してフランチャイジーが出店するといえばその方の店舗になるし、やらないと言われれば直営で出店する。

商圏が重なり合うことになるのは当然だ。むしろ商勢圏内にブランクが生じることの方が問題であるという考え方をしている。既存店の商圏内にいい物件があれば、新規出店するというのが方針であるし、加盟店側も吉野家のフランチャイズ・システムとはそういうものだと理解されている。

一〇店舗以上になると売上の〇・五パーセントをインセンティブでフランチャイジーに戻すことにしている。つまり三パーセントのロイヤリティが二・五パーセントになる。現在、一〇社位が年間二億～数億円の利益をあげている。

すでに全都道府県に出店しており、今後新しいフランチャイジーにまかせることはないだろう。人口二〇～三〇万人以上でないと安定した利益を出すことは難しいというのが実状である。

フランチャイジーに対する資金援助等は行わないのが原則である。債務保証にしても要請の根拠と必然性が明らかである場合以外は行わないし、行ったとしても現在の金融事情下での特別措置であり、基本は契約ベースに則って運用する。

フランチャイジーとの間での資本の持ち合い等の関係もない。本部とフランチャイジーとの間に資本関係があるというのは、フランチャイズ・ビジネス本来のあり方と矛盾すると考えている。クイックサービスレストランの機能と本部のあり方を考え、どんな出店方式が成長のための合理性としてありうるかを考えたとき、他人資本の活用で財務に負担なく、短期間に急速に店舗展開できるフランチャイズ・システムというのは、有効な手段である。モスバーガーやミスタードーナツなどは、はじめからフランチャイズチェーンを想定してビジネスモデルを構築している。しかし吉野家の場合には、経営の基本は直営であり、そのうえにフランチャイズ店舗が加わっているのである。

フランチャイズ・システムにかぎらず、日本の外食産業は創業期にそれぞれの創意工夫によって事業モデルを構築した。たとえば、すかいらーくは郊外に地主の投資による店舗をつくり、そこに賃貸契約形式で出店した。内装の一部だけが自己資本という形態の、いわゆる「すかいらーく方式」である。

財務面での工夫は、その会社の生い立ちであり、それがいまだにその会社の基軸のひとつになっているものなのである。

◉経営ビジョン「YDC21」

二〇〇三年は、一九九六年に策定した「YDC21」長期経営計画の第三ステージへの最終ローリングである。ＹＤＣ21は吉野家ディー・アンド・シーの更なる成長と進化をめざしての「第二の創業へ向けての挑戦」であり、①既存事業の進化、②多角化を含めた国内新規事業の促進及び展開、③海外事業の展開、の三つのテーマで進捗中である。

一九九六年当時の年間売上高六〇〇億円と比較すると、連結では三倍になっているのだが、二〇〇六年目標からはまだ半分しか到達していない。三〇〇〇億円を達成するためには内生的な成長・拡大だけでなくＭ＆Ａなどの手段が必要である。

しかし「ＹＤＣ21」は年間売上高三〇〇〇億円ありきという発想から打ち出されたものではない。人材の質や量の厚みをつけていくためにはどうすべきか、というのが本来の目的であった。二〇年後、三〇年後の吉野家の姿形をイメージし、業界内での存在感をどう発揮しているか、社会のなかでのポジションでどう機能しているかを考え、あるべき吉野家を実現するための条件や状況から、一次要素は、二次要素は……と、辿っていった。つまるところは人材の質と量である。とりわけゼネラルマネジャー——これはリーダーであり、経営者であるが——の質を上げ、量を確保することが喫緊かつ最大の課題であることが明らかになった。

いくら財務状況が良好でも、規模が大きくても、歴史が長くても、それだけで企業が存続するわけではない。企業の成長や信用や安全性を担保するのは人材に尽きる。

これまでは一〇年サイクルで経済や産業のメカニズムが変わってきたのが、今や五年になり三年になっている。変化のスピードが増すなかで、適宜適切に対応するためにはどうすべきか。それはひとえにリーダーたちがどう考え、行動するかにかかっている。

しかし人材というのはどこかから湧き出てくるものではないし、一朝一夕に育つものでもない。一方通行的に教え込むのではなくて、人材が育まれるような、あるいは自然に伸びていくような状況、基盤、環境をつくる以外にないというのが私の認識である。

吉野家単体では一九九六年当時のモデルでは八〇〇店舗で飽和化すると考えていた。年間五〇～六〇店舗の出店ペースでは数年で壁に突き当たるとイメージしていた。いかに不断の努力と情熱を傾けても、既存の仕組みの延長では早晩飽和化するという見通しに立ったときに、閉塞感に陥り、組織と心の硬直化が始まっていた。

このままでは彼ら自身が勉強したいという欲求も、進歩したいという欲求も萎えてしまうのではないかと思われた。これまでの経験や知識の蓄積、技術や情報だけでは目標地点に辿りつけないことを実感し、だからこそ、無理をしなければそこには到達できないというほどの高い目標を掲げる必要があった。

また具体的な方策とコンセンサスも必要だったし、しかもその目標を社内の誰でもが理解できるようなビジュアルなものにしておかなくてはならない。

言葉と数字を使い、構想をビジュアルに示したものが「ビジョン」である。

だから「YDC21」のビジョンは三つのテーマの姿形を表しているし、その姿形には、組織図と必要な人員の数まで表現されている。

ビジョンとは、全くの絵空事であったり、認知できないものではいけない。誰でもが意味することを理解でき、そこに示されたステップを踏んでいけば、目標に到達できることが実感できなければならない。

そして三つのテーマをブレイクダウンするプロセスで具体的な個々の課題が浮かび上がってくる。たとえば、「食材はこのままでいいのか」とか、サービスのあり方や実際のオペレーションはどうすべきか、などである。また、すでに生じているハザードをどう乗り越えていくのかという問題もある。

それらをすべて部門別、個人別、スタッフ別等の実際的なレベルで整理し、具体的な解決の方向性を描き出す。いわば未来をトレースすることで目標に向かっていくために用意しておかなくてはならないことが明らかになっていく。

そういうビジョンの策定に二年をかけた。基本的なテーマを投げかけたあとは、ある程度のフレームは企画本部中心に役員らのディスカッションで進めて、それから先は、当事者達で積み上げていく手法をとった。当事者として考えて、表現していく過程こそが大切である。トップが一方的に提案し、要請しても、社内のみんなの意識が変わらなければ吉野家の未来は描けないのだということが認識されれば、問題提起や課題解決へのプランが出てくるようになる。

◉新たな成長のステージに向けて

組織が硬直化し、保守的になってくるとセクショナリズムに陥る。セクショナリズムとは自部門の利益が会社に不利益になることが理解できないという状況である。当時の吉野家はセクショナリズムに陥る危険性をはらんでいた。そうならないためには、お互いに話し合い理解し合おうとすることが必要だった。幸い、このままではいけないという思いと、自己啓発への飢餓感と欲求が、今までとは違う形で今までよりも強く出てきつつある。

吉野家は財務的には良好で、今でも三〇〇億円のキャッシュがある。現在のような変革期には、事業への投資により多くの資金を振り向けたいと考えている。デリバティブによって資産を増やそうという発想、マネーでマネーを生むというやり方は経営的には不健康であり、そんなことはやるつもりもない。あくまでも事業による成長、拡大を考えている。

M&Aについても積極的に取り組んでおり、三年以上前からベンチャーキャピタルファンドにも出資している。

しかしこれらはあくまでも、われわれがかかわることで、そのブランドや事業が広がりを増すとか、新しい成長軌道に乗る、健全性を増すということが前提である。吉野家だけでなく、提携相手、投資する先方にとっても有意義なものでなければ取り組む意味がない。

救済型のM&Aであるとか、覇権主義に基づいた拡大のための拡大路線は吉野家の進むべき道ではない。事業の成長拡大、その結果としての資本の充実こそがわれわれがめざすべきものである。

いずれにしても時間がかかることである。しかし確固たる基本理念があり、方向性が明確にされ、質量ともに人材が充実することで、五年かかると思われたことが二、三年で、一〇年かかるはずであったものが五年で、目標に到達できるだろう。それまでのルーティンワークの延長ではないビジネスの場での経験や体験が、人材の能力を高め、幅と深みを与える。

それに加えて、一ブランド一社の連合体でありたいと考えている。このことによって、いい意味での緊張感が生まれる。それぞれがリスクを負い、主体的に利益を追求しながら潜在能力を開花させていくような仕組みづくり、それがこれからの吉野家とフードサービスの課題である。

9

感動を共有する

平松　宏之（ひらまつ　ひろゆき）
㈱ひらまつ代表取締役社長CEO

2004年3月

◉レストランとしての成長の循環

ひらまつ亭を開いてから（一九八二年）、二二年がたつ。限られた顧客を対象とした高級レストランと年商数十億円という外食産業企業との間には隔たりがあるのではといわれることが多い。しかし僕にとってはどちらも全く同じもの、違和感はない。

当社がなぜここまでの規模になれたのかといえば、まず僕の存在があり、僕が開いたレストランがお客様の満足を得られ、そこで育った人たちが新しい店を営み、そこにはお客様の支援があり、さらにそこに育った人たちがまた新しい店をつくっていくという成長の循環をつくり出したからである。しかしそれはあたかも細胞が分裂していくようなもので、元はひとつ、また全体は同じものなのである。

◉根本にあるのはお客様との感動の共有

㈱ひらまつがやっていることは、かつてたったひとつの店しかなかった時代も、多くの業態と店をもち、たくさんの人が働くようになった今も変わらない。昔から今に至るまで「ひらまつ」を貫くのは「感動を共有する」ことがレストランにとって最も大切であるという思いである。

感動が共有できないお客様は、別の店のお客様であって「ひらまつ」のお客様ではないだろう。すべてのお客様と感動を共有できるとは思わない。それをわきまえておくことがレストランにとっては重要なことである。いかにして感動を共有できるお客様を増やしていくか、これはレストラン企業を経営するためのポイントである。

細胞分裂していくようなものだから基本精神の継承はできていくはずだが、もちろん伝えるための努力は必要である。たとえば当社ではまず僕(平松宏之)という存在があり、そこから阿曽達治という人物が育ち、細胞が分裂していくように彼が独創的なイタリア料理の新しい店「リストランテ・アソ(Ristorante Aso)」を開いた。またそこから細胞分裂するようにして「代官山アソチェレステ」という店ができてきた。それは人が家族から独立して新しい家族をもつことにも似ている。

◉継承するものと新たにつくり上げるもの

商業の世界には暖簾分けという考え方がある。これはいわばビジネスの伝承である。「ひらまつ」の成長拡大の仕方が暖簾分けと違うのは、それが看板であったりブランドであったりするのにとどまらず、個人の思いがより強く伝えられ、拡散していくことであろう。「ひらまつ」という店で育った人に「ひらまつ」という暖簾を分け与えるのではなくて、「ひらまつ」の何か――それがDNAということになるのだろうか――を引き継ぎながら、成長した人はそれぞれに自分なりのものを発展させていく。

僕のもとで育ったからといっても、それは僕のすることをなぞったり、僕のメニューをコピーするのであってはならない。僕から学んでほしいのはあくまでもベーシック(物事の基本)である。ベーシックを学び取った後、その人なりの何か、自分らしさをどれだけ出せるかが重要なのである。

自分を出すことができた人がこの世界で成功することができる。メニュー開発にも自分を出さなければならない。阿曽の料理は僕の料理とは全く違うものである。全く違うものでなければ、阿曽が店をやる意味はないではないか。

もちろん自分らしさが出せないという人もいる。その場合は僕(平松宏之)のブランドのなかにいればよい。僕の料理を継承する人となってくれればよい。

◉アーティストと職人

料理人は二つに分かれる。天才肌で自分を出せるアーティストのような料理人と、コツコツと地道に積み上げながらも高い技術をもち、すでにある水準に達した料理を維持継承する職人的な料理人である。アーティスト肌の料理人は自分なりのブランド、ひとつのブランドをつくり出す。それが阿曽達治であり、池田正信である。それに対して職人的な料理人は、僕のもとで「ひらまつ」を継承し、阿曽のもとで「Ａｓｏ」を継承し……という生き方をする。どちらの料理人が上だということはない。

二通りの料理人がいることが「ひらまつ」が成功している要因のひとつである。全員がアーティストのような料理人であったら、反対に全員が職人的料理人であったら、「ひらまつ」の現在はなかっただろう。

一緒に仕事をして五、六年たてば、その人がどちらのタイプかの見究めができる。アーティストは天才肌であるだけにムラがある。だから事業として成功させるためには職人を付けてやる必要がある。アーティストと職人の組み合わせがうまくいったときに、その店は成功する。

僕は同じ料理を何回もつくり続けていくことは苦しいと思うが、新しい料理を創りだすのは楽しくてしょうがないタイプである。僕が創りだした新しい料理を誰かに伝えたいという思いも強い。僕のもとで修行したシェフが僕の料理を引き継ぎ、保っていくのでなければ僕平松宏之という存在は成り立たない。そう考えてもいる。

しかし実際には日本では職人タイプの料理人が多い。アーティストタイプの料理人は足りない。だから海外からアーティストタイプの料理人を連れてくることもある。丸ビルに開いた「Sens & Saveurs（サンス　エ　サヴール）」には南フランスの三ツ星レストラン「ル・ジャルダン・デ・サンス」の双子のオーナーシェフ、ジャック＆ローラン・プルセル氏を招聘し、彼らのもとに職人タイプの料理人たちを配した。そうすることで素晴らしいレストランができ、お客様の満足度も高まる。

◉異質のものが醸し出すアンサンブル

またマネジメントは別問題として考え、ふさわしい人材をあてるようにしている。料理人のなかにもマネジメント能力がある人もいるし、まったく経営に関心がない人もいる。両方の能力がある人は店舗長のような役職を与えて、店の運営にまで責任をもたせる。

いろいろなタイプの人がいるからこそ素晴らしいものになる。地道に努力し技術を積み重ね継承していく職人タイプがいて、アーティストのような天才的な料理人がいて、サービスに関しては天賦の才がある人がいて、マネジメントする人がいる。この四種類の人材――なかには複数の能力を併せ持つ人もいるが――がいてはじめてレストランというビジネスが成り立つ。

料理をつくることにコツコツと努める人がいて、ヒラメキで新しい料理の地平を切り開く人がいる。お客様と接するときに最も輝く人がいる。店を運営し人を使いこなすという経営の才に優れた人がいる。どの要素が欠けてもだめなのだ。

全く違った要素が補い合い重なり合い、ひとつの目標に向かって進むことが大切であって、どれが一番優れているかを評価することや順位をつけるようなものではない。それは五本ある指のそれぞれがそれぞれの機能を発揮し、ひとつのことを成し遂げるようだと僕は思っている。

いろいろな人がいるから社会が成り立ち、異質な人材や要素の組み合わせが力になっていく。とりわけレストランというのは人間の集団であるし、お客様にはいろいろな人がいらっしゃるのだから、いろいろな人がいなければだめなのだ。おだてられるのを素直に喜ぶお客様もいれば、均質的なサービスを好まれるお客様もいる。料理やサービスのプロフェッショナルとのやり取りを楽しむお客様もいれば、特別扱いはしてほしくないというお客様もいる。若々しいサービスが好きな人もいれば、円熟味溢れるサービスでなければという人もいる。そういう多様なお客様にそれぞれ満足を提供できるようなレストランでありたい。

◉お客様を喜ばせることで自分も喜ぶ

こう述べると随分大仰な主張に聞こえるかもしれない。けれど実際はそんなにたいそうなことではない。要は目の前のお客様に喜んでもらおうとする努力、執着心である。

料理人はどうすれば今ここにいるお客様が満足される料理をつくるかを考え、サービスにあたる人はどう対応すればお客様が喜ばれるのかを考える。マネジメントする人は全体を見、いかにして居心地の良い時間と空間を提供できるかを考える。

それぞれがそれぞれの場と職務のレベルを高めることに執着することが何よりも大切である。そしてお客様に喜んでもらうだけでなく、一緒に喜ぶこと、感動を共有することである。

僕たちは何のためにサービスしているのだろう。少なくとも生きていくために仕方なく選んだ職場ではない。これだけ豊かな社会で、仕事の選択肢もたくさんある世の中で、どうしてレストランという場を選んだのかといえば、それは僕たち自身がサービスすることが大好きだからである。それがお客様に通じるから、お客様は満足し評価してくれる。

つまり感動の共有なくしてレストランは成り立たないのだ。特に高級レストランやフランス料理界というのは人を喜ばそうという気持ちが強い人によって支えられていることは間違いないだろう。

◉豊かな時代の心の豊かさ

今の若い者はハングリー精神に欠けるとか、意欲が足りないとか、批判されることが多い。しかし僕は逆だと思っている。人を喜ばせ感動を共有しようという人々、豊かな感性をもった人々は昔よりも今のほうが多い。今の若い人の方が人を感動させたい、仲間と一緒に何かを創っていきたいという欲求は強い。

世の中全体がハングリーだった昔は、感動を共有しようという意識よりもレストランで成功したいとかシェフとして名を上げたいという意識の方が強かった。もちろん今の若い人たちも成功したいという野心や目標、夢をもっている。しかしそれ以上にお客様を喜ばすということに使命感をもっている。ある意味で崇高な気持ちでお客様に接しようとしているようだ。豊かな社会の若者たちだからこそ、心の豊かさをもっている。僕はそう思う。

「ひらまつ」には毎年新人が入社してくるが、そのうちの七割は将来自分の店を持ちたいあるいは一流のシェフになりたいと希望している。とりあえず就職して生活費を稼ぐ、というのではない人たちである。

お客様も成熟した豊かな人たちだから要求水準が高い。場慣れしているし、舌も肥えているし、見る目も厳しい。だから僕たちも常に高い所をめざしていく必要がある。

◉問題点を知り、反省・改善のための外部評価

今、日本の高級レストランに欠けているのは自分たちの問題点を認識するという姿勢である。自分たちがやっていることが常に正しいと思っていることだろう。外の意見に耳を傾けない。自信をもっていることはいいのだが、常に正しいと思い込んでいると反省ができない。高級レストランにいらっしゃるお客様の一〇〇人中九五人は、料理やサービスの感想を聞かれれば、「おいしかった」「楽しかった」とおっしゃるものだ。高いお金を出しておいしいものを楽しく食べたいと思っていらっしゃるのだから当然である。苦言を呈すればご自分の気分が悪くなることを知

っている。満足できなかったときには「おいしかった」「楽しかった」とおっしゃって、次にはもう来ないというだけである。

つまりお客様の答えを真に受けて、自分たちのやっていることは正しいと満足しきってしまう風土が高級レストランにはある。だからそこから脱しなければいけない。ヨーロッパにはミシュラン(Michelin Hotels-Restaurants)やゴー・ミヨー(Gault Millau)のようなレストランを評価するガイドブックがある。これらの基準によってレストランは反省し改良し、次なるステップをめざす。日本にはそれがないから高級レストランはお山の大将になりやすい。

わが社はサービスのレベルを維持するために、外部評価の仕組みを取り入れている。接客、顧客満足、メニュー、設備や清掃状況、その他一〇〇項目以上のポイントについて外部の機関にチェックを依頼している。

三カ月に一度実施される調査の数百頁以上にわたる分厚い報告書は、自分たちがやっていることが正しいのか正しくないのかを示してくれる指標として各店にフィードバックする。けれどもその評価によって僕自身が具体的に指示を出すことはほとんどなく、自分たちがなすべきことを考えてもらう。もちろん外部の評価をそのまま鵜呑みにするわけではないが、自分たちがやっていることを反省し、改善に結びつけていくためにはどうするかを考えるものにしている。

外部からチェックされ、僕がそれを見ることは彼らにとっては辛いことかも知れない。誰でも自分たちの欠点、ふれてほしくないと思っていることを指摘されるのに戦々恐々となっているだろう。しかしもっと辛いのは、自分たちの欠点や問題を知らないまま時間が過ぎていき、あるときに取り返しがつかなくなっていることに気づくことだ。問題点を今指摘されれば、それは成長のためのエポックになる。あえてそれをしているからこそ、わが社は伸びているのだし、ここまで大きくなった会社だからこそ、客観的視点からのチェックが必要なのである。

外部評価する側にも注文をつけている。評価に際しては複数回足を運び、細かくチェックしてもらう。厳正な評価である以上、必ず問題点を指摘してもらう。だからどの項目についても一〇〇点満点になることはない。ミスや問題点を見出すのは評価する側の義務であるし、どのような意味で問題なのかを明らかにするのも調査する側の責任である。たんなるあら探しに終わるような調査であってはいけない。ましてや委託側に嫌われるような結果にならないようにと気を使うなどは言語道断である。

◉人とは何かを知らしめるのが人材教育

教育システムは、新入社員・中途採用社員に対して私が二〇時間という時間をかけて「レストラン業とは何か」を教えることから始まる。レストラン業とは人がやる仕事であることを徹底して教え込む。そのためには「人とは何か」を追究することが必要である。

人とは何か。人とはヒト(他人)と違うことを考え、違うことを言うものだ。だからサービスもヒト(他人)と同じサービスはありえないことを体得してもらう。大切なのはあなたがあなたとしてお客様をもてなすという心であり、もてなす形である。自分(の個性)を出すという自由の重要さを教え、自分を出すように仕向けていく。

もちろん電話の受け方、お客様への接し方、段取りなどについては、どんな時にも必要な最小限の条件、ベーシックは教える。またマネジャーや周りの人を見習ってもらうようにする。しかしすべてが先輩や周囲の真似であってはいけない。

ベーシックのうえに自分で自分なりのサービスを考え、実行していくのでなければレストラン業に携わることはできないことを体得させる。頭の下げ方ひとつにしても人によって違っていてよい。一五度の角度で頭を下げるのがピッタリの人もいれば、三〇度下げる人もいるだろう。僕の場合なら、いらっしゃいませと言って深々と頭を下げるよりも、「やあ、いらっしゃい。こんにちは」と手を振って親しげに話しかける方が、お客様は歓迎されたと感じてくれるだろう。

他には人を愛する心をもつことの大切さも再認識させる。サービスとは人が人に接することであるから、人を愛せない人がサービスをできるはずがない。人である以上、好き嫌いがあっても当然である。もっとも世の中にあまたあるレストランのなかから「ひらまつ」を選んで、わざわざ予約し、時間をかけておいでいただき、高いお金を支払ってくださるお客様を嫌いになるわけがないのだが。

「ひらまつ」には、いやいや来ているお客様はひとりもいない。数百円の弁当を買いに来ているわけでもなければ、五分で食べるハンバーガーを買いに来ているわけでもない。ここで過ごす時間を楽しみに来てくださるお客様ばかりである。少しでも長くわれわれと過ごすことを望み、おいしいものを食べて満足したいと考えているお客様ばかりである。そんな恵まれた環境のなかにわれわれはいるのだということを認識させるのが人材教育の第一段階である。

次には店で実際に研修しながら、基本動作その他のベーシックを学んでいく。

第三段階になると自分たちがやっているサービスがお客様にどう受け入れられているかを理解するようになる。外部評価の調査はすべて実名入りである。調査員は誰がどんなことをしたのかを知り、記録し、指摘する必要がある。だから調査する側もなかなか大変である。

◉レストランは劇場、私たちはサービス・エンターテナー

また立ち方や歩き方、サーブの仕方その他身のこなし、基本動作についての訓練は入社後一、二年以内に行っている。レストランで働くということは、役者が舞台で演技しているようなものだから、あなたたちは観客を楽しませるエンターテナーなのだから、ギクシャクとした動きであちこちにぶつかりながらサービスするのではなくて、蝶のようにしなやかに、踊るように滑らかにサービスをしなさいと教えている。

またテーブルの上に置かれたものは何も語らないから、テーブルを見てはいけないと教えている。あなたたちが見なければいけないのはお客様の顔であり、しぐさであると教えている。水が欲しい時にはお客様は水が欲しいという顔をされている。言葉に出さなくても、耳に聞こえなく

てもお客様が欲していることを理解し、対応する。お客様の気配を気遣う。それがわれわれのサービスである。

あるいはグラスが空になっていても、水が欲しくないお客様もいるだろう。それなのにテーブルの上ばかり見ていると、グラスが空になったから機械的に水を注ぐということになってしまう。しかしそれは作業であってサービスではない。

優れたエンターテナーは観客の反応を察知し、観客が求める演技ができる。レストラン業も同じである。お客様の心を察知できない人はサービス・エンターテナーにはなれない。人と直接接するようなサービス業には向いていない。そういう人は人と直接接する必要がない仕事が向いている。レストラン業にすればそれはそれで大切な仕事である。

お客様は倶楽部のメンバーのようなものである。「ひらまつ」の場合、お客様の六〜七割が常連である。来店頻度は平均すると年に二回程度だろう。店舗により異なるが、顧客の年齢は比較的高く、若くても三〇代である。七〇代以上のお客様も多いが、五〇代が中心になる。ファミリーで代々利用されている方も少なくない。ついこの間まで子どもだったのに、今はもう二〇歳というようなケースに接すると、創業以来随分時間がたったなと感慨ひとしおである。

◉安心感という変わらぬ価値の提供

変化、風化が激しいフードサービス業の世界にあって安定したビジネスを営んでいる秘訣は、常に進化していることである。常に新しいものを取り入れている。世の中が変化しているなかで、わが社もひとつところにとどまらないからこそ安定して見えるのである。メニューも食器も什器も、店の外装内装も、常に新しいものを取り入れている。社内からの提案も積極的に取り入れるようにしている。

変えないものはただひとつ、お客様の安心感である。ここにくれば安心だ、ここにいれば大丈夫という安心感をかちとり、それを維持し続けることは、いつの時代も変わらないわが社の基本である。「ひらまつ」に来ればいつも安心していられる。しかしそこで出される料理や皿や空間の雰囲気は常に変化している。evolution で常に進化しているから、何度でも来たいと思う。安心と同時に、次には何が出てくるだろうかという期待感がわいてくる。そんなレストランをつくっていきたい。

少しだがストックオプションの制度も取り入れている。会社の状況や将来が良くわかっているのは日々現場で奮闘している社員たちである。自分たちの会社が成長すると見込めば買うだろうし、信頼していなければ権利を行使することはないだろう。

もちろんストックオプション程度でみんなのモチベーションになるとは思っていない。店舗運営の責任者その他、経営の一翼を担うことになった社員たちにとって責任ややる気を導くための、そして功績に報いるためのひとつの方法だと考えている。

◉一流とはとどまらないこと――evolutionのこころ

気になる企業や経営者といえばホンダの本田宗一郎さんであるし、ソニーの井深大さんである。業種が違うし、規模的には全く比較にもならないが、クリエイティビティと国際性も含めて飲食業におけるホンダやソニーになりたいと考えている。それは失敗を恐れず常にチャレンジする精神が重要だと考えているからである。一〇のことに挑戦して一つ成功すればいいと考えるような度量の広い会社でありたいと考えているからである。

ホンダはF１レースに再参戦し、ソニーは本業とは関係のないロボットづくりに力を注いでいる。経営者は利益に直結しないものを許容する懐の深さがある。決して目先の利益や宣伝効果を狙ってのことではないところにホンダやソニーの偉大さがあると思う。また経営者たちだけでなく、社員一人一人に新しい技術への挑戦、ビジネスモデルの革新へのたゆまぬ努力がみられる。つまりみんなにevolutionのこころが染み付いている点もお手本と仰ぎたい理由である。

一流とは何か。一流とは止まらないことだ。常に前へ前へと突き進む。その結果として一流といわれるようになる。前に進むことを忘れたら、止まってしまったら二流に落ちる。かつて日本の銀行は一流だった。しかしいつの間にか前に進むことを忘れ、現状維持に汲々とするようになり、あっという間に二流、三流に成り下がってしまった。保険業も同様だ。一方ではユニクロや楽天のように、ついこの間までは本当に小規模な会社だったところが、evolutionを重ね一流になったところがある。

僕もevolutionのこころがなくなったら引退しようと考えている。挑戦する意欲がなくなればこの世界から退くだろう。しかし挑戦すべきものは絶えずある。次々と新たなチャレンジが生まれてくる。だからこの世は、そしてこのビジネスは面白い。

3 地域に根ざす

中央集中型の産業や企業、組織のあり方への批判と地域における企業の重要性や地域社会への貢献について論考する。

10 地産地消型のネットワーク化を進めるセイコーマート

赤尾　昭彦（あかお　あきひこ）
㈱セイコーマート代表取締役副社長

2002年8月

◉酒販小売業活性化の方策としてのコンビニエンスストア・フランチャイズ

アメリカではスーパーが紙パック入りの牛乳を売るようになってから瓶入りの牛乳が売れなくなった。それを売る場所として冷蔵設備を持ちながら、牛乳だけでなく飲料水やパンを売るようになった。ここからスタートしたコンビニエンスストアが多い。サウスランド社は氷販売業であり、ローソンはローソン・ミルクという名が表すように牛乳販売が原点だった。その多くはすでに姿を消しているが、アメリカのコンビニエンスストアはもともとはスーパーマーケットに対抗する生産者の販売手段だった。その後、時間の経過とともに変質していったが、日本のセブン-イレブンのような小売業出身のコンビニエンスストアというのは案外少なかったのである。

日本ではセブン-イレブン方式がコンビニエンスストアのスタンダードだと思われている。たしかに同社の方式は世界的にみても非常に水準が高い。コンビニエンスストアとしてもフランチャイズとしても最も成功した事例であることは間違いない。しかし、必ずしもそれが唯一絶対のシステムであるわけではない。

セイコーマートはもともとが酒販卸出身なので、セブン-イレブンとは違う観点からスタートした。同じくコンビニエンスストアのフランチャイズ・システムといっても、大手小売業のように新しいビジネス・チャンスとして考えたのではなくて、酒小売店の経営近代化をサポートすることを目的としていた。しかし今になってみると、これは必ずしも正しい考え方ではなかったと思う。それは規制緩和という大きな流れのなかで、衰退する産業である酒小売店を温存させるために、同じく衰退する産業である酒の卸売業がともに頑張ったにすぎないのではないかという思いである。

酒販売流通あるいは酒小売業を守るという名目は規制緩和という流れのなかで形骸化していった。スーパーマーケットやディスカウントストアとの低価格競争にさらされて、酒販小売業はもとより酒卸売業も、かつてよりもさらに厳しい状況に追い込まれることになってしまったのである。もちろん当時はそんなことになるとは思いもせず、酒小売店の生き残り策はコンビニエンスストアへの業態転換しかないと信じて進んだのであるが。

卸売業として小売店育成や小売店の活性化に貢献しようという考え方が、本部の管理システムを構築するに際して効率性や生産性、合理性を一義的に追求する大手に後れをとる要因になったのは否めない。小売店の立場に立てば、粗利益分配方式での高いロイヤリティは望ましいものではないし、加盟店の自主性を押さえ込むような統制管理型のシステムであるべきではないと考えた。しかしそのことが加盟店に対する本部の管理の甘さにつながってしまったのは否めない。

コンビニエンスストア展開に際しては、アメリカのサン・アントニオに本部を置く一〇〇店舗程度を展開していたあるチェーンから教えてもらった。一九七〇年代半ばに同社を訪問したとき、各店からの伝票が本部に集められて集中管理されているのを目の当たりにした。そのとき実感したのは、コンビニエンスストアにかぎらず、小規模小売店の売上や仕入、利益を集中管理することで、各店舗の経営状況が把握できるし、運営面での指導も可能になるということであった。

その前に同じような経験をした。一九七二(昭和四七)年頃のことだが、商工会議所主催の米国流通業視察旅行でセブン-イレブンの店舗を訪問した際に、各種帳票類が非常に少ないことに気づいた。管理は本部で行われているので、店舗段階の業務は非常に簡素化されており、人員も削減できているのが印象的だった。これを本部の側から考えてみれば、多数の店舗を展開するためには何よりも店舗段階の帳票や情報を集中管理することが重要だということになる。コンビニエンスストアというと商品政策や店舗づくりなど目にみえる事柄に関心が奪われがちだが、重要なのは店舗管理のシステムであるということ、またそこに自分たちのような卸売業がやるべきことがある、ということを二度の経験から実感した。

現在はウォルマートの傘下にはいったコンビニエンスストア向け卸のマクレーン社からも多くを学んだ。一九七七(昭和五二)年頃のことであった。どこかからノウハウを供与してもらうのではなくて、手探り手づくりでコンビニエンスストアについて学び、フランチャイズのシステムについて学習していった。また当初はフランチャイズのシステムだけでなく、ボランタリーチェーンでの展開も考慮した。セイコーマートの場合、それが原点にあるために、通常のフランチャイズ・システムではなくて、ボランタリーチェーン的な側面が残っているのではないだろうか。

◉個店の管理運営システムのための情報システムと商品供給の仕組みを

そのような問題意識と段階からセイコーマートはスタートした。つまり店舗形態から入っていったのではなくて、個別の店舗を管理運営するための情報システムと商品供給システムの整備に主眼を置いてビジネスをスタートさせたのである。

当時も、そして今も、大手のコンビニエンスストアのほとんどがセブン-イレブンをモデルにしているのに対して、われわれは立場も違うし、規模も違うのだから、同じことをやっていて勝てるはずがないと考えた。あくまでも自分たちの経営資源や経営風土にあったやり方を構築していこうと始め、今に至っているのである。

もちろん、コンビニエンスストアという業態やシステムの基本についてはアメリカのセブン-イレブンから間接的に学んだことは多い。しかし、それをそのまま取り入れるということはしなかった。また創業当初のやり方から徐々に変化、改善もしてきた。

たとえばロイヤリティについては、最初のうちは売上高の一パーセントだったが、現在はシステム整備や経営指導など本部経費に配慮して粗利益の一〇パーセントにしている。

酒販小売業の活性化と共存共栄をめざしてスタートしたコンビニエンスストアのフランチャイズ・ビジネスだが、現在のような厳しい状況下で見直しを迫られている。

フランチャイズ・システムでは個々の店舗がそれぞれ利益をあげなければならない。かつてコンビニエンスストアが成長業態であった時代には、従来型の酒小売店からコンビニエンスストアに業態転換すれば、それだけで売上は伸び、収益性も改善し、チェーン全体の業績も拡大した。

◉コンビニエンスストア成熟化の時代にあって

今や成熟化、過当競争の段階である。既存店の売上はマイナスを続けている。新規出店しても思うように売上は伸びない。加盟店の店主も確実に高齢化して、新しいことへの挑戦意欲が薄れている。しかし組織を存続させ、発展させるためには、成熟化したあるいは、高齢化して力が弱くなっているなどと言い訳しているわけにはいかない。中身を変えていかなければならないということで、生き残るためのビジネスやシステムをめざして、今、少しずつビジネス・フォーマットを見直している最中である。

ありきたりのコンビニエンスストアから脱皮するためには、人がつくったものを仕入れて売るだけではダメだからと、店内調理コーナーを導入したりした。

また加盟店の多店舗化政策も変更した。当初は力のある加盟店には複数店舗化を勧めたが、経営者が高齢化すると運営できなくなるケースや、コンビニエンスストアのビジネスのやり方がわかってくるとセイコーマートから脱退して大手のナショナルチェーンの傘下に入ってしまうところなどが出てきたので、現在では多店舗化はあまり勧めていない。

フランチャイズ・システムの運営面では、小売業そのもの、あるいは小売業者の意識が変質してきていることによる難しさもある。以前であれば、小売店には小売店としてのルールや見識があり、卸には卸の見識とルールがあった。お互いにルールを踏まえたうえでフランチャイズ・ビジネスが営まれてきたのである。

しかし今、昔からのフランチャイジーの高齢化に伴って、新しいタイプのフランチャイジーが入ってきた。彼らはサラリーマンあるいはサラリーマン的な感覚の持ち主であって、働いた分を所得としてもらう、ということが当然だと考えている。かつての小売業は管理統制型の仕組みには反発したものだったが、サラリーマン型の小売業者にすればむしろ、余計なことを考えずにすむような本部主導の管理型・定型タイプのチェーンの方が望ましいのである。

◉小売業の意識変化とフランチャイズ・システムの変質

しかし小売業というのはリスクの大きなビジネスである。一生懸命働いてうまくいけば大きな利益が得られるが、失敗すればその責任やコストは自分自身にかえってくる。その暗黙の了解がサラリーマン的小売業者にはない。まず保証ありきで、フランチャイザーに対してもいろいろなことを求める。フランチャイジーがそのように変質している以上、システムを運営する側としては対応を考えなければいけない。

コンビニエンスストアという機能は今後も必要であり続けるだろうが、経営者の変質を踏まえたシステムへと変えていく必要がある。そう考えるようなことに遭遇したのは今から一〇年ほど前のことであった。セイコーマートのフランチャイジーは高齢化したといっても、多くは後継者がいたから事業が継続され、他のチェーンに比べれば状況は良かったにもかかわらず、フランチャイズ・ビジネスの変質は避けがたかった。

フランチャイジーの変質への対応策として考えられたことの一つが、自ら小売ビジネスに取り組むというものであった。かつて卸が小売分野に進出することはタブーとされてきた。得意先である小売業のビジネス・チャンスの侵害になるからである。

しかしそんなことは言っていられない時代になったのである。具体的には釧路の小規模チェーンを買収したことが直営店経営の契機になった。それをベースとして、経営者が高齢化して後継者がいない店を直営店化し、フランチャイジーがつかないような場所に直営店を出店していった。

フランチャイジーに対しては彼らの生活や家族のことまで考えなければならないから、本部の責任は非常に重い。それに対して直営店では自分たちの責任とリスクにおいてビジネスをすればいいのだから、その分、本部としての負担は軽くなった。またランニングコストも軽減された。コンビニエンスストアのフランチャイズ・ビジネスというと、すべてをフランチャイジーに、と考えがちだが、現在のような状況下ではむしろ、直営店経営に力を入れていくという方がよいのではないか、と考えている。特にセイコーマートのシステムでは、利益は加盟店に行き渡るような仕組みになっているので、本部の取り分は一〇分の一程度にすぎない。

つまりフランチャイズ・システムそのものを絶えず更新していくための再投資の資金は潤沢ではない。しかし直営店を増やしていけば、そこからの利益を再投資に振り向けることができる。酒流通業界は保守的なので、直営店経営にはかなり神経を使ったが、最近になってようやく加盟店や取引先の理解を得ることができてきた。

◉厳しい条件下での展開――自前主義を貫く

経営資源は状況変化に応じて変わってくる。その時々で最適の経営資源を選択し、組み合わせていくことで最大の成果をあげるということを考えれば、今のコンビニエンスストア経営においてはフランチャイズ・システムよりも直営店経営に力を入れるべきだ、という判断がある。これはセイコーマートの原点、創業の理念からはかけ離れたものになっているのかもしれない。

しかし小売店の競争力を増すために、自らの責任と負担において物流システムや情報システムに投資してきたことの成果は大きい。ほとんどすべてをアウトソーシングすることで規模を拡大してきたナショナルチェーンとは対照的な手法であるし、姿勢である。

今、大手チェーンには及ばない規模ながら、世界中から商品を調達し、自らの責任とリスク、コスト負担においてそれを保管し、販売することができるようになった。すべてを自前でまかなっているからこそ、意思決定したことが末端まで迅速に浸透するようになった。創業時にめざしたものとは別のパワーが備わってきたとでもいえようか。

限られた地域内とはいえ、大手チェーンと伍してここまできたのは、自前のシステムに徹したからである。仮に同じシステムを志向したとすれば、規模では数千店単位で展開している大手チェーンにかなわない。小売店レベルでの競争に負ければ卸売業としてのパワーも失われる。

しかし、自前主義を貫き、メーカー＝卸＝小売までの一貫したシステムによって、消費者利益を極大化するような仕組みができてきた。大手とは違った道筋をたどってここまできたという自負がある。ただし、小売店に関する設備投資はまだまだ不足している。今後はこの点を充実させていくことが課題である。

◉地域の小売業としての役割

今後、北海道以外に茨城地域で配送センターをオープンさせる予定である。ここでは北海道と同じく卸＝小売が一体化したシステムが整いつつある。本州に出て行ったのは地域の卸からの要請があったからだが、かなりの困難があった。スーパーの成長によって地域の中小小売店が淘汰されていく状況下で、地域の酒卸売業は得意先を失い、存続できなくなった。それを助けるための本州進出だったのだが、当初意図したようには進まず、苦労が大きかった。それでもいろいろな経験をつみ、得るものも多かった。小売業には定められた形があるわけではない。小売業のビジネスモデルやノウハウは実際の商いの過程で発見され、積み重ねられていくものである。

セブン-イレブンに代表される大手チェーンのビジネスモデルは収益性を上げるためには非常に優れたシステムである。実によく考えられた仕組みである。それに比べれば、セイコーマートのような組織は生産性や効率性では劣っているし、組織化に対する考えも甘かったかもしれない。しかしあくまでも独自のやり方を貫いてきた。セブン-イレブンのシステムを模倣するのでは存在意義がないからである。中央集中化、画一化が際立つ日本では、地域独自の仕組みを貫くのは容易ではない。

日本のような国でローカル企業が生き残るのは難しい。しかし中央の仕組みをローカルに押しつけるのもまた間違っているだろう。ローカルな流通業だからこそ、そのやり方を貫くことで、地域に生き続けることができる、その考えがあればこそ今のセイコーマートがある。

コンビニエンスストアは一〇年ごとに大改革を重ねて今に至っている。規模の大きさだけでなく、システム運営の管理密度の濃さという面でも大手チェーンの力は圧倒的である。しかし小売店経営において、最も重要なのは、加盟店の経営意欲を高め、継続させることである。どんなによく管理されたスーパーバイジング・システムであっても、実際に店を経営していくのは生身の人間だから、彼らのやる気をどう引き出していくのかがポイントである。フランチャイズ・ビジネスは常にその問題をかかえながら進んでいかなければならない。

コンビニエンスストア運営にとってポイントになるのは仕入ルートの確保である。大都市圏では選択肢もあるが、地方の中小チェーンでは商品供給の仕組みがついてこない。そのために多くの中小チェーンは撤退していった。セイコーマートは常に仕入ルートの確保に腐心してきた。国際的な商品仕入も含めて、自らリスク・テイクし、コスト負担する仕入ルートをつくり上げてきた。より良いものをより安く仕入れることを考えれば、国内調達よりも海外からの仕入の方がよいことも経験から学べた。アウトソーシングに徹する大手に対抗するためにも、自前の仕入力の充実は必要不可欠だったのである。

◉新しいマーケットを見出す

セイコーマートは、北海道を地盤としており、大都市圏のような肥沃なマーケットをもたない。過疎化と高齢化が進むなかでコンビニエンスストアを営むのは容易ではない。北海道拓殖銀行が倒産したのが一九九七(平成九)年。九八年以降、北海道のマーケットはシュリンクし続けている。過去五年間にマーケットは一〇〇〇億円縮小し、働き盛り年齢が一〇万人減少した。かつてのような成長志向、若者向けのコンビニエンスストアは間違いなく後退していくだろう。高齢者対応がこれからのコンビニエンスストアの課題である。しかし高齢者に対応するということでスーパーと直接的に競合することになる。二四時間営業に踏み切るスーパーが続々と出てくるなかで、コンビニエンスストアとしての特徴をいかに発揮するか。

相変わらず、品揃えも補充も物流も問屋に全面依存している小売業が多いのは三〇年前と同じである。しかし世の中は三〇年たてば確実に変化する。マーケットは激変する。道路も、街並みも変わる。立地産業である小売業が生き残るには、マーケットの変化を踏まえ、競合関係のなかでも自らのポジションを明確化していかなければならない。

そのうえに商品力の充実がなければならない。自前のシステムを構築し、運営管理していくことも必要である。しかし、それができる小売業がどれほどあるだろうか。独自のシステムをもてないところが力のある大手に集約化されていくのは致し方ないことである。もちろん、そうはいっても大手には大手の弱点、死角がある。だからこそローカルな中小チェーンでも戦っていける。

コンビニエンスストアにかぎらず、北海道の小売業の業績不振は深刻である。日商、客単価も落ちているし、既存店の不振も深刻である。現在、北海道内に八二六店、年間売上高は一三五〇億円、過去五年間で売上高減少率が数パーセント程度に収まっているセイコーマートは善戦している方だろう。コンビニエンスストア・マーケットは北海道全体で四二〇〇億円であるが、ここ三年間ほとんど動いていない。またスーパーマーケットの市場規模は六千数百億円と膠着状態にある。限られた売上を、多くの小売業が奪い合っている状態である。現状維持か減少率を低く抑えるのが精一杯で、どこの小売業も実質的には伸びてはいない。

小売業の基盤も経営環境も激変している。これは食品小売業にかぎらない。情報システムやロイヤリティカードの導入によって、顧客ニーズ、生産性、地域間の格差や売れ筋や販促政策の効果その他、これまで見えなかったものが見えてくる。経営戦略の成否もたちどころにして明らかにされる時代である。今後、新たな情報媒体が次々に出てくるだろう。

コンビニエンスストアが誕生したばかりの頃は、十分な情報把握ができなかった。しかし今や、活用できるかどうかは別として、情報をとろうと思えば、ほとんどとれる時代になった。

◉コンビニエンスストアの変容

コンビニエンスストアそのものがなくなることはないだろうが、スーパーマーケットやホールセール・クラブ等、他の業態との競合関係は間違いなく強まる。

一方、サービス拠点としてのコンビニエンスストアの地位向上もいちじるしい。公共料金の収納代行、銀行口座からの引き出しはすでにコンビニエンスストア店頭での比率が相当高くなっているし、コンビニエンスストアの売上に占めるこれらサービスの比率も伸びている。近隣型の便利な小売業、というコンビニエンスストアの性格はどんどん変わってきている。漫然と十年一日の商売をしていたのでは生き残れるはずもない。

現在、セイコーマートで最も伸びている商品は青果である。買い手の中心は三〇代、四〇代の女性と高齢者である。おそらく来年には、バナナを北海道で最も大量に売るのはセイコーマートということになるだろう。スイカや玉葱についても同様であり、価格がスーパー並みということもあって、スーパーの売上を奪う勢いで伸びている。

考えてみると、バナナをひと房、玉葱一つを買おうとすれば、スーパーよりもコンビニエンスストアのほうが買いやすい。当社では青果についても自社調達システムをとっている。バナナのような輸入品は直輸入、地元で取れるものは地元で仕入れているし、その他も産地から直接仕入れていることがスーパー並みの価格を維持できる理由である。

かつて生鮮品はコンビニエンスストア向け商品ではないといわれていたが、今、セイコーマートでは野菜、果物も肉や塩干物も積極的に扱っているし、相当量売れている。車を運転しない高齢者は近くのコンビニエンスストアで食材を買う、というのが常態になりつつある。高齢化が進むほど、コンビニエンスストアで生鮮品が売れるという傾向は強くなるだろう。

地元の農家に工場をつくらせて、そこで採れた野菜や果物を一次加工、二次加工して各種惣菜として販売している。北海道産のジャガイモを産地で加工したコロッケは新鮮でこの上なくおいしいものである。農業生産者が工業生産者の機能を備える。そして生産と流通、販売を一貫化する。海外からの商品調達は別として、地場で供給できるものはできるだけ地場で調達している。地元産の有機農産物や無添加食品などは、味、品質、価格ともに高く評価されている。地産地消システムを取り込むことは、ローカルチェーンならではの役割である。

11

地域社会における小売業の役割

神林　章夫（かんばやし　あきお）
(株)カスミ名誉会長

2003年8月

◉はじめに——流通業とのかかわり

カスミの経営にたずさわるようになったのは一九八九(平成元)年であり、今から十数年前のことになります。大学教授という全く別の世界から転じたこともあって、当時は「なぜ(大学を辞めて)スーパーマーケットに来たのか」あるいは「スーパーマーケットについてどう思うか」などということをしばしば聞かれました。今でもそういう質問を受けることはあります。あまりに何度もたずねられるものですから、質問する側が何を期待しているのか、私はどう答えるべきなのかはわかっていたはずなのに、そのうちにわからなくなってきたものでした。

もっとも今の私に寄せられる質問といえば、イオンと提携したカスミの今後についてであったり、提携相手であるイオンの戦略についてどう考えるか、というものがほとんどです。カスミとイオンの資本提携や業務提携の実際については、ある程度は語れるのですが、今後いったいカスミはどうなるのだという話については、現在のような厳しい状況下では明快には語れません。

語れないというよりも、よくわからないというのが正直なところです。ご承知のとおり、店づくりも品揃えや運営手法も含めて、カスミの店舗というのはイオンの店とは全く違っています。タイプもいき方も違う店舗を傘下に収めるということが、イオンにとってどれだけの意味があるのかという点は、私にはわかりません。今後、カスミの店舗をイオンのような総合スーパー的な店に転換していくのか、あるいは全部閉めてその代わりにイオンの店をつくっていくのか、というようなことについては、よくわからないというのが正直なところです。

ただ、カスミは上昇機運にあり、自分の店の良さ、お客様の支持に自信をもっていますから、これが残るかぎり、イオンにとっては大変な戦力になると思います。

◉学者から実業へ

カスミの株を売却し、経営の第一線から退いてしまった私を人生の敗者であるとみて、ストーリーを描こうという人もいるようです。しかしまだ決着がつかず、そのストーリーが書けないでしょう。それに私に対しては、小売業の将来に対して何がしかの貢献をするのではないか、という期待もあるように思えます。

学者から経営者への転身というのは、はたから見ればたいへんなことのように思えるのでしょうか。人もうらやむような経験をしたとみられているようです。しかもバブルのような最高の時期とその後の長期不況という最低の時期を経験したのですから特別の感慨があるだろうとみているようです。またこういう面白い人物については、何らかの形でハッピーな結末を見つけたいというのもマスコミの本音であるように思います。しかし、それはあまりにも固定観念にとらわれた見方ですし、いかにも陳腐で平凡な結論です。

学者として外から小売業を眺めた場合と、経営者としての実際の業務のなかでの経験というのは全く違った面白さをもっています。私の最終章はまだ書かれていませんが、ともあれここでは私の十数年を振り返りながら、地域社会と小売業について考えてみたいと思います。

現在の日本経済や経済政策を、一九二〇年代のアメリカのニューディール政策やケインズ経済学と比較することがあります。現在の日本は二〇年代のアメリカよりもひどい状況であるにもかかわらず、緊迫感がないという点が問題でしょう。

私の専門は財政学でしたが、私たちの学生時代には財政学を理論で解き明かすというよりも、時代考証が主でした。少なくとも研究手法はそうだったのです。たとえば高橋是清が横浜正金銀行の時代から、最後の二・二六事件で殺されるまでの間の伝記を読んだり、井上準之助の伝記を読んだりということに力を入れていました。あるいは松方財政、大隈財政など明治時代の財政体制のなかで、日本が植民地化を免れながら独立していく過程について考察することが重要とされていました。実際、第二次世界大戦以前の日本では財政というのは非常に大きな役割を果たしていました。また財政は官僚機構のひとつにとどまらず、非常にさまざまな機能を果たしていたのです。

もちろんビジョンと個性をもった大蔵大臣の存在も無視できません。批判もありますが、明治以来の伝統のなかでは大蔵省のリーダーシップや財政主導型の日本経済は一定の役割を果たしていました。それに対して今の社会はどうか。特定の個人を持ち上げたり、たたいたりするという風潮もおかしいのですが、官僚の側にも政治家の側にも政策についての見識がなさすぎるという気がしてなりません。

◉激動の時代の小売業

私自身、経営者としてカスミの業績を上げるためにはどうすればいいかということに取り組んできました。しかし、利益をきちんとあげていれば株価は上がるといわれますが、実際には相当の利益をあげても株価は上昇しません。市場の評価は業績や経営内容と連動しているわけではないのです。

まず述べたいのは一九九七(平成九)年のことです。この年は一二月に山一證券が倒産した激動の年でしたが、カスミグループにとっては再編、再建のきっかけになった年です。その直接のきっかけは株価が五〇〇円を割り込んだことです。当時、財務担当役員が責任をとって辞職しました。

その後かなり厳しい状況——コンビニエンスストアのスパー（Ｓｐａｒ）のフランチャイズ契約をめぐる問題その他——を経て、昨年あたりから株価がようやく上昇しはじめました。今年になって五〇〇円を超えました。最も厳しい状況を乗り越え、私のやってきたことが評価されたのでしょうか。だからここでけじめをつけるべきだとも思うようになりました。

コンビニエンスストア問題については説明が必要でしょう。当時、千店舗体制を確立するために店舗網を急拡大しているときで、本部側がオーナーに対して非常な好条件を提示しました。しかしそれはかなり無理な条件でした。契約の不備もありましたし、その後の対応について加盟店側との齟齬も深刻化しました。そのため加盟店側から集団訴訟を起こされてしまったのです。

当時はスパーだけでなく、コンビニエンスストアのフランチャイズチェーンの本部に対して非常に厳しい批判が寄せられていました。「内部資料」と書かれた書類が証券会社や投資家にばら撒かれたりもしました。風説の流布です。このため二〇〇〇円を超えていたスパーの株は一挙に一〇〇〇円を割ってしまったのです。このままではカスミ本体の経営に重大な影響を及ぼすと考えられましたから、最終的にスパーを切り離して譲渡しました。

私はコンビニエンスストアというのは小売業よりも問屋のやる仕事だと思っています。より正確にいえば、問屋の機能なくしてはコンビニエンスストアというのは成立しえないと思っています。セブン-イレブンは総合スーパーのイトーヨーカ堂がつくり上げたといわれるかもしれません。しかし実際にはイトーヨーカ堂はきわめて日本的な特質である問屋の力や機能を最大限利用することによって、コンビニエンスストアというビジネスを確立したのです。セブン-イレブンは日本的な流通の機構を再編成し、生かすことで利益を得ています。それはいわゆる「流通革命」や「中抜き」、「問屋排除」というのとは逆の流れをいくようです。

これまで日本のチェーンストアは「流通の近代化」をめざして、小売業がメーカーに対抗する勢力となるために努力してきました。消費者主権を旗印にメーカーに挑み、効率的な流通の仕組みをつくり上げるためには旧態依然たる流通機構を再編成する必要があると考えてきました。

しかし一方では大半の小売業が問屋を利用し続けました。またコンビニエンスストアのフランチャイズ・システムにおいては、家族労働力をフルに活用することで本部の利益があがる仕組みをつくり上げてきたのです。カスミは統率性の強い大手フランチャイズ・チェーンのコンビニエンスストアとは違って、スーパーマーケットの連合体のようなもの、ボランタリーチェーン的なものからフランチャイズへの転換をめざしていたのですが、しかし後発企業の宿命でしょうか、結局うまくいかず手放さざるをえなかったのです。

リージョナルなチェーンにとってはグループ内にコンビニエンスストアをかかえることによって、営業時間をはじめいろいろな点で不都合が生じます。本業であるスーパーマーケットの営業時間を延ばそうとすれば、コンビニエンスストアの事業機会を奪うことになりかねません。物流コストの上昇(店舗への配送)は取引先との間の関係を複雑化します。結局、厳しい経済環境下で、この分野から撤退せざるをえなかったのです。

グループ内事業の整理という点ではファミリーレストランやホームセンター家電販売部門の売却も課題でした。

それらを終えてスーパーマーケットという本業に集約化されたとき、さらに新たな問題が生じてきました。消費不況下での競合の激化や外資の進出という大問題が山積するなかで、カスミというリージョナルな小売業を存続させていくためにはどうすべきかを考えざるをえませんでした。イオンとの提携はそこから始まりました。

債務処理の問題だけでなく、本部である「つくばセンター」をどうするのかという問題や私自身の去就なども含めて、しかるべき人に相談を持ちかけたりしました。商社との連携も選択肢のひとつでしたし、他のチェーンストアのグループ入りも考えられました。そしてイオンとの提携というかたちで落ち着くところに落ち着いたのですが、イオンと組むことによってカスミのアイデンティティがどうなるのかという不安もありますし、私自身これはさまざまな制約条件のなかでの次善の策であって、ベストの選択ではないと思ってもいます。

◉地域社会と小売業

チェーンストアの論理からいくと年間売上高にしても店舗数にしても、カスミは規模的には中途半端なのかもしれません。しかし私は大きくなることがすべてだとは思いませんし、また全国チェーンへの道がベストとは思いません。年間売上高一兆円というような大規模を誇るナショナルチェーンであるよりも、二〇〇〇億、三〇〇〇億円のリージョナルチェーンでありたい。仮に一兆円企業であるとすれば、それは単一の組織ではなくて、一〇〇億円の企業が一〇〇集まっているような組織、つまり中企業の連合体のようなものであるべきだと考えるのです。小売業というのは、官僚化している、あるいは官僚化しつつある企業ではなくて、外から見ても中から見ても、見通しのきく企業、オープンな企業であるべきだと考えましたし、今でもそう考えています。この点は大手チェーンの創業者の方たちの意見とは違っているかもしれません。

そしてもうひとつ重要なことは、自分たちの企業が生まれたこの地——カスミの場合はつくばですが——でがんばろうということです。

ご承知の通り、つくばという都市は新しい都市です。学園都市であり、工学系、建築系、エネルギー系、バイオ系等々、公的なものも民間企業のものも含めて数多くの研究所が集まっていて、独特の雰囲気をもっています。物理学者だけで八〇〇人を超えるそうです。こんな場所は日本中探してもほかにはありません。マーケットとしても魅力的です。

そういうところに本社を置いている企業としては、それなりの顔が必要です。つくばセンターの本社屋はマイケル・グレイブスという建築家の設計によるものです。彼はホイットニー美術館やヨコハマポートサイド地区集合住宅などを手がけたアメリカの建築家ですが、知り合いを通じて彼に建物の設計を依頼しました。つくばには磯崎新氏設計のノバホールがあります。また水戸には同じく彼の手になる水戸芸術館があります。これらは文化・芸術施設であってオフィスとは違いますから、正面きってそれに対抗しようというのではないのですが、それでも地域のみんなに評価され、愛されるような建物にしたいと思いました。かなりのコストや時間、手間をかけました。少なくとも、無機的で没個性、魅力のないビルではなくて地域の顔になるような建物にしたい、そのように考えました。

設計、外観だけではありません。内装や家具――これはイデー（ＩＤＥＥ）に委託しました――、什器、照明などにも心を配りました。設計したマイケル・グレイブス自身、その後一度もここを訪れていませんが、彼の作品集には必ずカスミのつくばセンターが載っているところをみると、かなりの自信作であることがうかがえます。カスミが地域に開かれた企業であることを表現するための建物だといえばいいでしょうか。コンサートや展示、講演会その他、地域の人々がさまざまに企画し、利用されています。

商売や利益とは直接結びつかないようなことに金をかけている、というのでずいぶん批判もされました。商売をそっちのけにしてこういう建物をつくるようではカスミの前途は不安であると辞めていった役員もいました。利益をあげてこそ企業だといわれますが、たしかにそうです。とりわけ現在のような経済的に厳しい時期には、目先の利益から、文化や社会性などはないがしろにされても当然かもしれません。しかしそれではいけないだろう。少なくとも小売業のように地域に生きる企業としては、この程度のことはすべきだと考えています。

◉組織と人

　組織と人の問題も小売業にとっての永遠の課題です。規模が大きくなれば組織は容易に官僚化します。小売業に限ったことではありませんが、官僚化した組織、硬直化した組織を立て直すのは非常に難しい。経営陣を入れ替えるだけではうまくいきません。外の力を中に入れるしかないのです。ここで「外の力」というのには二通りの意味があります。

　一つは、文字通りの意味で外の人材を投入することです。これは経営陣に限られません。異分野の人材や異質の発想を入れることで組織を活性化するということもあります。その前提として組織体制や体質を変えなければいけない。階層的な企業組織、上下の関係をはずしてみる。そして企業のなかに風通しのいい仕組みをつくってみる。情報が縦横に流れれば、それは官僚化・硬直化を阻止し、組織を活性化する第一歩になります。そのうえで外からの力を注入する、あるいは外に開かれた組織にして絶えず外からの刺激をうけるから意味があるのです。トップからの指示がなければ動かないとか、サラリーマン重役ばかりで経営に対する責任感がないとかいうのではだめなのです。

　外の力を入れるという二つ目の意味――これは小売業だからこそできることですが――、それは企業のなかで働いている人は同時に、お客様という外の存在であるということです。パートタイマーの人たちはお店のなかのこまごまとしたことがわかったうえで働いています。正面きって批判しなくても、働く人の目とお客様の目という二つの目で、問題の本質をきちんととらえています。実はとても怖い存在なのです。

そして同時に、この人たちの力である外の力を入れることで、硬直化した組織を活性化したり、問題解決につなげていくことができるはずです。メーカーも消費者起点でのマーケティングや商品開発の重要性をあげ、自分たちはそれに取り組んでいると主張しますが、実際にはどれほどのものかは疑問です。メーカーの商品力や商品開発力はブランド構築やある種の独占状況から生まれるのであり、消費起点あるいは消費者起点というのとは違う。消費起点という意味では本来、小売業の方がはるかに有利ですし、進んでいます。

もっとも今の小売業が、働く人(同時にお客様)の本来の力を十分に評価し、活用しているかというと、そうでもないようです。画一的でどこにでもあるようなありふれた店、何の代わり映えもしないような店ばかりつくっているし、どうすれば効率よく、手っ取り早く儲かるか、などということばかり考えている小売業が多いのが事実です。働く場としても問題ありです。快適な職場環境が整っているか。それぞれの人の力を十分に活用しているか。人材を育てようという発想や仕組みが根づいているか。私自身も含めて、問い直す必要があるようです。

これに関連していえば、今の日本の小売業の問題の一つは、女性の力を十分に使いこなしていないことです。スーパーマーケットのお客様というのは大半が女性です。しかも家庭をもつ人が多いのです。男性客もいるけれど大体は仕方なく買物しているだけであって、主体的な顧客にはなりえません。しかし経営側をみると、社員・パートは女性が六〇〜七〇パーセントなのに、幹部の構成員は圧倒的に男性です。カスミの場合も店長を含めて約二〇〇人が経営幹部といわれる人たちですが、そのうち女性はごくわずかです。他社も同じような状況です。これでは本当の意味で顧客を理解できない。

女性側は、あの店は、あの会社は顧客のことなど少しもわかっていない、と冷ややかに見ているのでしょうし、またこんな時代に多少の権限や権力を与えられたとしても、一方で重い責任を課せられるのはごめんだ、と考えているのかもしれません。しかしこのまま女性を顧客としてだけ位置づけているのではいけません。経営のなかに取り込んでいくことが必要です。教育体制も含めて、女性の発想やセンス、能力を活かす仕組みをつくっていかなければならない。これはほとんどの小売業に共通する課題です。

◉小売業のホスピタリティ

ナショナルチェーンへの道を行くか、リージョナルチェーンとして地域に根ざすかは、判断が分かれるところです。ある大手ナショナルチェーン（総合スーパー）の方から、カスミのように超大企業ではないからこそできることがあるといわれました。ナショナルチェーンというのは、全国どこでも同じレベル、同じ質のサービスを提供しなければならない。リージョナルな小売業のようにお客様の顔を見ながら、マーケットの違いに応じて適宜適切に対応するということ、いわば相手によって手法を使い分けるようなことができない、というのです。あるところでやったら、他のところでも同じようにやらなければならないから、というのです。

しかし本当にそうなのでしょうか。それはチェーンストアの論理を間違って解釈しているのにすぎないのではないか。小売業というのは基本的には個別対応ビジネスだと思います。しかしそれは個々人の個々のニーズに細かく対応するという意味ではありません。画一的な、一方的な思い込みで押し付けるのではなくて、相手の立場に立って臨機応変、柔軟な対応ができるのが小売業なのだと思います。

そのためには企業内に独自のカルチャーが確立している必要があります。お店というのはたんにモノを販売する場所ではなくて、快適さや楽しさを提供する場であるというエンターテイナーの発想も重要です。たんに良い商品を安く売っているというのでは十分ではない。お客様を楽しませるための工夫、演出力も肝要です。

こういうと、それなら店をディズニーランド化すればいいのかという反論が起こりそうです。そういう意味ではありません。店は日常空間ですから強い刺激で興奮させるのではない。何ともいえない心地良さ、いわばホスピタリティが感じられるかどうかがポイントです。これだけ情報化が進みながら、人々はやはりリアルな体験を求めるものです。インターネットやカタログやテレビを通じてのショッピングよりも、わざわざ店に出かけ、目と手で商品を確かめて、販売員と交流しながら買物する方が楽しいからです。にもかかわらず今の小売業にはその発想が欠けている。多くの企業が日常的な業務を繰り返すなかでホスピタリティ産業としての大切さを見失っています。

ホスピタリティはオープンマインド（企業の開放性）と表裏一体のものです。地域性と国際性も同じです。地域性というと文化的閉鎖性と同一視されるかもしれませんが、文化というのは本来、異質なものを取り込みながら育まれていくものです。地域に根ざせば根ざすほど国際的になるはずだし、そうあるべきだと考えています。もっともこれは、つくばという新しい地域に生きるリージョナルな小売業だからこその発想かもしれません。異質性を排除し、新しいことを拒絶する地域は多い。特に古くからある都市の場合、その傾向は強いようです。

また大手の小売業、特にナショナルチェーンの場合、店長は数年で替わってしまうという問題もあります。中堅の販売員もローテンションでどんどん異動していきます。しかしそれではいつまでたっても、地域に溶け込めません。

◉さいごに

私は高等学校時代に土浦を離れ、その後は小売業とは縁のない生活を送っておりました。若い時分には商売はやりたくないと思っていましたし、家族も私は家業とは無関係な存在だと思っていたでしょう。しかしやむをえない事情で学者から身を転じたのです。

経営者に転身して実感したのは実践の厳しさです。特に小売業というのはたいへんな世界です。競争は激しいし、カスミの場合は、成長の時代の中途半端な事業多角化が経営的に負担になっていました。たしかに企業としては規模が大きくなったけれど、構造面、質的な面では多くの問題を抱えていました。図体は大きくなったかもしれないが、バイイングパワーを発揮するには至らなかったし、コストや物流や取引面での改善は進んでいなかった。人材や経営陣にも問題を抱えていました。私は流通や企業経営に関しては門外漢でした。だからこそいっそう問題点がクリアに見えたのかもしれません。

限られた条件、期間、さまざまな制約のなかで結果を出さなければいけないというのが経営者の宿命です。特に上場した企業はそうです。一年で結論を出せとか、半年で成果を出せというような無理難題が絶えず突きつけられます。冷静に考えれば、こんなばかな話はない。しかしとにかくやらなければいけない。厳しい状況で頑張っていかなければいけない。だからこそ経営者には「これだけは譲れない」という何か、カルチャーや信念が必要でしょう。また心のゆとりも必要です。遊びと言い換えてもいいし、小売業の場合には、先に述べたようなエンターテイナーとしての側面と言ってもいいでしょう。

経営の第一線から退いた私に対して、友人知人たちは「流通とは無縁の何か別のことをやれ」とか「政治家にでもなれ」などと、いささか無責任なことを言います。しかし私自身、経営はたいへんだと言いながらも、人間相手のビジネスである小売業を楽しんできた気がします。ですから今後も小売業との縁を断ち切ることはないでしょう。いろいろな産業や分野との接点をもつ小売業とは何らかの形でかかわっていきたい。それも過去の話をするのではなくて、これからの流通業について考えながら小売業とかかわっていきたいと考えています。

私がまだ信州大学におりましたとき、堤清二氏が非常勤講師として消費社会論を講じられました。そのときに話をうかがっていて感じたのですが、学問の世界では流通に関しての理論的な蓄積が進んでいません。これは今でもそう変わらないのではないでしょうか。たしかに商業学という分野はあるし、マーケティング研究も発達しています。著名な学者もおられます。実務に通じた大学教授も少なくない。しかしそれらが現実の小売業や流通の解明に有効かというと、どうもそうではないようです。

アメリカの理論の翻訳や焼き直しではないクリエイティブな理論が必要です。幅広い視野から物事をとらえることが重要ですが、机上の空論になるのでは意味がない。安易なプラグマティズムに陥ることなく実態を踏まえた研究が蓄積されることが望まれます。

12

活力ある地域社会をどう創るか

「生活者起点」の地域経営

北川　正恭《きたがわ　まさやす》
早稲田大学大学院教授　前三重県知事

2002年12月

現在日本はさまざまな改革を進めているが、地方分権もその一つである。地域が活性化すれば国が活性化する。地域をいかに活性させるかが政治の大きな課題である。私は一九七二（昭和四七）年より連続三期三重県議会議員、八三（昭和五八）年より連続四期衆議院議員、そして九五（平成七）年より二期八年間三重県知事としてこの問題にたずさわってきた。

地方分権、地域経営、地方自治については種々難問があり、いろいろ論議されているが、私は三重県の「改革」へのチャレンジの経緯・現状・課題等について述べることにしたい。

◉変化をいざなう「地方分権一括法」

「地方分権一括法」が二年前に成立して大きなインパクトを与えた。従来とは異なる個性的な知事が出てきたこともその証拠だ。それまでは、民選知事といえども仕事の八割は機関委任事務だった。地方自治体は国の下請けであるため、知事に本当に問題発見能力や解決能力があるかよりも、国にいかに顔がきくかが重要だった。これでは地方行政がうまくいくはずがない。そうしたなかで地方分権一括法により、機関委任事務制度が原則廃止になった。

課題もある。税財源の移譲を伴わない改正であり、明らかに中央集権のまま中央が権限を行使し続けようとする意図が随所にみられる。しかしタイムラグはあるが、必ず制度は変わると予測している。

地方行政のアカウンタビリティ（説明責任）は、国に対するものから、主権者である県民に対するそれへとシフトする。これは従来と変わった新しい知事たちが当選したことで起きた変化ではない。時代が先に変化していたのである。

中央の権力のなかで采配をふるってきた人たちは、これまでの常識が通用しなくなったことを煩わしく思うが、それは間違いであり、今までの常識が非常識であったことを猛省すべきだ。地方分権一括法は、このことをあからさまにみせたのだから大きな法改正といえる。

この流れが本物になれば、地方分権は進むだろう。そのためには、まず、国の悪い点は自発的に直すべきである。一方、地方自治体は国に甘えて予算を陳情し獲得することが仕事だと思っていた。その方式では永遠に地方の時代は来ない。自立し、自己決定し、自ら責任をとる体制にしていくことが重要だ。

◉自立のための人材育成

地域の自立のためには、財源移譲の他に、執行する「人材」の育成問題がある。これについて私は、自分たちの地域は自分たちで創るのだという理念のもとに、自分たちで考え、責任をとる意識の醸成に全力をあげてきた。これが私の知事としての八年間の最大の仕事だったと思う。われわれが国の下請け機関としての仕事が県の仕事だという考え方を変えなければ、地方は絶対に変革しない。その芽は出てきており、どんどん改革を推進していきたい。

◉縦割り組織の弊害

未熟なガバナンス体制である縦割り行政は、フロー追随型の産業優先策が基本になっている。しかしこれからは、横断的にみた政策が重要だ。たとえば環境問題は環境部門だけの問題ではない。縦割り自体が間違っているのであり、その弊害を直していかねばならない。

私は三重県の組織をフラットにするとともに、政策・事業体系別に組織を編成した。「部局」は法律的になくせなかったが、次長・課長のポストは撤廃した。

地方自治体が改革を進め、今までと違ったことをすると、中央は抵抗し財政的に圧力をかけてくる場合がある。省庁の幹部が支配するようでは民主主義は終わりであり、そのようなやり方で国が良くなるはずがない。

省庁は最も保守的かつ実務的考えの人が事務次官になるので改革がなかなか進まない。内閣府が強くならなければ政治はうまくいかない。政治改革で内閣府が相当強くなりつつあるが、これは大きな成果だ。

◉行政改革の突破口──「さわやか運動」と「事務事業評価システム」

改革の取組みは一〇〇も二〇〇もあるが、そのあらゆることを運動体としてとらえ、やれることは全部やろうという意識で取り組んだ。失敗は当然あるだろうが、努力し、サクセスストーリーをつくるなかで、県庁職員の意識改革を起こそうとした。

まず「さわやか運動」、すなわち［さ］サービス、［わ］わかりやすさ、［や］やる気、［か］改革という四文字による改革運動を開始した。この「さわやか運動」のコアとなる部分に「事務事業評価システム」を導入した。

職員は苦労して予算をつくるが、決算には関心が薄い。予算がどう使われたかの決算はずっと後であり、これが行政不信を生む最大の原因となる。だから私は「予算主義」を「決算主義」に変えるべきだと考えた。県民のために予算がどう有効に使われたかが評価されるべきである。それが「事務事業評価システム」を入れた理由である。三重県が評価システムを初めて採用した。

すべての事業を「ＰＤＳサイクル」と称される企画(Plan)、実行(Do)、評価(See)の循環として把握し、費用対効果を検証しようとした。これは予算を伴うすべての事務事業の目標達成度を評価するもので、情報公開を通じて、有識者・住民の外部チェックを受ける。国および全国の自治体が三重県のシステムにならって、評価システムを取り入れていくようになった。

三重県は「事務事業評価システム」を取り入れて今年で七年目になるが、さらにこのバージョンを上げたものを核とし、「政策推進システム」をつくった。これは総合計画を推進するため、予算、人事評価、組織定数まですべてを一つのシステムにしたものであり、これも他の自治体にも影響を及ぼし、大きな波になるだろう。これは知事がいなくても稼動するシステムであり、自然にみんながチェックし合うシステムである。このシステムを完成させたこともあり、私は今期で知事を辞める決心をした。

◉「情報公開」と民主主義

このシステムは、真の民主主義をつくるために採用した。政府や県庁が、何千という団体に税をどう配分するかではなく、税金を納めた人に還元し説明責任を果たすことが必要である。行政改革とは、政治不信を取り払うという消極的なことだけではなく、民主主義を創造することだと私は思う。

キーワードは「情報公開」だ。行政側の改革は当然必要だが、一方で住民に対しては自己責任を問うことも必要だ。情報公開により、自分の納めた税金がどのように還元されるのかがわかれば、自分のまちは自分で創ろうという気になる。住民にそのような関心がなければ、行政も怠惰になる。県は知事がつくるのではなく、町は町長がつくるのではなく、県民、町民がつくるのだ。最近投票率が下がっている自治体があるが、それは住民がその程度のレベルだという証であろう。また、日本は「お任せ民主主義」であると同時に、住民が要求して政治行政が打出の小槌を振り続けるという「要求型民主主義」が続いてきた。国債をまた政府が出すが、その結果七〇〇兆円の借金をつくったのは行政だけが悪いのではなく、市民のレベルがそれだけのものだったということである。

そのことをはっきりと露呈させるためにも、情報公開は重要だ。政策形成過程からすべて情報公開すべきだ。仕方なく情報を出すのでなく、情報を積極的に「提供」するのだ。

情報公開では三重県は日本でトップクラスとみられている。単に「情報公開」というだけでなく、「情報提供」「情報共有」「情報共鳴」まで進めていきたい。現在は、政策形成過程や予算編成過程などすべて住民に「情報提供」をしている。「情報提供」することが「情報共有」につながり、その先は共鳴し合って具体的な行動が生まれる「情報共鳴」に進むのである。住民が自分たちのまちを創っていくことが重要なのであり、住民が本当に自己責任をとらなければ衆愚政治だということをあらためて強調しておきたい。

◉「生活者起点」

三重県は、キーコンセプトとして「生活者起点」を掲げて、「住民満足度の向上」をめざしている。

「生活者起点」とは、住民・納税者を基軸とするという自治行政への転換と、住民が市民として自立し自ら責任をとるという住民意識の転換の二つの意味をもつ。

中央のレベルでは、情報公開されても税金がどのように使われどのように還元されるのか、受益と負担の関係がわかりにくく、これでは政治不信・行政不信になる。情報公開の中味がわかりやすいのは、地方のレベルだ。そのためにも本当の意味で地方分権が必要であり、住民が参画できる体制が備わらなければならない。そのようなシステムにつくり替えていくことが地方行政の役割だ。

◉「お任せ民主主義」からの脱却

自治体の自己改革を図るには、知事からのメッセージや情報公開だけではなかなか難しい。

当初は、市町村を巻き込んで情報公開をやろうとしたが、そんなことよりも道路の予算が優先だと反対にあったりした。県が独走することは問題もあったが、目標に向かって思いっきり走ったことはよかった。いいところは他の自治体が追随する結果となった。独走だ、けしからんという意見もあったが、意識はだんだん変化してきている。

県は、国と市町村とに挟まれた中間の管理団体であり、住民と直接接することが少ないのが問題だ。県においては国の下請け機関としての仕事が約八割を占めてきた。たとえば産業廃棄物問題について、住民運動がいかに盛り上がろうと、国の言うことを聞かなければならなかった。このような体制を変革しなければ、住民に自己改革の意識を促すことはできない。

住民が本当に自治の精神に目覚めたならば、自ら候補者を立て、自分たちでまちを創りあげていこうとするはずだ。住民が立ち上がるかどうかがポイントだ。それができないなら私の敗北だと認めざるをえない。そうしたうえで私は無責任な「観客民主主義」や「お任せ民主主義」については、住民に厳しく問いただしたい。「自治」はあなた方住民の責任であり、行政にいろいろサービスを求めるならば、その分税金が上がることを認識すべきであり、民主主義とは本来自己責任なのだということを理解すべきである。

◉地域経営の視点、住民の「自立」

行政運営を管理型から経営型に変え、最少の経費で最大の効果をあげることが必要である。右肩上がりの経済下で一定のパラダイムにおさまっているときは、してはいけないことを取り締まり、ブレーキをかけることが行政の役割だった。しかしそれを産業活動にまで持ち込んでしまったことで産業が閉塞状況に陥った。

キャッチアップ型の経済が終焉した現在、行政は、プレイングマネジャーではなくアンパイアであるべきで、社会的規制は必要だが、経済的規制は極力緩和しなければならない。

地域経営においては生活者に対して説明責任が果たされなければならない。税金の山分けばかりに関心がある体制では、当然閉塞状態に陥る。そもそも税金は主権者、納めた人が使い道を決めるべきであり、行政に予算要望や陳情をしてくること自体が逆でおかしい。この点を転換できなければ、日本の民主主義の水準は低いままだと思う。

それは住民の自立の問題に深くかかわる。地域のプレイングマネジャーは当然住民が担うが、その場合、自立が条件だ。NPO法の成立と相前後して、NPOやボランティア団体が育ってきて、彼らが地域のニーズに応える活動をし始めた。NPOは全国的にみても三重県は進んでいて私もそれに力を入れてきたが、これは情報公開と軌を一にして拡大している。

今までは行政だけが情報を握っていて隠していたが、オープンにすれば、必ず参画を呼ぶものだ。自立した市民が出てくることこそが民主主義といえるが、もっと育つべきだ。情報公開すればNPOは育つ。一部の人たちがNPO活動をすればいいというものではなく、国民全員がそういう活動をすべきであろう。

◉矛盾している会計制度

自治体の施策を阻害するものが単年度会計だ。もはや箱もの行政の時代ではないといわれながらも、単年度で決算処理をすると、結局目に見えるハードの部分に目が行きやすい。

これに対してソフトの蓄積は数年間でできるものでなく、いつどのような成果が出るかその評価は難しいので苦労している。法律で単年度会計が謳われ、評価が短期的であるために、施策も短期的になりがちである。本来ならば企業会計方式の複式簿記にすべきだ。現在はフローで見るだけでストックは見ていないが、バランスシートによる評価も必要だ。

本来は、行政の務めはストックであるべきだと思う。ウィーンやローマは数年、数十年でできた文化都市ではない。このような文化都市を創りかつ残すことこそが行政の務めだと思う。しかし現行の会計制度ではそれは不可能であり、その点を変えなければならない。

◉まず「意識改革」から

国と県、県と市町村、男性と女性、官と民、労使、議会などすべてにわたって「緊張感のあるパートナーシップ」が結ばれて、対等の関係で協力し合うべきだ。緊張感のあるパートナーシップでみんなが相互にチェックする体制が重要だが、これまでは馴れ合いであった。私はこの点にメスを入れることにした。

そのために組織の改革が必要だが私は最初に職員の意識改革から始めた。

私は彼らに「問題が起きないようにうまくやっておけよ」などとは絶対に言わない。県庁の職員としてのプライドは何か、達成感とは何かという問いかけからスタートし、ゼロベースに戻って、抜本的に自分たちのミッションを模索させた。国のいうことを聞いて予算を確保することや、土産を持っていきコネをつくって出世することがいいことか、休まず遅れず働かずという官僚主義で本当にいいのか、それで尊敬されるのか、逆に軽蔑されるのではないかと問題提起し、職員として本当にやるべき基本的なことをやろうではないかと提案し、毎日徹底的に話し合った。

そのような改革はいずれだれかがやらなければならないことだった。中央省庁と対等に渡り合うには、勉強が必要なので、職員研修を充実した。

住民も行政マンも、内発的、自発的な意識をもつことが基本であり、その一環として課長制度を廃止した。課長制度がなくなると、働く意欲がなくなるとか、肩書きがないのは社会的に困るなどの不平も多かった。しかし、それは内部的なことにすぎず、どれだけ県民にサービスできるのかの方が大事であり、何が本当に重要なことか徹底的に議論した。まず、ここが変わらなければ意識改革は難しい。

課長の仕事はどういうことであったか。職員の定数、予算(経費)を増やし、仕事を減らすことだった。これは課益や部益とはなっても、「県益なし」ではないか。そこを反省し、本当にいい新しいシステムをつくろうとした。

三二〇万人の自治体の職員がそうした意識をもてば、日本の閉塞感は一気にとれる。国の下請け機関のままでは地方の時代は永遠に来ない。私はその三二〇万人の自治体の職員が立ち上がるよう、知事の座を離れてでも、改革は進めていくつもりだ。

◉縦割りを排除しフラットな組織へ

課長制度をなくしチーム制を導入することで、総合行政の視点が強化されタスクフォースやプロジェクトチームも柔軟に設置できるようになる。

私はまた「年度別」という思い込みもなくすことにした。四月に定期異動があると人事は一年間絶対に変えないという慣行は意味がない。需要に応じて組織を変えていくのがプロジェクトチームの考え方である。だから「○月×日△時まで」とそれぞれのプロジェクトに見合う形にした。これは国や自治体にとっては大変なことであっても、民間企業では常識だ。「年度末までにやります」というのは無責任な役人の逃げにすぎないのである。

それにしても皆の意識が変わらなければ、プロジェクトチームの考え方は入る余地がない。「役人たちによる役人たちのための組織」ではなく、「県民のための組織」にしなければならない。そこで職員組合と「労使協働委員会」を立ち上げた。これによって労使ともに県民中心に考える意識が広がり始めた。

その主旨はこうである。県民、主権者から見放されたら、任意の団体は必ずつぶれる。今は自治労や県の職員組合を尊敬する人はいない。情報公開時代にはアカウンタビリティを県民に果たすのが重要で、これが信頼を獲得する方法ではないか。こういうことを組合と話し合ってきた。五年かかったが、「知事、やろう。癒着は嫌だからオープンでいこう。マスコミに公開しよう」と組合の委員長が言ったのだからすごい。これが改革だ。

芦浜原子力発電所の設置問題に関しても、従来の国追随型の考え方なら「凍結か推進」という選択肢しかなかったが、生活者起点の理念が浸透するなかで職員と議論を繰り返し、原子力発電所計画の白紙撤回を求めることになったのである。

改革はまだ途上であるが、さまざまな試みをし、一つ一つ実現していけば三重県という地域が自立することになる。

組織のフラット化も時間をかけて徐々に進めた。情報革命が起きているのだからヒエラルキーはやがて崩壊していく。リエンジニアリングの必要性は国会議員時代に勉強したので確信はあった。しかし一気に改革を進め、一気に転換させると、ショックのあまり破滅してしまう危険性がある。課長制度が廃止されたのは本年四月で、約七年かけて徐々にフラットにしてきた。それだけ長い時間をかけてようやく実現できたのである。

◉三重県を「見える県」に

私が知事になったとき「見えない県」を「見える県」にすることを一つの目標とした。その一つの成果がNPOや環境政策の取組みであり、三重県に視察に来ていただく人が増えている。ほかにもいろいろなことを同時並行的に改革しようとしている。

三重県はホームページで情報発信をしていて、とりわけ「三重の環境」についてはアクセス数が月間八六万件に達し、地方自治体では日本一であろう。情報発信していても実体がなければ意味がないが、市町村や事業者のISO14001取得などの土台づくりもした。

名刺一つにしても、三重県らしさを工夫し、伊賀上野出身の松尾芭蕉の句と肖像が入ったものや、観光地や特産品をデザインしたものを、職員も私も使用している。

◉情報公開は民主主義の基本、決めるのもやるのも「住民」

これまで、自治体は知事や市長のリーダーシップに強く左右された。しかし本来は三重県の自治のレベルを決めるのは、知事ではなく県民であり、県民自らが選択し地域づくりを進めていくべきである。

民主主義のキーワードの一つが「自治」である。「自治」という言葉通りに自分たちが自主的にその組織・社会を治めるべきなのだが、これまで住民は何でも官が決めたことや、トップのリーダーシップに頼ってきた。

それゆえ私は県民が本当に立ち上がるように三つの段階を踏んで改革に取り組んだ。県職員の意識改革、県庁全体の仕組改革、県政の改革である。その仕上げは来年四月の知事選挙であり、県民がそれに対して審判を下す。

市民を甘やかしていては民主主義は堕落していく。そこで情報をすべてオープンにした。情報公開制度は、住民の自己責任を問うことになるからだ。情報共有を進めることを通じて、あなた方は政治に参加している、あなた方が自分たちで自治体を創るのだ、ということを強調した。

情報公開は、行政にとって厳しいが、それだけでなく、住民にも厳しい。住民は自己責任をとるべきであり、私はその点を本当に追求していきたい。

東京都、埼玉県など首都圏での選挙の投票率は大変低い。それは社会のシステムが悪いからでもある。企業社会、会社人間になっていて、コミュニティ、市民という発想があまりないのである。しかし住民自らが、自分たちの地域に責任をもつ時代がきたのだということを明言したい。投票率が低いのは住民の責任であり、それだけその地域の民主主義が遅れていることの現れである。それは民主主義の点から厳しく問われるべきことである。

行政は今まであまりにも情報非公開主義であった。地方自治体はかなり情報公開をしつつあるが、国はまだ遅れている。革新的な知事たちはすべて情報公開を一つの切り口としてきた。情報公開はさらに進めていくべきである。

◉戦う「カナリア知事」たち

依然として永田町とか霞ヶ関に頼っているのでは地方自治体はいずれはだめになってしまう。自分たちの責任で自治体を変えていこうとしなければだめだ。しかし「一つの」地方自治体、「一人の」行動する知事では限界がある。一人はオールマイティーではない。

改革派といわれる知事同士はよく相談しそれぞれ機能分担をする。この革新的な行動する知事のことを「カナリア知事」と呼んでいる。トンネルや炭鉱を掘り進んでいくとき、ガスが出ているかどうかを知るために鳥かごに「カナリア」を入れて持っていく。「カナリア」の死は危険状態を知らせることになる。

すべての改革を一人でやることはリスクが大きすぎる。だから国民体育大会の問題は橋本大二郎高知県知事がやった。開催県が大きな経費をかけたり、ジプシー選手を使って優勝するのを止めることは大きな問題提起だった。産業廃棄物税の導入は私、三重県知事がやった。

結果が良ければ、つまりカナリアが生きていれば、みんながついていくことができる。リスクを分担して各地域でどんどん改革を行えば、国は変わる。既得権者がいっぱいいて既存の体制は強固であり、それに対抗することはなかなか難しい。しかし、危険を分散してやっていけば、変革は必ずうまくいくはずだ。

このように私たち改革派といわれる知事は一緒に力を合わせてやっているが、誰かがトップに立ちリーダーシップを発揮し指令してやっているわけではない。これは縦の関係ではなく、みんなで課題別に討議し、高速道路なら鳥取県の片山知事、緑の雇用事業なら和歌山県の木村知事がやると決めていったのであり、それは横断的な関係である。

これら行動する革新的知事たちのネットワークづくりやコミュニケーションが、従来とまったく異なる点は、そこに県の企画部長の事前調整などがなかったことである。これまでは知事同士の会合は、話す内容、しゃべる順序、テーブルの席順などがきちんとセットされていて、知事が会合してもほとんど形式的であった。このような空疎な哀れな調整された状態をなくそうとして、企画部長をはずして、知事自らがメールや電話で、今度これをやろう、と決めることが増えている。知事が自己責任のもとに自己決定すれば、ものごとは決まり、組織は動くのである。トップダウンで行えば、行政は動く。

これまでは国も自治体も、国民や県民の方を向いて仕事をしてこなかった。国の幹部は、地方が中央の言うことをきかないときは予算をつけないぞとおどしたりすることが仕事だと思っていたところもあるが、そんな国に明日があるだろうか。だから、つらいけれども、私たち知事こそが、改革していこう、というのが新しい地方分権活動の特色の一つでもある。

地方が変われば中央の行政も変わらざるをえない。国は本当に地方分権をやろうとしているかといえば、まだ体裁ばかりであり、しかもそのなかで、国も官僚も地盤沈下していることを理解しているとは思えない。

約三二〇〇万人いる全国の地方自治体の職員全員が、本当に地域に責任をもつならば、一気に日本は活力が出てくる。私は、地方自治体の職員には厳しく当たっており、自分たちが内発的に変わらなければならない、地方六団体は総務省の下請けではない、本当に立ち上がれば地方の時代が来る、その代わりその責任を自分でとらなければならない、と言ってきた。

◉全体最適をめざして

私は約八年間知事を務め、中央と地方、自治体と地域の関係においていろいろな問題提起を行い、実行に移してきた。つねに心がけてきたのは「全体最適」をめざすということである。結果は、自分で評価しにくいが、八勝七敗か七勝八敗だろう。

しかし実は失敗の連続であったともいえる。成功は失敗の父、失敗は成功の母だと思っている。どんどん仕組みを変えろ、地方自治体は変わらなければならないのだ、と言ってきた。今までは県は絶対無謬性主義できて、失敗してはいけない、なぜなら県民に迷惑をかけるからと、チャレンジしてこなかったが、それは失敗を恐れた詭弁だと考える。評価が減点主義であったために、自分たちで変革を望まなかっただけである。積極的にチャレンジし、新しいこと、良いことを積極的にやった結果、失敗しても、それは評価されるはずだ。やらないことを正当化してはいけない。

私は「朝令暮改を恐れるな」と言っている。本当に正すべきことは、めんつにこだわらずすぐに直すべきである。「朝令暮改」をあえて担保する知事や局長、部長がいれば改革は進んでいく。たしかに失敗ばかりではだめだが、失敗を恐れて結局何もしないのではなく、勇気をもって失敗を恐れずに前進していく組織体にすべきだ。

三重県は意識改革の面では成功しつつあると思う。

意識改革を基礎にしていかに信頼される行政にしていくかが課題だ。「信頼なくして改革なし」の思いをもって、内発的改革を進め、そしてそれが外部評価に耐えられるものにならなければならない。

「情報公開」は大事である。子どもがテストで一〇〇点をとると家族に見せるが、悪い点だと見せたがらない。それと同じで、行政は、悪い点を隠してきたが、これからはすべて見せる必要がある。三〇点では叱られるから、努力して五〇点に上げようと努力する組織体になるべきだ。

地方自治の経営のためには地方自治法も省令も税財源の制度も変えなければいけない。私はそういう基本的な変革運動を今後も続けていく。

もう一つは、中央にもたれかかっていれば、絶対に得だという不合理な制度的補完性を直さなければいけない。その上下主従の依存意識を打破するきっかけとなるのが地方分権一括法である。これまで国は県に対して不合理なことをしていたが、同じように県も市町村にたいして不合理なことをしていた。これも改革しなければならない。

活力ある地域社会づくりの原点は「生活者起点」であり、今各地で進行しつつある新しい地域経営が全国的なムーブメントになることを期待している。

4 オルタナティブの地平

チャレンジングな企業として注目されている各社の経営者が、大量生産・大量消費、大規模システムが常態化している分野におけるもうひとつの生産や流通のあり方を探る。

13

新時代のもうひとつの農業経営

地域共生、循環型農業を実践する「はざま」

間　和輝（はざま　かずあき）
㈲はざま代表取締役

2003年12月

◉「はざま」の挑戦

㈲はざま（宮崎県都城市野々美谷町）は、資本金九〇〇〇万円、従業員数一六〇名、販売額約四九億円の畜産を主体とする農業法人である。霧島連山の麓に直営牧場をもち、周辺で野菜を生産し、総敷地面積は二一〇ヘクタールに及ぶ。現在、養豚農場一二カ所で、豚七万四〇〇〇頭を飼育し、グローバル牧場とビュースカイ牧場の二カ所で、和牛七〇〇〇頭を飼育している。肥料工場は四カ所を数え、有機肥料の年間生産量は二万三五〇〇トン（四〇〇万袋）で、八種類の商品を販売している。また、野菜生産部門では、ゴボウをメインに、ニンジン、ニガウリ、ラッキョ、アスパラガスなどの生産を行い、耕地面積は一二〇ヘクタールを超えた。以上のような事業を、農業生産法人という形態で、大規模に展開している。

事業の始まりはわずか母豚五頭の繁殖経営からであった。それは一九六九（昭和四四）年四月、私がまだ二二歳の頃である。七一年に母豚五〇頭の一貫経営に転換し、七五年と早い時期に農業生産法人「㈲間養豚所」を設立した。その後すぐに健康で安全な豚を低コストで生産するために、自家配合飼料工場の建設に着手し、七七年からはオリジナル自家配合飼料をすべての豚に与えている。これは、厳選されたとうもろこし、大豆粕、きなこ等を配合したものである。安心で美味しい豚肉であることから販売数も増加し、二〇〇一年には「はざまのきなこ豚」の登録商標を受けることができた。

一九九〇（平成二）年、創立二〇年を機に社名を「㈲はざま」に改め、九一年から肉牛の生産も手がけている。この事業に参入したのは、周囲の和牛農家からの要請もあったからである。彼らは、生産者の高齢化で産地が成り立たなくなる、という危機感を募らせていた。養豚のシステムを活用すれば和牛を一〇〇〇頭飼うことも可能であると考えた私は、和牛生産に挑戦した。豚の飼養技術を和牛にも導入し、子牛の早期離乳、人工哺育などの技術も取り入れながら、肉牛の繁殖から肥育までを行う一貫経営を始めた。

畜産業を営むものにとって、悪臭および害虫の発生など社会問題への対処は大きな課題である。当社は、一九九四（平成六）年から豚や牛の排せつ物から完熟有機肥料をつくる工場を建設して、これらを有効活用してきた。圃場への散布サービスも請負っている。

さらに有機肥料を販売するだけでなく、一九九六(平成八)年からはこの肥料を使って野菜や米の生産も開始した。自然から収穫された農産物を餌として食べる家畜たちが排せつする糞尿を堆肥化して土に返し、その恩恵で農産物を収穫するという「サイクル農業」を確立し、規模を拡大している。

農業インターンシップの学生の受入れや、農作業の一部に地域の高齢者を積極的に活用するなど、農業の後継者育成や地域との共生も意識しながら、「新しい日本の食糧生産の姿を創造し消費者に本物の農産物を提供する、総合食糧供給会社」をめざして、われわれは日夜努力している。

◉なぜ「はざまのきなこ豚」か

私の方針は、今までの農業者が気づかなかった新しい可能性を農業に見つけて、それを事業として育てていくことだ。

人はまず人間の幸せを考えるが、私の場合、まず土が幸せであることを願う。そして植物に感謝する。人間のことは後回しである。そうすることで自然は恩返ししてくれる。豚にも牛にも愛情をもつことである。愛情をもつとは、豚が求めている餌を与えることであり、豚が過ごしやすい環境づくりをすることである。

現在、一日に豚と牛あわせて約一五〇トンの餌を与えている。近々、豚が増えるため一日に必要な餌は三〇〇~四〇〇トンになる。餌は豚の成長段階に合わせて子豚用、母豚用と、栄養価を考えブレンドしながらつくっていく。単に市販の飼料を与えるのではなく、こういう豚をつくろうというコンセプトのもとに、どういう餌をやるのかを考える。

まさに「豚様」の欲するもの、「豚様」にとって健康に良いものを吟味して、一流のものを使えば間違いがない。われわれがなぜ「きなこ」を餌として使うのかといえば、肉骨粉よりも、植物タンパクが人間にも良いから使用しているのであり、不思議と豚肉の味が良くなっていく。あたりまえのことをやっているとおいしくなるのである。

ダメな養豚場があった。その取引先の餌会社に行ったとき魚の腐った臭いがしていたのである。安かろう悪かろうではいけない。豚が喜び健康になる餌を与えるべきであり、腐った餌を与えれば豚が下痢をする。下痢が始まると乳が出なくなり、衰弱すると排卵がなくなる。痩せると精力も出てこない。だからいつも豚の健康状態に気をつけるべきである。また肥満でもいけない。適当な体型の健康体の豚に適正な餌を与えれば、元気な子豚がたくさん生まれる。これは自然の原理である。元気な子豚はきれいなピンク色をしており、薬もいらない。ひと目見れば健康状態がわかる。

◉養豚業改革の第一歩

豚は汚いイメージがあった。養豚場は「豚小屋」などといわれていた。しかしそれは豚をめぐる環境づくりが悪かったからだ。

豚は体温が三三～三五度になると精子が死んでしまう。豚の脂肪で熱が汗として出ない。糞尿の中で寝ころんだりするのは、体温を下げるためであり、それは彼らの命がけの行為なのであり、そういうことをさせてきたのはじつは人間なのである。実際多くの養豚場ではトタン屋根にしているが、夏場のトタン屋根は火傷するくらい熱く、豚舎はその熱が伝わって暑くなる。私のところでは、夏は扇風機やミクロンスプレーなどを天井につけ、冬は暖房に気をつけて、「はざま」の豚舎は夏は涼しく、冬はあたたかくて快適だ、と豚が思うような環境づくりをしている。また冬に養豚場のカーテンが破れているところがあれば、豚が寒い思いをするからそれにも気を配る。雑草が生えているのも駄目だ。

小さくてもきれいにしている農場は、豚も幸せだし、建物がオンボロでも農場経営の成績はいい。自然の道理に従っているならば、農業ではそれが正しく反映される。自然の道理に適った農業経営をしているならば、小規模経営であっても、大きくなる資格がある。日本一は一人しかいないが、この分野では絶対というもの、オンリーワンをやればいい。

あたりまえのことをきちんとやるという基本的な姿勢を貫いていけば、お客様から支持される。

◉農業人としての本物志向＋プロ志向

われわれ農業人は、どんな困難にあおうとも本物の農業を展開し、農業人としてのプライドをもちながら、企業経営の感覚を農業に取り入れようとしている。

たとえばスイカの苗を一〇本植えるとしよう。植えるときの心は、土は大丈夫か、どういう肥料を入れるかと想いを込める。そして芽が出て、葉が成長し、やがて花が咲く。その過程で、雑草を取り、害虫から野菜や果物をどう守るか、本当に誠心誠意込めてやると、スイカもナスもすくすく成長する。これはあたりまえのことだが、これを喜びとするのが農業人の基本姿勢であろう。

豚や牛を、「豚様」、「牛様」と思って奉仕することで、最高の豚や牛の能力を引き出すことができる。儲けることを考えることも大事だが、農業者はまず「豚様」、「牛様」が幸せで健康で喜んで育つように彼らに奉仕していくことが大切である。そうすると豚も牛も野菜もみんな恩返ししてくれる。そこには、うそのない社会がある。

当社の新入社員は、はじめはプロではない。専門部署で努力していけば、自然にプロ集団の一員になっていく。彼らはプロ意識に燃えて暑さ寒さをものともせずに仕事をしている。現在一六〇人の社員のほとんどが現場にいる。土と動物と社員が幸せになるために、力を合わせて誇りをもって働いている。

私たちは地域社会に生かされる農業、豚や牛に生かしてもらう農業をめざしている。農業という仕事はどんな危機がこようとも、本物は本物として評価されると思う。

◉他の人がやらないことをやる

経営については「人並みならば人並み」ということをかつて教わったが、他人がまだやっていないことにどう取り組むかが課題である。

これまで私はアメリカやヨーロッパに何度も行き、餌をつくる技術、配合内容、栄養価計算、その他養豚についてさまざまな勉強をした。自分が望むような豚をつくろうとするならば、本物の餌をつくる必要がある。そのために自分が納得する餌をつくろうとして、他の人がやっていないことをやろうとしてきた。

自然界では、牛は二万頭に一頭の割合で双子が生まれる。牛は子宮が二つあるのだから、二頭生ませていいと考えている。牛の双子を生ませる技術は、おそらくわれわれが日本一だろう。クローン牛については消費者の反対意見が多いが、これはクローン牛ではない。

双子の子牛を生ませる技術を五年前から手がけ、現在は全体の約一割五分がその方法で生まれている。牛に子宮が二つあるのは、二頭生んでも良いという自然界の摂理であると思う。とくにF1（黒牛と乳牛のかけ合わせ）の牛は体型が大きくこの技術を受け入れやすい。

とかく世の中は「上り」と「下り」でできている。時には人と反対のことをする反骨精神をもつ必要がある。本物に関しては頑固にいく。六年前に餌代が四ドル九〇セントまで上がった。これはアメリカの旱魃《かんばつ》のせいだったが、この時「必ず飼料は暴落する」と私は予言していた。世界中の餌会社が増産にかかった結果、一ドル七〇セントまで暴落した。現在は二ドル三〇セントである。物事には、いい時と悪い時が必ずある。

輸入自由化や後継者難などの理由から、全国的に養豚場が大幅に減少している。一九七一(昭和四六)年に豚肉の輸入自由化が始まったが、そのとき二六万戸だった養豚場が現在は九六〇〇戸である。養豚業は「臭い」「休みがない」「経済的に報われない」というイメージがあり、三年後はおそらく半分の五〇〇〇戸になるだろう。他の農業分野についても全く同じことがいえる。

今、日本の農業は「下り」のどん底にあると思う。だからこそ私は農業であえて頑張る。農業は経営的に苦しく農業者はますます少なくなるだろう。しかし本物は感謝され世の中に生かされるはずである。

◉日本の食糧自給率問題

現在、出生率一・三人という「少子化」の流れのなかで、今後だれが日本の食糧をつくるのか、だれが農業を担うのだろうか。

三〜五年の間に、国内で生産される農産物が急速に減少していく。食糧自給率は野菜も畜産も果物も大きく低下している。米の自給率だけは安心できるが、米については諸外国の圧力があることは周知の通りである。

世界の人口推移をみると、爆発的に増大しつつあり、インドが何年か後に一六億人になると推計されている。中国は一人っ子政策を緩和した。世界の人口増大は止まらないだろう。

国民が安心して暮らせるのは、まず食糧が安定的に供給されることが条件である。人口増大が地球規模で進んでいる現実のなかで、日本の食糧自給率は低い。しかし、現在のような虐げられた日本の農業において、どれだけ本物の農業者が出てくるのかということを問いたい。

終戦後、農業従事者は四五〇万人いた。しかし日本の産業政策が工業へと転換し、高度成長をとげた結果、日本のGDPは世界のトップクラスになった。

しかしその反動もあった。WTO（世界貿易機関）やFTA（自由貿易協定）に押されて、日本は豚肉を工業製品のように輸入している。だがその豚は本当に真心をこめて日本人が好むようなものに飼育されたか、安心・安全といえるのか、その豚はどこの産であり本当に健康に育ったのかについて私は多少疑問をもっている。

その意味でも食糧は自給自足であるべきだが、先進国一〇〇カ国のなかで日本の自給率はきわめて低い部類に入る。豚、ブロイラー、牛の自給率について政府は四五パーセントをめざすというが、このままでいけば国内自給率は三割以下になってしまうだろう。

日本は「豊かな国」といわれている。しかし国土面積が狭く、八五パーセントが山であり、平野部は一五パーセントである。その一五パーセントのなかに、道路、住宅、工場がつくられている。農地は約一〇パーセントだが、そのわずかな農地では食糧自給率が低いのは当然であり、その程度の農地は確保しなさいと、私は言いたい。農業が儲からなくても、農業を続けることができるようにすべきであろう。

環境問題の観点からも、二一世紀は食糧を自給自足できる環境を守り、つくっていく、という自覚を農業者はもつ必要がある。

私たちは国内で農業に従事し、本物の農業をし、それによって生かされるべく戦っている。幸い全国には、農業法人を筆頭にまだ素晴らしい仲間たちがいる。彼らとともに本物の農業を実践していこうと思う。コスト削減、合理化も徹底して行い、生き残っていこうと決意している。

◉トレーサビリティと本物が評価される時代

BSEの問題を契機に、食品の偽装問題がたくさん明るみに出たが、これは結果的に良かったのではないか。なぜなら、本物でない生産者たちが摘発されたからだ。

「鹿児島産」、「宮崎産」などの産地表示だけでなく、一歩進めて「どの農家がつくったのか」という情報まで公開し、その食品の安心・安全の拠り所を時代が求めるようになった。私たち生産者はそれはそれでいい時代になったと思う。というのも今までは、どこの誰がつくったのかわからないものを仕入れる業者が少なくなかったからである。

「安心・安全」をより追求する時代になり、トレーサビリティが要求されたことによって、当社の取引先は拡大している。

また、「はざま」の有機堆肥は、他所の生産者からも評判が良い。マンゴーもキンカンもみかんも生姜も馬鈴薯も生育がよい。しかし、まだ野菜は儲からないという現実もある。野菜は外見だけでは中国産も日本産も同じであり、安いほうを購入する消費者が少なくはないからだ。

世の中は百年も千年も万年も続いていく。目先のことで右往左往してはならない。本物の食べ物を評価し、かつ求める消費者が必要である。

◉めざすはサステイナブル社会・循環型社会

環境問題に熱心でない養豚場は、糞尿を地面に埋めている。豚は人間の一〇倍の量の糞尿を出すのだが、それを地下水や川に流したりするのは間違いである。私たちは何十年も前から排泄物処理に取り組んできた。

豚舎は鉄骨ストレート構造で、床はコンクリートで固め、その上に微生物を混ぜたおがくずを敷き詰めている。排泄物が発酵して分解処理されるために、畜舎特有の臭気も気にならない。飼育途中での排泄物処理作業も不要になった。こうしたわれわれの取組みが、現在高く評価されている。

今、当社の浄化槽を通り過ぎた排水池には、メダカや金魚や鯉が泳いでいる。臭いもあまりない。一般に養豚場は臭いと周囲から嫌われ敬遠されるが、当社はその問題を解決した。

◉地域社会とともに

企業は地域社会に貢献しなければならない。われわれは「豚」に感謝するだけでなく、「社会」

に感謝しなければならない。

二〇〇三年から土壌汚染対策法が施行された。この法律の制定はむしろ遅すぎたといえる。まだ、糞尿を土の中に埋めるなど対応の遅れた農場もあるが、それは許されないことである。私は五年前から、「地球のかけがえのない環境を汚すことをお互いに許してはいけない」と公言してきた。

日本は工業社会を推し進め高度成長を達成したが、公害が発生し、川や海、土壌や大気が汚染された。その後ようやく反省して、川に魚を蘇らせようとしたりしている。現在は環境対応のための法律が制定され、環境にたいする認識をもたないことは罪であるという時代がきた。

農業も環境保全、汚染防止の配慮を怠ることは許されない。私は地域社会の人たちと仲良くしていきたい。糞尿処理対策としては、臭いの発生しない浄化槽の建設をし、学校の花壇・桜並木などに堆肥を無償提供している。そのことが評価され、二〇〇〇年には「ゆたかな畜産の里優良事例（農林水産大臣賞）」を受賞した。

◉農業は福祉産業

退職後も仕事をしたいが、仕事がない人がたくさんいる。当社はそういう人に働く場所を提供している。現在、社員以外に高齢者が五〇～六〇人働いているが、楽しく野菜づくりをしてもらっている。

農業後継者がいない農家には田や畑という財がある。バブル時は二五〇万円した畑が、今では五〇万円に下がっている。耕す土地はあるものの、自分は高齢で耕す力がなく、しかも息子は他産業に就職していて故郷へ帰ってこない。そんな人たちから遊休農地を当社に貸したいという申入れも多い。

当社は地域の遊休農地を借り、パートタイマーとして働きたい高齢者には働いていただき、その事業も拡大している。

私のなかでは、「農業は福祉産業」であるという信念が芽生えはじめている。今後一〇〇人の人たちで福祉農業を三〇〇ヘクタール規模で行い、加工まで進んでいきたい。まだ人がやらないことを私はどんどんやり、外国とも勝負したいと思っている。

はざまには現在牛七〇〇〇頭、豚七万四〇〇〇頭いる。三年後には豚が常時一三万頭になるかと思う。養豚場は現在の一二カ所からさらに一〇カ所増やし、牛の牧場は二、三カ所増やす予定だ。野菜の耕作面積は一三〇町歩から三〇〇町歩にしたいと思っている。

私の年齢は五九歳だが、いつも青春のさ中にいて「一〇〇パーセント挑戦中」である。男として「一〇〇パーセント生きた」と自負できる人生にすべく、挑戦し続けている。

14

加盟店サポートシステムをめざすポプラ

目黒　俊治（めぐろ　しゅんじ）
㈱ポプラ代表取締役社長

2002年8月

◉独自の方式でコンビニエンスストアのフランチャイズを展開

日本ではセブン-イレブンがコンビニエンスストアそのものであるように考えられていて、他の手法や戦略は認められないという傾向があるが、当社（ポプラ）は創業から今日まで、セブン-イレブン方式とは違ったやり方で事業を展開している。

もともとは広島の酒販店であったが、時代の変化に対応してコンビニエンスストアに業態転換し、一九七四（昭和四九）年一二月二日に一号店を開店した。同じ年の五月にセブン-イレブンの一号店が江東区の豊洲にオープンしている。

昭和四〇年代後半には、通商産業省が中小小売業の活性化に力を入れており、コンビニエンスストアという新業態の可能性を探っていた。当社も商工会議所からコンビニエンスストアへの業態転換を勧められていたので、アメリカのサウスランド社に見学に行ったりもした。また当時、中小酒販店の活性化の方策としてコンビニエンスストアが有効だというので、食品メーカーや卸売業を中心にして勉強会が開かれていたが、これらにも参加し、コンビニエンスストアについての知識を得た。

セブン-イレブン・ジャパンはサウスランド社からのノウハウをもとに商売を始められたが、当社はみようみまねで独自にコンビニエンスストアという新しい業態に取り組んだのである。また創業当初はフランチャイズ・ビジネスへの関心はほとんどなかった。最初は直営店方式しか考えていなかったのである。

フランチャイズ・ビジネスに関与するようになったのは、一九八〇年代の初頭、セブン-イレブンやローソンなどの大手コンビニエンスストアのフランチャイズが相次いで広島に進出してきた時期のことである。当時、当社の店舗数はすでに二〇店舗強に達していたが、大手の出店スピードは速く、しかも当社の繁盛店の商圏内に店を出すものだから、業績不振に陥る店も出てきた。

このままではつぶされてしまうかもしれない、大手に伍して発展していくためには独立自営の直営店だけではだめだ、フランチャイズ展開が不可欠だという結論になった。もともと地域の同業者から「ポプラがフランチャイズ展開をしたら参加する」といわれていたこともあり、フランチャイズ・システムの導入に踏み切ったのである。

◉支配・管理型ではなく指導・サポート型システムを

システムは大手チェーンのような粗利益分配方式ではなくて、売上高に連動するロイヤリティ方式とした。粗利益分配方式では本部と加盟店が主従関係のようになるからである。支配したりコントロールしたりするフランチャイズではなくて、指導しサポートするフランチャイズ、という理念を掲げてスタートした。

それでは何を指導し、サポートするのか。それは各加盟店の売上拡大を追求することであり、そのためには商品供給が不可欠である。商品供給と経営指導とを両輪としたフランチャイズ方式のコンビニエンスストア本部をスタートさせたのが、一九九二年のことである。

発注システムを提供し、発注に応じた商品をリアルタイムで供給するのは本部の役割だが、店に投資し、運営するのは加盟店である。経営指導とシステム提供に対しては売上高に応じたロイヤリティ(三パーセント)を支払ってもらうが、参入も退出も自由である。脱退して他のチェーンに参加するに際しても、違約金を課すとか、撤退後一定期間は他のチェーンに参加できないというような制約はない。店づくり、店経営の手法は自由であり、加盟店の自主性にゆだねている。

◉中核をなす製造=卸=物流システム

商品供給は、既存の問屋やメーカーのシステムでまかなえるもの以外——惣菜や弁当類や日配品など——について自社物流している。

創業以来の理念は「お客様第一」であり、それに基づいて他のコンビニエンス・フランチャイズにはないシステムの構築をめざしてきた。店舗の他に製造＝卸＝物流という三つのシステムが中核をなしている。情報は本部のホストコンピュータを通じて行き渡り、発注から製造、輸送、納品まですべての作業が無駄なく、円滑に進むようにシステムが組まれている。

もともと顧客のニーズに応えるべく構築されたシステムが、それ以外の面でもさまざまなメリットを生み出している。製造部門では商品の質の自社管理、小ロット多品種への対応、卸部門ではデジタル・ピッキングによる作業の簡素化と正確な仕分け、物流部門ではオリジナルのシステム車両を使用、GPSの運行管理システムによる正確で高質の配送を実現している。

メリットはこれらにとどまらない。弁当を例にとると、POSシステムを通じての店舗からの発注データはネットワーク上で、製造部門への材料指示書と製造指示書に姿を変え、同時に商品センターに対しては、店舗ごとに仕分けするピッキングデータとして送られ、さらに物流部門の配送コース表に反映される仕組みがある。これがそれぞれ間接コストを最小限に抑え、お客様に対しては最高の品質を提供するための基盤となっている。

大手コンビニエンスストアの従来のシステムでは本部が想定した基本パッケージからの逸脱は嫌われる。店によって対応を変えることはすべてにわたって高コストになるからである。

◉特殊立地への出店を可能にする製販一貫体制

しかしポプラはそうではない。自社でつくり、自社で運ぶという製販一貫体制のシステムと売上ロイヤリティを用いたフランチャイズ・システムがあるからである。これら二つのシステムによって、大手コンビニエンスストアでは採算が合わないとして敬遠されてきたような特殊立地への出店も可能になる。

たとえば北九州市白野江店は、人口約五〇〇人の町、門司港から程近いところにある店は半島の突端にあり、この店の前がバスの終点になっている。一日当たりの客数は約二六〇人であり、設定された基本パッケージの条件とはかけ離れている。しかしそれでもポプラのコンビニエンスストアとしての経営は十分可能である。

また文京区役所が入っているシビックセンタービルの一階にある「生活彩家」文京店は、売場面積は一五坪とモデルパッケージの半分以下である。しかもオフィスビルの中にある店であるために商圏人口は少なく、さらに官公庁管理の建物であるために土日祝祭日の売上が望めないなど、コンビニエンスストアの店舗立地としては不利な条件ばかりが揃っている。

一方、大企業のオフィスビルが立ち並ぶ千代田区大手町にあるビル・イン形式の「生活彩家」大手町店は、一日当たりの来店客数が三〇〇〇人を超える繁盛店である。国道九号線沿いに約二〇〇〇坪という大きな駐車場を構える島根県大田市にあるポプラ大田波根店は、市の中心部から離れており、商圏内には十分な購買人口を望めない地域だが、幹線道路を行き交うトラックで特に夜間ににぎわう店である。

これらの店舗は一般のコンビニエンスストアの概念からすればすべて例外的存在になろう。しかしポプラであれば、それらの特殊立地に店を出し、運営することが可能なのである。ポプラがめざすのは立地ニーズに合わせた店づくりである。大手コンビニエンスストアチェーンのように、あらかじめ設定された条件を満たす立地を探すのではなくて、立地条件によって店舗別のサポートを行うことが可能である。

◉売上ロイヤリティ方式の意義

ポプラは一般的なコンビニエンスストアとは異なる独自のフランチャイズ・システムを擁している。それは多くの大手コンビニエンスストア・フランチャイズのような粗利益分配方式ではなくて、売上ロイヤリティ制度を基礎とするものである。

一般には加盟店が本部に支払うロイヤリティは粗利益の三五~四五パーセント、売上に換算すると一〇~一三パーセントに相当する。しかしそれは加盟店にとって大きな負担である。ポプラでは加盟店オーナーに過大な負担を強いることなく高収益を実現できる環境、つまりオーナーの経営努力によって利益をあげられるようにして、モチベーションをより高めるような環境、システムを提供している。ポプラの本部は収益のもとである製販一貫体制から生まれる利益をフランチャイズ・システムに繁栄させていくことに可能性を見出そうとしている。

二〇〇七年には創立三〇周年を迎えるが、それに向けての五カ年計画が二〇〇二年度から始まっている。関東圏では二〇〇一年、川崎市に三〇〇店舗まで対応可能な神奈川センターがオープンした。これによってポプラ本来の姿である製販一貫体制が関東圏でも実現した。さらに同年度には関西にも進出。関東圏でもジャストスポットや生活彩家同様に、関西圏ではジャイロと暮らしハウスを買収することで地盤を固めた。五カ年計画の最終目標は一〇〇〇店舗である。

◉例外を例外としないローカルチェーン発想の重要性

日本にコンビニエンスストアができたばかりの頃は全国各地にさまざまな店があった。中国・四国地域だけでチェーン数は一〇〇を超えていた。しかし今では、それらはほとんど姿を消した。上位企業への集約化は驚くばかりである。ミニスーパーも同様である。独立自営店や小規模なチェーンでは、非効率だからと、問屋が商品を供給してくれなくなっている。

セブン-イレブンのような大手フランチャイズのシステムは、生産性や効率性という点では非常に優れているし、さまざまな分野や地域に応用可能なシステムである。

しかし、それぞれ個別、固有の事情をかかえるさまざまな店を、一つ一つつくっていくというローカルチェーンの発想は大手にはない。人口五〇〇人の地区、過疎地域であって、一日当たりの販売額が二〇万円を超えることがないような店をセブン-イレブンやその他の大手のコンビニエンスストアチェーンがつくるはずはない。しかしポプラなら、過疎地域であっても対応できる。

日商二〇万円に満たなくても、家族で運営しているから人件費もかからず、店の設備もあと数年程度は持ちこたえるだろう。標準モデルとはかけ離れていても、売上ロイヤリティ三パーセントだから、それほど無理な負担にはならない、十分に経営できている。

例外を認めずに決められたパッケージと立地条件優先で場所を選定して数十店舗単位で出店していく大手チェーンと、規格化された条件からはかけ離れているが、地域に根ざしたコンビニエンスストアとして存立可能な店をサポートするポプラのような中堅チェーンの違いとでもいえばいいだろうか。また巨大都市圏からスタートした大手と違って、ポプラの地盤である広島、中四国地域はマーケット的に限られていたことが幸いしたともいえる。マーケットが小さく、標準モデルにあった立地や条件を満たした店はそれほど多くないから、結局、限られた条件にあった店をつくり、それを支える仕組みをつくっていかなければ発展できなかったのである。

◉加盟店の創造性が発揮されてこそのコンビニエンスストア経営

フランチャイズ・ビジネスに乗り出したきっかけが、既存の酒販店や米穀店を業態転換し、存続・発展させるためであったから、個別条件に合わせた店をつくっていくのに際して、本部としてもそれほど無理がなかった。すでにある経営資源を活かすためには、加盟店の自主性や創造性が発揮できるような仕組みの方が望ましい。これが新規に直営店をつくったり、脱サラ向け店舗を新たに開発したりするということであれば、標準化や規格化が大前提となり、条件から外れた店をつくることはできなかったかもしれない。脱サラしてコンビニエンスストアを始めたいという人にとっては、管理コントロール型の大手のシステムがやりやすいし、安定しているということもあるだろう。

加盟店のなかには法人化されていたり、複数店舗を経営するところも少なくない。その点でも大手と違っている。日本でも今後は、個人商業者を従わせるようなフランチャイズ・システムではなくて、法人を加盟店とするような、組織対組織という関係のフランチャイズが増えていくのではないか。

そのときには、加盟店を強くコントロールし、従わせるようなシステムではなくて、加盟店がそれぞれの力を生かして自主性を発揮できるように、適切に指導したりサポートする仕組みを提供することがポイントになってくる。本部の方が強いとか、えらいというのでなくて、対等のビジネス関係を結べるかどうかが重要である。

効率的な経営という観点からすれば、圧倒的に本部の立場が強いセブン-イレブン方式はひとつの理想かもしれない。しかし、だからといって、ポプラをセブン-イレブン方式に転換させようとは思わない。

◉独自性の追求を可能にする仕組み

コンビニエンスストアだからといって、必ずしも年中無休二四時間営業でなくてもよい。同じ店名だから同じ品揃えでなければいけない、という理由もない。ポプラでは立地によっては土日休業の店もありうるし、営業時間は朝七時から夜七時までという店もある。要は、立地とマーケットのニーズに合っていること、加盟店オーナーの考え方に合っているということである。

ポプラの特徴のひとつに、弁当の米飯を店で炊いて、その場で詰めて売る、というのがある。これはじつは売上ロイヤリティ方式だから可能なのである。粗利益分配方式であれば、仕入価格も店頭価格も、最初から決まりきった商品であり、本部がその情報を把握していなければならない。だから、決められた問屋から決められた商品しか仕入れられない。米飯は気候や、米のそのものの状態、炊き方によって出来上がりの量が違ってくる。詰める量もその時の加減によって違ってくる。当然、利益は状況によって違ってくる。

売上ロイヤリティ方式であれば、商品原価や利益に関係なく、レジを通した売上金額で管理すればよいが、粗利益分配方式であれば、商品ごとにあらかじめ利益額が決まっていなければ管理できない。バナナや葡萄、スイカのような果物を店頭で小分けして売る場合も同様である。

店主が売価決定権をもっていないかぎり、コンビニエンスストアでは自店仕入れはもちろんのこと、店頭での小分け販売すらできない。しかしポプラでは登録し、レジを通すというルールを守るかぎりにおいて、自店仕入や店頭加工も容認されている。その比率はまだそれほど大きくないが、自店仕入があることが店の個性や品揃えのバラエティにつながっている。

広島、九州地区から関東圏に進出し、大阪にも足場を築き、ローカルチェーンから、より広域展開するチェーンになりつつあるが、自社生産し、ピッキングし、自社物流することが原則だからそう簡単に地域を広げるわけにはいかない。最低一〇〇店舗あれば自社生産、自社物流体制は可能だが、できれば域内(片道二~三時間の範囲内)に三〇〇店舗は欲しいところである。現在、広島、福岡、岡山、神奈川に工場&物流センターを擁しているので、当面は一〇〇〇店舗体制が目標であるという理由である。

◉日常的なゆとりを残したシステム化を

出店にあたっては現地調査し、本部の指導のもとで、どんな店にするか想定、計画するが、その際に品揃えに関してオーナー側の特別の要望があったり、立地特性上別途必要と思われる商品があれば、それについて検討し、できるかぎり対応するようにしている。

ただし、雑貨や菓子、コーラ、一般の雑誌などの商品に関しては、自社物流ではなくて、既存の卸の配送システムに拠っている。センターで取り扱っているのは食品、惣菜類、乳飲料(チルド飲料)に限られている。

生活彩家やジャストスポットのような既存のコンビニエンスストアをM&A(吸収合併)しているので、業態的には広がりができているという点は異なるが、関東圏に進出したときも、広島や九州での体制とほとんど変えていない。地域は違っても、ローカルチェーンとしての原則は共通しているからである。

標準化し、規格化してすべて本部で管理するのがナショナルチェーン方式だとすれば、店頭での工夫の余地を残す、応用の可能性を確保しておくのが、ポプラのようなローカルチェーンの存在意義である、といえばいいだろうか。

日々の暮らしに密着した産業だから、システム化されていても、どこかに日常的なゆとりを残した店やチェーンでありたいと考えている。

15

新サービスで高付加価値を追求するCVSベイエリア

泉澤　豊（いずみさわ　ゆたか）
㈱CVSベイエリア代表取締役社長

2002年8月

◉加盟店からスタートしたコンビニエンスストアのチェーン

当社は、一九八一（昭和五六）年にセブン-イレブン・ジャパンの加盟店としてコンビニエンスストア事業をスタートした。日本でコンビニエンスストアというと、チェーンの本部を指すことが多い。そのなかで当社のみが、加盟店からスタートしているという特徴がある。全体的なチェーン・オペレーション云々よりも、あくまでも加盟店的な店舗を中心とした考え方をとっているのは、そもそも加盟店からスタートしたコンビニエンスストアのチェーンだからである。

セブン-イレブン・ジャパンのフランチャイジーとしてスタートしたときから、企業化を考えてきた。しかし、当時は一生懸命にやれども、一向に収益があがらなかった。売上が拡大しても利益があがらない。最初のうちは、これは規模が小さいからだろうと考えて、多店舗経営に乗り出した。六店舗まで増やしたが、それでも収益性は上がらなかった。これはおかしいのではないか、という疑問がふつふつとしてわきあがった。

当時はコンビニエンスストアのノウハウも、フランチャイズ・ビジネスのモデルも未確立だったし、本部の経営指導も十分とはいえなかった。POSシステムもなく、スーパーバイザーの能力も大して高くなかった。立地戦略が確立していたわけでもなく、つくれるところに店をつくるというのが実態だったから、加盟店にすれば不満は大きかった。本部とも話し合ってみたが解決には至らなかった。本質的な考え方が食い違うことだけがわかった。

つまりこうである。本部は加盟店というのは生業的なものが基本だと考えていた。しかしわれわれは加盟店を企業化しようと考えていた。根本的な食い違いである。経営合理化が徹底されているコンビニエンスストアで収益があがらない最大の要因はロイヤリティの高さにあるのは明らかだった。当時は粗利益の四〇〜四五パーセントがロイヤリティだった。この方式ではいつまでたっても収益性は高まらない、企業化はできないと思い、ロイヤリティが低いところと組もうと考えた。そこでサンクスアンドアソシエイツを選択した。本部との話し合いによって、ロイヤリティはそれまでと比べて格段の低さに抑えることができた。そこから当社の本格的な事業展開が始まる。

つまり、このように通常のコンビニエンスストアのフランチャイズチェーンとは少し違っているのが当社なのである。

◉常に新しい発想でビジネスに臨む

私自身はそれ以前にはファッション産業でデザインや商品開発の仕事に携わっていた。開発輸入業務の経験もある。その経験からすれば、独自性を追求することや、絶えざる改善・改良・改革はあたりまえのことである。常に新鮮なものを経済合理的に生産し、流通することを考えるのもあたりまえのことだった。

安定した仕組みにのって、少しばかりの利益を確保するのではなくて、リスクを賭してより大きな成果を得ることがあたりまえと考えてきた。大きな組織のなかで、長いものに巻かれているのでは発展性はない。それはシステムができあがったコンビニエンスストア・フランチャイズのなかにおいても同じなのである。

常に殻を突き破ることで発展すると考えたから、サンクスアンドアソシエイツに加盟した後も積極的に多店舗展開した。しかし店舗数が増え、事業化していくにつれて、他の加盟店との間に軋轢が生じてきた。自主性を発揮するには既存のシステムでは制約が大きいこともわかってきた。そこでサンクス本部との話し合いの結果、独立した組織としての道を考えた。現在のような企業フランチャイズ——一定の地域内でフランチャイズ本部となる形——をとることになった。

その際、新興市場での上場をめざそうということになり、二〇〇〇年一二月にナスダック・ジャパンに上場した。

当社の店舗の八十数パーセントはフランチャイズ店ではなくて直営店である。一五パーセントの加盟店にしても、わが社が積極的に勧誘したわけではなくて、何らかの縁や経緯があってフランチャイジーになったところである。当社の基本方針は直営店方式である。だから一般のコンビニエンスストア・フランチャイズチェーンとは異質である。

大手のコンビニエンスストアのフランチャイズチェーンに対する批判になるが、コンビニエンスストアを直営店で展開しようとすれば多くは赤字になってしまう。しかし通常の運営をしていて赤字になるようなビジネス・モデルを加盟店に押し付けているのではないか。それはおかしいというので、直営店で収益があがるようなやり方を開発するのが前提だと考えた。

実際の会計上の処理は別として、本部からみて直営店はダブルポケットだ、すなわち収入源が二つある、というのが当社の考え方である。一つはロイヤリティ収入であり、もう一つは直営店としての営業収益である。ただし、ダブルポケットを確保するためには各店舗の売上が一定以上でなければならない。そうでなければ各店舗のマイナスがそのまま本部の負担になってくる。リスクをとらないのがコンビニエンスストア・フランチャイズの一般の姿だとすれば、リスクをとるが収益性も確保するというのがわが社のやり方である。

セブン-イレブン・ジャパン方式が大成功したものだから、コンビニエンスストアといえばフランチャイズ・システム、というのが常識化しているし、セブン-イレブン・ジャパン方式が唯一、最善のもののように考えられている。たしかにロイヤリティだけを収益源とし、あらゆることをアウトソーシングすることでリスクも回避するというやり方は、賢いかもしれない。しかし本来の小売ビジネスとして、それはどこか違っているのではないだろうか。

今の大手チェーンのやり方では、各加盟店の痛みや苦労は所詮他人事にすぎない。ある店の一日当たりの売上高が一〇万円減少したとしよう。その店にとっては死活問題でも、チェーン本部にとってみれば、ロイヤリティ収入が多少減った程度でしかない。それならば他に店をつくって新たにロイヤリティ収入を確保すればいいと考える。

加盟店からみれば売上が落ち利益が減少していても、本部は何も対策を講じてくれないということになる。しかし直営店方式ではどうか。ある店の日商が落ちればそれは本部を直撃することになるから、落ちた分を取り戻そうとして、本部も店の担当者も必死で取り組むだろう。それがフランチャイズ方式と直営店方式の違いである。そこから当社のビジネスはスタートしている。

◉脱コンビニエンスストアという発想

コンビニエンスストアが短期間に急拡大したのは、二四時間化や若者文化の隆盛その他、時代の後押しがあったからだ。初期のコンビニエンスストアには十分なノウハウもなく、堅固な経営戦略方針もなかった。手探り状態のなかで、経験を積み重ねるのが精一杯という時期があった。加盟店や卸の協力と地道な努力と奉仕のうえに、今のコンビニエンスストアのフランチャイズ・システムはつくり上げられてきたのである。本部は彼らに対して報いるべきだろう。その当時、当社は大手のやり方——加盟店に大きな負担を強いるようなもの——に疑問をいだき、それを克服することを考えてきた。そして、そのことは今も変わらない。

今、不況下では一日当たりの売上を拡大するのは不可能に近い。個人消費全体が落ち込んでいるのに、コンビニエンスストアの店舗数自体は増えている。競争が激しくなって、お互いに食い合っている状況である。店ごとの売上が増えるはずがない。しかもスーパーも二四時間営業があたりまえになりつつある。ますます打撃である。

普通のやり方で売上が増えるはずがないから、新しい発想で事業を開発しなければならない。物販以外で稼ぐことを考えようというので、日常生活に必要なサービスの提供に取り組んだ。FA24（ファースト・エイド24）というブランドで展開している各種サービスの基本コンセプトは「街のお母さん」である。かつて、それぞれの家庭でお母さんがこなしてきたことを、ビジネスとして、街のなかで展開することである。お母さんの仕事とは何か。具体的には炊事、洗濯、掃除である。コンビニエンスストアは家庭から俎板と包丁を追放したといわれるが、炊事に関してはコンビニエンスストアが一貫して取り込んできたサービスであり、ほとんど完成した。

次は洗濯である。小規模な家庭から洗濯機をなくしてしまうのにはどうしたらいいか。日常生活で出てくる洗濯物をすべて引き受けるようなビジネスである。一番多い洗濯物は下着、次はワイシャツである。このクリーニングを外部化してしまおうというのである。下着のクリーニング・サービスはマーケット規模自体は膨大だが、今までは誰もビジネスとして考えてこなかった。まずは老人ホーム、ケア付きマンション、医療施設その他を通じての高齢者や病人の下着クリーニング・サービスの具体化に向けて動き始めている。これに関しては他の企業との連携も考えている。またワイシャツなどのクリーニングに関しては、コンビニエンスストアを窓口として、従来のクリーニング取次ぎサービスを提供しており、今年の秋頃からワイシャツのレンタルサービスを実験開始の予定である。

具体策はまだ明らかにできないが、洗濯が終わったら、次のお母さんの仕事としてお掃除サービスを考える計画でいる。こうして新しいサービスを次々に開発していくことで、一つ一つの店の売上高も大きくなっていく。その積み重ねである。もともとはコンビニエンスストア店舗の活性化のために新しいサービスを開発してきたのだが、それが成功するとサービスが一人歩きを始める。コンビニエンスストアとは関係なしに展開されるサービスビジネスが出てくる。一つのサービスが派生的なサービスを生み出すこともある。もちろん原点はあくまでもコンビニエンスストアである。

◉生業ではなく、事業としてのコンビニエンスストアを

当社が、あるいは私の考え方が通常のコンビニエンスストアの加盟店と大きく違っているのは、最初から事業としてコンビニエンスストアを考えていた点かもしれない。ほとんどのコンビニエンスストア・フランチャイズ加盟店は生業《なりわい》として小売業を経営している。少し儲かれば、それは生活を豊かにするために使う。独自に何か新しい事業を考えだすよりも、本部の指導のもとで安

定した経営ができればいいと考える。しかし、私あるいは当社は、利益とは次のビジネスのための源資として考えるし、定型的なビジネスでは発展性はないと考え、常に知恵を絞って独自性や新鮮な発想でビジネスをとらえようとしている。もっともこれは事業家としては当然のことなのだが。

一方、フランチャイズの本部は加盟店をやめさせまいとする。加盟店の撤退はロイヤリティ減少をもたらすからである。しかしわれわれは撤退したい加盟店は撤退していくべきだと考える。われわれのやり方に賛同してくれ、また独自性を発揮しようという意欲のある加盟店以外は必要としない。

しかしチェーン本部にしても、加盟店にしても大半は独自性を貫かないで、結局みんな同じ方式に戻っていく。セブン-イレブン・ジャパンが構築した手法が一番効率的で楽だからだ。この方式を踏襲しているかぎり、非難されることもない。そうではない方式、独自のやり方で失敗したらどうだろう。それ見たことかと非難されるのがオチである。当社も今はうまくいっているが、失敗すれば批判されるに違いない。しかしそれはそれでいい。当社はセブン-イレブンのやり方を真似るつもりはないし、今のやり方でうまくいかなければ別の手法を考え出せばいいだけのことである。目下のところは、いろいろな取り組みがおおむねうまくいっているし、当社が考案したものを他社が取り入れる動きもある。

当社はサンクス本部からインフラを借りている。その対価として相当額のライセンスフィーを支払っているのにすぎないのであって、サンクスとの間に主従関係があるわけではない。資本関係もない。もっともサンクスの側は別の考え方をしているようだが。

◉個性を主張する店舗のための独自のビジネスモデルを

サンクスの看板を掲げているが、他のサンクスとは違うやり方をしている当社に対しては、「フランチャイズ・チェーンのなかで、そんなことが認められるのだろうか」という疑問をもたれるかもしれない。しかしわれわれは、われわれの才覚と判断と意思でビジネスに取り組んでいるのであって、本部の指導に唯々諾々と従っているわけではない。自店仕入も禁止され、本部の指導とコントロールに従っているだけの小売業に新しい発想が生まれるはずもない。だからわれわれは加盟店に対しては、自主性を発揮するように促している。しかし実際には自主性、独自性を追求しようという加盟店はほとんどない。高いロイヤリティを取られていても、楽な方がいい、大手の傘の下にいるほうが安心だという小売店が大半なのだろう。

独立した商業者であるならば、自ら考え行動すべきだ。大手のシステムに安住していたら、わが社も上場などかなわなかった。チェーン本部と同じビジネスモデルを何の疑問もいだかずに受け入れていたのでは、企業として存立するはずがない。当社は大手のチェーン本部とは違う独自のビジネスモデルを構築してきた。だから上場もし、世間に認められ、評価されてもいる。

われわれの顧客はどんな人たちなのか。彼らはどこにいるのか。彼らに対して何を提案すれば満足してもらえるのかを考え続けなければならない。みんなが一様に目をつけるところではなくて、他人が見つけられないところに、ポテンシャルを見出し、リスクがあるかもしれないとわかっていても、大胆に挑戦するのが事業家である。

コンビニエンスストア自体が成熟化し、もはやこれ以上のコンビニエンスストアは不要かもしれないのに、みんな新しく店をつくり、売上を奪い合っている。このまま破綻に向かって突き進むのだろうか。そうではなくて、別に新しいビジネスを創造しなければならない。したがって当社では今後、今のようなコンビニエンスストアを何店舗展開する云々という計画はもっていない。もっと別のところにビジネスの地平を見出したいからである。

本当に必要とされるビジネスを提供することができるコンビニエンスストアならば今後も存続し、発展するだろう。それを日々考えている。たとえば高齢者や病気の人などの社会的弱者にとって役立つようなコンビニエンスストアをつくっていきたい。

◉ビジネスチャンスへのチャレンジを

同じようなことを考えているとか、やるべきことはわかっているという人は多い。しかし実際に彼らが取り組むことはない。重要なのは考えに考えて、実行に移すことである。もちろん新しいビジネス、独自の手法にみんな関心はある。マーケットの変化をみて、ここにビジネスチャンスがあるとわかっても、実際にどう取り組んでいいのかわからないという人がほとんどだろう。

目先のことにとらわれているから、長期的な視点から新しい事業を発想できない。長い時間をかけて考え抜いてこそ、ようやくビジネスとして結実するものだ。当社が展開している各種の新サービスは開発するには相当時間がかかったし、手間ひまかけている。

今、取り組んでいるのは下着のクリーニング・サービス「ネットランドリー」である。下着をクリーニングに出すというと大方の人は無理だろうという。しかし今後、ますます高齢化が進むなかで、下着の洗濯、特に病気で入院している人などの下着の洗濯は大仕事になる。それを代行するサービスである。ニーズはあるはずだが、実現が難しいサービスをどうやって実現していくか。時間をかけ、知恵を絞ってここまできた。特に洗濯物を入れる特殊なネット状の袋――素材、形、大きさ、ファスナーのつけ方その他、実に多くの工夫が凝らされたものだが――、これの開発に多くの時間を費やした。ようやく実用に耐えるものができあがってきたところである。

これはビジネスモデル特許として申請している。私は数点のビジネスモデル特許をもっている。ああでもない、こうでもないと考えたもののアイディアをコンピュータのシステムで一定の形にする。そうしてつくったものを弁理士のところに持ち込み、検討してもらう。弁理士は一生懸命考えたうえで特許申請するから、大体がビジネスモデル特許として通る。そういうアイディアがたくさんある。しかし現実は、どんなにいいアイディアであっても、それをビジネス化するには膨大な時間がかかる。私がかかえているアイディアはこれから一生かかっても使い切れないものだろう。それほど多くのプランがある。

今、下着のクリーニング・サービス事業のために、二〇人を超える担当者が関東各地の高齢者施設や病院を訪問して注文をとろうとしている。時間がかかる話である。しかしいったん軌道に乗ればあとは拡大していくだろう。一度、下着のクリーニング・サービスを利用すれば、その後は継続して利用してくれるからである。低コストで、混入や間違いのないやり方である当社の方式でなければ無理だろう、ということになる。

つくり上げようという意識があれば、道は開ける。ワイシャツのレンタル・ビジネスなど、最初は誰でも首をかしげた。しかしこれだとて、手法如何でどのようにもなるものだ。ワイシャツのレンタルというのはこういうものだ。色柄、スタイルなどを組み合わせて、顧客一人一人向けのセットを組む。それを毎週一回交換する。ただし、その人用のセットといっても、それは別の人のセットに組み込まれることもある。

◉多彩なサービス拠点としてのコンビニエンスストア

そのサービスをコンビニエンスストアを窓口にして行う。つまり三六五日二四時間、いつでも対応可能なサービスである。既存のクリーニング取次店の弱点は、営業時間の制約があるので、不便だということである。クリーニング屋にはワイシャツがたくさん預けてあるのだが、取りに行けなくて今日着るものがないということは珍しくない。その不便さを解消しようというサービスがワイシャツのレンタルである。当面は新卒社会人――彼らは就職したばかりで、ワイシャツなんてそんなにたくさん持っているわけではないから、確実な需要が見込める――に的を絞って実験を重ねて、実用化していくつもりなので、この先どのように変化していくかはわからない。

どんなサービス・ビジネスも粘り強くやらないかぎり、理解されないし、ビジネスとして成り立たない。またちょっとした工夫がビジネス化できるかどうかの分かれ目になる。ワイシャツのレンタル・サービスにしても、クリーニング・サービスとしてコンビニエンスストアの店頭で現在受け渡しを行っているが、現在の業法下では、それ専用に二坪のスペースを確保する必要がある。しかし今のコンビニエンスストアに新たに二坪の空間を確保するのは不可能に近い。ところがレンタル・ビジネスならばその規制はない。そこでレンタル方式に替えることにしたのである。

コンビニエンスストアはもちろんのこと、歯医者、耳鼻咽喉科、整形外科、その他長時間営業の医院が集まり、美容院や床屋、マッサージなどのサービス業が集積したビルも、数億円の投資をして実験中である。また高齢者と子どもが集うサロンのような保育&ケアサービスも検討している。新しいサービスを実現していくためにはさまざまな規制があるし、賛同者を得るのも難しいけれど、ニーズを見出し、ビジネス化のためには何を乗り越え、どう工夫していかなければならないのかを見極めるという姿勢を貫くことで道が開けていく。

●フランチャイジーの意欲がフランチャイズ・システムを発展させる

日本のフランチャイズはシステムそれ自体に問題をかかえているところが少なくない。たいしたノウハウやソフト、システムもないのに加盟店を募集して、ロイヤリティを稼ごうとする。情報開示も進んでいない。加盟店側の知識のなさや経営資源の乏しさにつけこむような本部もある。かなりの大手チェーンでも危うさをかかえている。

加盟店の側の勉強不足や意欲不足、経営に対する責任感やリスク・テイキングの姿勢の欠如も問題だろう。今後日本のフランチャイズ・ビジネスの発展には、企業フランチャイジーの成長が不可欠である。他者が築いたシステムやインフラを借りつつも、事業家として新しいビジネスを展開しようとするところが増えていけば、日本のフランチャイズ・ビジネスも変わっていくだろう。しかし、フランチャイズに加盟した途端に、品揃えや価格設定やサービス開発などに関して自主性も独自性も失ってしまうところが多いという現状では難しいといわざるをえない。

装置産業であるコンビニエンスストアでは、システム化ができないところや規模の経済性を追求できない中小チェーンは敗退していく。当社がサンクスと連携したのも、インフラとしてのシステムを活用できるからである。大手への集中は避けがたいし、セブン-イレブンの力は今後ますます強くなるだろう。日本のコンビニエンスストアの半数がセブン-イレブン、という状況になる可能性は大きい。だからこそセブン-イレブンとは違う特性・独自性を発揮するためには何をすべきかを考え、実現したところだけが生き残り、発展していく。

16

生産から消費まで一連の流れのなかで「食卓の安全」を考える

「らでぃっしゅぼーや」のめざすもの

緒方　大助（おがた　だいすけ）
らでぃっしゅぼーや㈱代表取締役社長

2003年12月

◉「らでぃっしゅぼーや」とは

「らでぃっしゅぼーや」は一九八八年、環境NPO（民間非営利組織）の「日本リサイクル運動市民の会」の活動から生まれた。今年で創業一六年目を迎える。「無農薬・低農薬農産物の生産・消費の輪を広めることは、広い視野から見て環境保全活動の一環である」との理念が原点である。

環境問題から入り、食の安心・安全へと至る一連の活動は決して派手なものではないが、その重要性は日ごとに増している。

アメリカでは一九六二年にレイチェル・カーソンが『沈黙の春』（*Silent Spring*）を著し、科学的な調査に基づいて有機塩素系殺虫剤や農薬などの化学物質による環境汚染問題——野生生物や自然生態系への影響、人体内での濃縮とそれが次世代に与える影響など——について警鐘を鳴らした。それをきっかけとして一九六〇年代後半から七〇年代にかけて環境問題への関心が深まり、化学物質規制が強化されるとともに、環境保護局（EPA）が発足するなどの動きがみられた。

一九六〇年代までの日本の農業はその大半がそのまま有機農業だったが、次第に農薬や化学肥料を大量に使う農法へと変わっていった。化学薬品による土壌や農産物の汚染問題が深刻化しつつあったとき（一九七四年）に、朝日新聞に連載された『複合汚染』（有吉佐和子著）がきっかけとなり、環境問題への関心が高まるとともに、有機農業運動が活発化した。

「らでぃっしゅぼーや」は、そういう時代を背景に環境問題を原点として設立された「食」にかかわる会社である。

なぜ食なのか。

一九七〇年代半ばに深刻化した環境問題は工場排水や自動車の排気ガスなどがクローズアップされる一方で、畑や田圃の土壌が化学物質で汚染されていることについては、その重要性、緊急性にもかかわらず、前面に出てくることが少なかった。しかし化学肥料や農薬が土壌から地下水や河川にしみだし、海を汚染し、空中に漂う。環境問題を農業や食から考えることは当然だった。

環境問題を考える際に「食」という切り口が、わかりやすいということもある。おいしいものを安心して食べたい、という思いは万人に共通する。そして、おいしいものを食べるためには、それをつくるための安心できる環境、土地や海や河川がなければならない。おいしいものを安心して食べられるような環境を守らなければならない、という素朴な思いから「らでぃっしゅぼーや」の無農薬・低農薬野菜ビジネスはスタートした。

一九七〇年代半ば頃からスタートした有機農業運動は、当社が創業した当時でも確実に広がり成果をあげつつあったし、また有機農法に取り組む農家も増えていた。しかし、ごく限られたグループを別にすれば、都市部の消費者が有機栽培された野菜を手にする機会はほとんどなかった。たまさか有機野菜を手に入れた人は、何とか伝を頼りながら地方で有機栽培している農家にコンタクトし、取り寄せて、仲間同士で取り分けるというやり方をしていた。しかも当時はまだ有機農法自体が発展途上であったから、できの悪い野菜を購入せざるをえなかったり、頼んだものが手に入らない、ということはしばしばであった。生活協同組合の産直で扱う有機野菜にしても事情は同様だった。

そういう時代に、当社は「個別宅配」ビジネスを展開し始めたのである。

家庭にいた主婦も働き始め、コミュニティや地域単位のまとまりが薄れつつある時代では生協型の共同購入は都市型のライフスタイルになじまない。核家族で消費・購入の単位は小さくなっているし、また隣近所との付き合いにしても、かつてのような濃い関係ではなくなっている。そこに「らでぃっしゅぼーや」のビジネスチャンスがあった。

現在では全国五地域(北海道、首都圏、神奈川、中部、大阪)で、約六万六千世帯にご利用いただいている。

◉「らでぃっしゅぼーや」の商品とサービス

当社の主力商品は「ぱれっと」と名づけた定期品である。八種類ないし一二、一三種類の野菜に果物や卵を加えたセットボックスが毎週一回配達されるものである。「ぱれっと」には組み合わせ方と量によりファミリー(九種類)、ペア(三種類)、ミニ(六種類)の一八パターンがある。入会されると、この中からどの「ぱれっと」を選ぶか決めていただくことになる。

「ぱれっと」以外に、乳製品や豆腐、漬物などを自由に登録していただく「定番くん」と、米と水の「準定期品」(自由に登録)とが定期的に配送されるものである。他に自由に注文できる「元気くん」カタログ(週当たり約五〇〇アイテム、年間で約三〇〇〇アイテムを掲載)もある。

「ぱれっと」で提供される野菜は年間一四〇種類強、日本で手に入る野菜のほとんどは入っているといっていいだろう。日本人が今、普通の生活で摂る野菜はせいぜい数十種類であることを考えると、多様性が確保されていることがおわかりだろう。

多様性と並んで「ぱれっと」で重視しているのが、「旬」である。

野菜は「はしり」「さかり」「なごり」がある。農家では「さかり」を中心として作付けするから、「はしり」の時期の野菜は収量も安定しないし、おいしさも足りない。それに対して、「さかり」の野菜は味もよく、収量も安定している。

しかし、世の中のニーズは「はしり」の時期が最も高く、「さかり」になると逆に少なくなり、「なごり」の時期になると再び盛り返すという傾向がある。

「さかり」の時期の野菜が最もおいしくて栄養価も高いのだから、当社では「さかり」を主体として野菜を取り揃えている。当然ながら、仕入先の農家では「さかり」を中心として作付けする。

だから、冬場の「ぱれっと」にはトマトやきゅうりや茄子が入らない。冬場にトマトやきゅうりや茄子を売ろうとすれば、ボイラーで温度管理したハウス栽培によらざるをえない。それは本来の農法ではないだろう。「らでぃっしゅぼーや」が提供する健康で安心・安全な食生活とはかけ離れているだろう、という考え方である。

現在、日本人一人当たりの野菜の消費量は世界第一一位である。もともと野菜をとる習慣があまりなかったアメリカでは、"5-a-day"(一日に五種類の野菜をとろう)という運動が功を奏して、最近では野菜の摂取量が増えており、日本よりも上位にある。また隣国の韓国は一人当たり一八〇キログラムと世界で最も多く野菜を摂取している。第二位はイタリアである。

日本人は動物性のたんぱく質に依存する率が低い食生活を続けてきたのだから、本来ならば野菜の消費量は世界で最も多くてもいいはずなのだが、現在はアメリカよりも少ないのが実状である。

現在、日本の一世帯当たりの青果の年間消費量は一九六キログラム(家計調査)だが、当社の

「ぱれっと」では平均して、年間三〇〇キログラムの野菜を提供している。多様性と量の提供によって、健康で安心・安全な生活の実現をめざしている。

もちろん安心・安全の確保は野菜にかぎらない。豚肉については畜舎育ちではなくて、放牧で育てた豚を扱っている。狭くて汚い畜舎で豚を育てると、ストレスが嵩じてお互いの尻尾を齧《かじ》り合うものだから、あらかじめ尻尾を切ってしまう。だから本当ならばくるりと巻いているはずの豚の尻尾が日本の大半の豚舎では見られない。

しかし、「らでぃっしゅぼーや」の豚の尻尾はくるりと巻いている。つまり、放牧方式で育てているからストレスがない。草を食み、土からミネラル分を摂り、気ままに過ごして大きくなるので、肉のおいしさはもちろんだが、脂身は真っ白で火を通すと透明になり、甘くてとてもおいしいものである。

鶏も同様である。普通の育て方では、狭い鶏舎の中での喧嘩(尻つつき)を防ぐために、「はし切り(嘴切)」といって、焼きごてを当てて嘴の一部をつぶしてしまう。そうなると餌を上手に食べられなくなる。

思うように餌を食べられないのでストレスがたまり、肉付きが悪くなる。そうすると栄養を補うために濃厚飼料を与えて太らせ、卵を産ませる。また狭い中で病気が流行るのを防ぐために薬を与える。

しかしそんな風に育てられた鶏や卵がおいしいはずはない。「らでぃっしゅぼーや」の鶏は放し飼いされているから生き生きとしているし、病気にもなりにくい。卵を産むのは巣箱の中、というしつけをしているので衛生上も問題ない。

豚にしても鶏にしても、狭い畜舎の中で育てるよりも放牧するほうが手間がかかるし、コストもかさむ。しかし本当においしくて安心・安全な食べ物のためには必要な選択である。

牛肉は日本短角牛のものである。これは肉質がきめ細かく、また脂分が少ない種類、いわゆる「さし(霜降り)」が入らない種類である。霜降り肉をお好みの方には向かないのだが、旨みの成分であるイノシン酸の含有量が黒毛和牛よりも高いので、肉本来の味が出ていて、おいしく、ステーキにしても脂っこさがない点が特徴である。

バナナはフェアトレード方式で輸入している。フェアトレードとは適正価格での商品取引を継続することで途上国の経済成長、生活水準の向上を支えることをめざすというものである。たんなる取引ではなくて、貿易を通じた国際協力でもあるが、現在はフィリピン、タイ、コロンビアの農園で、子どもたちを奴隷的な労働に従事させたり、第三世界を搾取したりしないところと契約し、無農薬バナナや有機栽培バナナを輸入している。

またビールは日本で初めて有機認証を受けたものでチェコ産の(オーガニック)ホップと有機麦芽を使って国内で生産している。

◉「食卓の安全」を守る独自基準と生産体制

当社ではほとんどが生産者との直接取引きである。しかし特定の個人との直接取引きだけでなく、農業生産法人や農事組合法人、株式会社組織の出荷組合との取引が多い。「らでぃっしゅぼーや」の理念と仕入れ方針に共感し、作物技術交流会等へ参加することが前提であるが、農協との取引もある。現在では放牧豚や牛乳などでは地域の農協からの仕入れもある。

ただし卸売市場経由の仕入れはない。それは生産者が確認できないからである。

「らでぃっしゅぼーや」が取り扱う商品の選択基準は、安全性、おいしさの両立である。安全性が実現されてさえいれば、おいしくなくてもいい、という考え方ではダメだと考えている。おいしくない食べ物は食べ続けてもらえない。無添加・無農薬であっても、おいしさ追求の努力は必要である。

リサイクルできるかどうかも選択基準にある。

またできるかぎり国産を、というのが方針である。日本で生産されていないものはもちろんだが、国産品があってもそれが極端に高価格になる場合には基本的にオーガニックの輸入品で代替する。

さらに、メーカーが生産工程においてできるかぎり環境保全に対する取組みをしていることも条件としている。そういう相手とのパートナーシップを構築していくことも、「らでぃっしゅぼーや」の事業の目的である。

扱っている商品のほとんどが取引先生産者とのチームマーチャンダイジングによって生まれている。醤油、味噌等の基本調味料を除き、メーカーの既製品を買い付けるバイイング行為というのはない。どういう仕様で、どういう生産工程で、どういう味付けで、ということをメーカーと検討・調整しながら商品として仕上げていく。

加工食品の場合には、一定の生産量（ロット）の確保が前提条件なので、消費者が求めるもの、本当に安全で安心なものを生産していくための条件整備が後回しにされがちである。だからいい商品を開発するために、そしてお互いを理解し合うためには、相当の時間が必要になる。一年以上かけて商品を開発していくことも珍しくない。

食パン用の小麦の開発はその一例である。国産の小麦ではグルテンの性質上、ふんわりと柔らかい食パンがつくれなかった。国産品の利用が第一条件ではあるが、食パンについては外国産のオーガニック小麦を使わざるをえないと結論しかけたが、某メーカーが開発した製法によって国産小麦でも外国産小麦でつくったものと同じような柔らかい食パンができるようになった。これには企画から製品化まで一年半以上を要した。

商品に関する基本的な考え方の一つに、不必要な長期保存を条件としない、というものがある。賞味期限が短い点についてはお客様からの苦情や注文が少なくないが、保存料を添加しなければ日持ちしないというのであれば、保存料は入れない。豆腐は配達後三日以内で食べていただく。水曜日に配達した牛乳は日曜日までしかもたないのが当然なのだと納得していただいている。

また安全性に関しての確認がとれていない原材料は使用しない。代表例は遺伝子組換食品である。これはキャリーオーバーに至るまで確認している。遺伝子組換大豆を原料とする醤油を扱わないのはもちろんだが、それを加工食品の調味料に使っている場合も禁止している。食酢、味噌、その他同様である。塩は精製塩は使用しない、砂糖についても精製糖は使用せず、粗糖ないしはビートグラニュー糖を使用する。

原材料に何が使われているのか確認がとれないものは使用しない。たとえばチャーハンであれば米、焼き豚、ネギ、卵等の原材料の産地がわかり、どういう人がどういうつくり方をしているのかがわかる、というもの以外は扱わない。

できるかぎり手づくりに近づけることも重要である。チャーハンであれば、ドラムの中で蒸し焼き風に大量に炒めるのではなくて、中華鍋を使って直火で炒めたものを扱う。

それらの商品はどういうルール、約束に基づいてつくられているのだろうか。

◉「らでぃっしゅぼーや」の考える安全な食とは……

「らでぃっしゅぼーや」の商品のつくり方には基準書があり、それに基づいて契約がされる。また基準書に基づいてつくられているかどうかをチェックする管理体制がある。基準⇩契約⇩管理、という流れを経てでき上がった商品が会員であるお客様に届けられる。

商品づくりの基準は三つに分かれる。

(1)「らでぃっしゅぼーや商品取扱基準（RADIX）」
(2)「生産者自主基準集」（農家、畜産農家）
(3)「禁止及び制限農薬リスト」（農家）
「RADIX」は「らでぃっしゅぼーや」の商品憲法である。農産品、畜産品、水産品、加工品、エコグッズの五つのカテゴリーに関して規定されており、これに反したものは一切取り扱わないし、違反した場合には取引停止になる。

条文は非常に細かく具体的である。たとえば砂糖の精製にはどのような過程を経ることが必要であるとか、日本酒とはこういうつくり方をしたものであるとか、味噌の製造工程はこう決められているというものである。

家畜はその種に適したストレスがない環境で飼育することが求められる。また遺伝子組換作物など、安全性に疑問がある輸入飼料は使わない。抗生物質などの投薬は原則として禁止する。排泄物を土に戻すなど環境負荷の低減に努めることも条件づけられている。

エコロジーグッズの開発に際しては、安全性が確認された原材料、素材のみを使用する。環境負荷を考慮した商品開発をする。環境ホルモンを含まない等の容器包装の安全性も厳しく規定している。リサイクルやリユースが可能な素材の使用に努めることも規定されている。

子どもにとって遊びは心の栄養である。だからおもちゃも多く取り扱っている。しかしこれまでは口に入れても安全な樹脂塗装料がなかったので、扱っている玩具のほとんどが白木素材で無塗装のものであった。しかし最近、シンガポールで開発された樹脂に安全な素材ができたので、昨年からは色付きの木製玩具も販売している。またクレヨンは口に入れても安全なように、石油系の素材であるパラフィンではなくて蜜蝋を原材料にしている。

安全性だけでなく、環境への配慮もこれらのルールの特徴のひとつであり、工場内の清掃における危険物の使用禁止など、メーカーの生産工程における環境保全に関しても規定している。工場を洗浄する洗剤に危険なものが含まれていると、それが環境を汚染する恐れがあるからである。

このように、商品ごとに細かく規定されているのは、当社の経営理念を取引先メーカーにも共有してほしいと考えるからである。われわれがどういう商品をどういう人たちに売りたいと考えているのかを十分理解してほしいからである。

農産品の栽培の基本となる農産五原則について述べておこう。

①土作りには土質と作物に合った堆肥を使用します。
②土の中の微生物を殺すような土壌消毒は行ないません。
③環境を汚染する可能性の強い除草剤の使用は禁止します。
④やむをえない場合を除き、農薬は使用しません。基本的には反農薬です。
⑤生産者の方にも同じ物を食べていただきます。

の五つである。

最後の項目については説明が必要だろう。

生産者は出荷するものと、自家需要分とは別の場所、別の栽培方法をとるのが普通である。出荷するものは農薬と化学肥料を多用して大量生産するが、自分たちが食べるものはほとんどが無農薬でつくられている。

自分でつくったものを食べられない。自分たちが食べられないものをつくる。農薬の多用で体を壊してしまう農家がいる。これはおかしい。安心して食べられる安全なものをつくるためには、農薬の怖さを本当に知っている生産者の方々の考え方から変えていく必要があるからこその原則である。

生産者自主基準は、「らでぃっしゅぼーや」が定めた必要最低限の基準以上に良いものを追求するための生産者の方々の目標である。たとえば地域に対する貢献や環境問題に対する取組みその他、生産者の意思表示であり、生産者による宣言である。

これは農産物と畜産物に限って適用している。農産物や畜産物は当社との取引のタームが長い。タームが長いから、より綿密な打ち合わせ、目線合わせが必要になるのである。農産物は半年間かそれ以上の期間続く取引が普通である。畜産はさらに長く、三〇カ月前に予約し、三〇カ月かけて肥育されたものを購入する。取引期間が長い相手には自主規準を制定していただき、生命をあずかり、健康に貢献するのだという認識を再確認してもらい、自らモチベーションを高めていただくのである。

次に重要なのが「禁止農薬リスト」である。当社では基本的に反農薬の姿勢を貫いているが、現在ではまだ農薬使用そのものを全面的に禁止しているわけではない。現状では農薬を使わなければできない作物もあるし、農薬を使わなければならないポイント、ここで使わなければその畑の農産物が全滅してしまうということもあるからである。

農薬を使用する場合に、どんな農薬を、どのくらい、どんな目的で、何回使用したのかを正確、厳密に報告していただく。そのうえで使ってはいけない農薬を定めている。それを生産者にも消費者にもわかりやすい形で示したのが、「禁止農薬リスト」である。

禁止農薬は使ってはいけない農薬であり、制限農薬とは使うのはやむをえないが、使用量と使用回数を制限したものである。将来的には、制限農薬は技術の向上とともに、順次禁止農薬に置き換えていく。

禁止農薬とする対象は、発ガン性の疑いおよび確認があるもの、内分泌かく乱物質の疑いがあるもの、生物に対する残留性の高いもの、ダイオキシン含有の疑いがあるもの、水質汚濁の危険性のあるもの、人畜毒性があるもの等々である。基礎には農林水産省が作成したリストがあるが、それに限らず危険物質に関して世界中から文献資料を集めて、当社独自の判断基準に基づき危険性のあるものを禁止している。

現在、国に登録されている農薬の原体数は五五四であるが、当社が禁止している農薬原体数は一一七、約二割である。登録されている五五四原体の中には現在使用されていないものも多いので、「らでぃっしゅぼーや」が禁止している農薬の比率は実際には農薬出荷量の約七割に相当する。

現状ではまだ使用を許容している農薬もあるが、基本的には反農薬であるから、使用はやむをえない場合に限られるし、許容される農薬は地球環境や人体に対するインパクトが相対的に小さなものであり、使用は厳しく制限している。

基準を守るという契約をした後には、それが実行されているかどうか管理することになる。栽培管理カードには産地名、生産者名、品目、作付方法、作付面積、種苗は自家製か購入したものか、購入先はどこか、どんな肥料や資材を使うのか、農薬を使用する場合には、希釈倍率や使用予定回数、堆肥の内容と使い方、土壌改良資材使用の有無、播種から収穫までの細かな作業工程等々が詳しく記される。圃場リストや圃場の地図、配置図なども記される。

所持農薬一覧には当社が購入している野菜に使う農薬に限らず、農家が所有している農薬をすべて登録してもらう。当社と取引のある農家には生協や農協その他を通じて出荷しているところもあり、それらに関しては当社の基準に合わない農薬を使用しているケースもあるので、所有農薬とその管理の方法をすべて報告していただき、無登録農薬使用の危険性を回避している。

これらの帳票類を、作付けを依頼する前に、野菜の種類別にすべて提出していただく。それを「ぱれっと」や「元気くん」など、当社の商品セットに割り当てていくのだが、担当者は作付けが始まる前に圃場に赴き、チェックする。当社基準外の農薬使用が認められた場合には、その時点で取引は中止になる。幸い、そのようなことはこれまでになかった。

また野菜が順調に育って出荷直前になると、再び担当者が現地に行き、確認調査をする。依頼に合ったように作物が育っているか、約束された通りの栽培方法がとられているかどうかを細かくチェックする。さらに購入した野菜は現物について残留農薬のチェックが行われる。

以上が当社の規定通りの安全性を確保するための仕組みである。

さらに、「らでぃっしゅぼーや」ならではの取組みである「作物別技術交流会」というものがある。各作物ごとに年間約十数回開催しているものだが、その品目の生産者の方々が一堂に会して、土づくりや施肥設計をはじめとする栽培技術の指導を受ける。各生産者が持ち寄った作物の品評会も行われるし、またこれはお客様からの声、特にクレームを生産者に伝える場でもある。

土壌分析については当社推奨のキットがあり、ほとんどの契約農家がこれを利用している。

土壌を分析し、作物にふさわしい土質にしていくための施肥設計をすることが、良い野菜をつくるための第一条件である。「らでぃっしゅぼーや」と取引するようになって六〇歳を超えてから初めてパソコンを使うようになった方もいる。農家の方々には勉強熱心で新しいことに挑戦していく努力家が多い。

自らの意思で有機栽培、無農薬栽培に取り組まれてきた農家の方には、自己流、自分流にこだわりがちである。しかし本当にいい野菜をつくるためには我流ではなくて、科学的、合理的な考え方を取り入れ、生産技術を磨き、ノウハウを蓄積していく必要がある。そのために重要なのが情報交流の場であり、最先端の技術を学ぶ場である技術交流会なのである。

技術交流会を通じて生産技術が上がれば、作物が健康に育つ。健康に育てば収穫量が増え、秀品率が高まるし、出荷後の日持ちも良くなる。

さらに重要なのは、単なる安全や環境保全だけでなく、おいしさや作物本来の力、作物本来の価値を高めていこうという努力がされるようになってきたことである。こういう変化が生産者の方々のなかに沸き起こり、強力なモチベーションになってきている。

「らでぃっしゅぼーや」の管理というのは物の管理だけではない。大切なのは生産者、サプライ側の人の管理である。作物を管理するだけでなく、われわれが望むものをつくる人、つくろうとする人を育てることへと管理の形態をシフトしてきている。

物の管理には限度がある。またコストもかかる。しかし人の育成は限りがなく、また次の世代や別の人々にノウハウとして受け継がれるものである。永続的であり、コストがかからない。

技術交流会には当社の担当バイヤーも出席し、同じように勉強している。だから当社のバイヤーは青果物の良し悪しがわかるだけでなく、農業がわかるバイヤーである。農業に対する知識が深まれば、何か問題が生じた時、水際で食い止めることもできる。

以上が当社の売上げの過半を占める農産物を例に取った場合の、商品の基準とその管理体制、安全を担保する仕組みである。

◉「食卓の安全」を支える会員との顔の見えるコミュニケーション

次に安心を担保する仕組みについて述べる。

安全と安心は別物である。お客様に安心していただくためには、安心できるような仕組みが必要であるが、そのひとつが「ぱれっと」に組込まれているメニュー表である。ここには品目、数量、生産者名、無農薬かどうか、JAS法に基づく有機栽培で認められた農薬を使用しているかどうか、減農薬かどうか、また各農薬や殺菌剤の使用の回数などが細かく記されている。

当社が取り扱っているものは、ほとんど無農薬や減農薬――に認められている減農薬よりも厳しい基準でみた場合の減農薬――である。

会員層の中心は二〇代後半から三〇代、四〇代の主婦である。会員になるきっかけのひとつが、出産であり、子供に安心できる食べ物を与えたいという思いからである。また五〇代後半から六〇代のエルダーの会員も多い。その他の世代はほぼ平均的に分布している。

会員が産地を訪れる産地交流会を年間約五〇回実施している。そこで生産者の方々とのコミュニケーションをはかる。またそれとは別に元気市というイベントもある。これは生産者が農産物を持って会員の近くに来るというものである。

情報社会においてはインターネットを通じた情報交流の機会が多い。しかし当社が大切にしたいのは「顔が見える関係」である。「らでぃっしゅぼーや」が扱っている農産物をつくっているのはどういう人たちなのか、どんな顔をしているのか、どんな苦労をしているのかを伝え、理解してほしいと思うからである。

当社には今、苦情、注文、質問その他さまざまな内容の電話が、月間一万件近くかかってくる。カタログやメニュー表には記載されていない情報について知りたい方々には、詳細な情報を提供している。

「らでぃっしゅぼーや」がお客様に支持されているのは、安全性を提供することへの信頼であり、徹底した情報開示の姿勢についてであり、安全とおいしさの両立をめざしている点にあるのだろう。

当社のようなビジネスはコミュニケーション・ビジネスであるから、お客様と接する場であるヒューマンインターフェイスをいくつもつか、ということが重要である。またどういう情報を、どんな頻度でやり取りするかが重要である。

それは電子メールやＨＰであったり、会員サービスセンターへの苦情や意見であったり、交流会の場での意見交換であったり、配送スタッフへの苦情や注文であったりと多様である。

それらのインターフェイスを通じて、お客様からのクレームや注文が上がってくるし、こんなにおいしいものができました、という私どもからの情報も伝えることができる。

コミュニケーションの頻度はお客様の理解度を深めるものであるし、信頼度の高さに比例する。そして、これが当社「らでぃっしゅぼーや」のブランドを支えてくれるのである。

食品に関する表示や法制度は近年、次々に整備されている。二〇〇〇年には改正ＪＡＳ法により、生鮮食品すべての原産地表示が義務づけられた。遺伝子組換食品表示の義務化もされた。また二〇〇一年には有機認証制度がスタートし、ＪＡＳマークが付されるようになった。

しかし「らでぃっしゅぼーや」としては、これらの法規制だけで食の安全性が担保されるものかどうかに疑問をもっている。食とは、それを食べた人に対してその時に悪影響がでなければいいのだと考えるべきものではないだろう。食とは一日、一週間、一年というような短いタームで語るべきことがらではないということである。

◉「らでぃっしゅぼーや」のめざすもの

われわれは食の意味を真剣に考えるべき時にきている。食べるということは他の生き物を体内に取り込むことなのだから、その行為自体がハイリスクである。ＢＳＥ（牛海綿状脳症）問題は、それを白日のもとにさらしてくれた。

食べるということのリスクを理解したうえで、どういうものを食べるのが安全かを考える。それは十年あるいは百年という長期的な視点に立たなければならない。食とは子々孫々にわたって食べ続けても安全で健康なものでなければならない。食べ物とは、食べるとは、人を心身ともに健康にするものでなければならない。「らでぃっしゅぼーや」が考える食の原点はそこにある。

だから「らでぃっしゅぼーや」では、安全でないもの、健康でないものは食べ物ではないと考えるし、今後も安全性を追求し続けていくし、人を健康にする食べ物を提供し続けていきたい。

環境問題に対する取組みとして、二〇〇一年にスタートしたエコキッチン倶楽部がある。これは参加家庭に生ゴミ処理機を置いて、毎日出る生ゴミを一次処理（乾燥処理）する。それを宅配車が回収し、センターに集めたものを生産農家に渡す。生産農家で有機質肥料に加工され、それを施肥して栽培された野菜がお客様のもとに届けられるという仕組みである。

もうひとつは食育への取組みである。

パックに入った豚肉しか見たことがない子どもたちを招いて、豚が餌を食べたり、走ったりするところを見せ、豚の丸焼きを食べてもらったことがある。生き物が焼かれているところを見たのは初めての子どもたちばかりだったからだろう、その場から離れないで凝視していたのが印象的だった。

ラディッシュ（赤蕪、はつか大根）はコロンブスが新大陸発見への旅にその種を持っていったと伝えられるように、種をまいてから二〇日でできるし、荒地でも育つという生命力の強い野菜である。それに子どもを意味する「ぼーや（坊や）」を合わせたのが社名の由来である。

次世代を担う子どもたちに、強くたくましい生命力を引き継いでいきたいという経営理念を社名に掲げたわけである。

非営利ということではなくて、企業としては利益をあげながらも、一方では理念を守り続けていく。社内だけでなく、顧客や取引先との間にも意識改革を進めてきたことが重要であろう。

「らでぃっしゅぼーや」はＮＰＯがスタートであり、母体ではあるが、スタート時点から株式会社形式をとっていた。利益をあげることが、企業として存続するための条件である。その点は強調しておきたい。

現在、新しい事業としてデリカに取り組んでいる。これまでは宅配事業一本できたが、新しい事業を立ち上げたいと考えたのと同時に、これまではつくられたものの、商品として流通されないものを活かす道がないだろうかと考えた。これまで畑に捨てられていたものを蘇らせたかった。安全で安心なものだといっても、二股になった人参や大根を売ることはないから、商品化できず、捨てる部分が出てくる。それを何とかできないだろうかと考えた。

わかりやすい例はブロコッリーだ。ブロッコリーは花芽を食べるのだが、通常は最初に出た芽が商品になる。一番芽を摘み取ったあとに出てくる二番芽や三番芽は小さいので商品にならない。しかし、当社が契約している農家のブロッコリーは、二番芽、三番芽ではあっても有機栽培でつくられたものだからおいしいし、安全である。

そのままでは小さくて商品として流通しない。農家が食べたり多くはそのまま捨てられていたものを、何とか別の形で商品化できないか、と考えてつくったのが、それらを素材にした「らでぃっしゅでり」という惣菜店である。

従来は商品にならなかったものが売れるのだから、農家にすれば収入増になる。当社にすれば、これまでの商品と合わせて仕入れるのだから、コストダウンがはかれる。その成果が二〇〇三年三月に京王百貨店聖蹟桜ヶ丘店の「らでぃっしゅでり」という形で結実した。

最後に当社の経営理念を述べておこう。

「らでぃっしゅぼーや株式会社」は厳選した良質・安全な商品の流通を通して、健康で豊かな生活を提供します。

「らでぃっしゅぼーや株式会社」は事業行為を通して、取引先ならびに株主・社員への経済的責任を果たします。

「らでぃっしゅぼーや株式会社」は事業行為を通して、次世代に存続すべき地球環境の保全に貢献します。

われわれはエコロジカルで持続可能なライフスタイルを提供する企業でありたいと考える。そしてお客様自らが大量生産・大量消費・大量廃棄に組みするのではなくて、真に良いものを選び、心も体も健康な人になっていくように、そしてそれが次世代に引き継がれていくようにと願っている。

食べられることを前提として生まれてくる食べ物は蜂蜜と乳だけである。その他のものはすべてが生き物である。人間は生き物の命を絶つことでしか自らの命を永らえることができない。だからわれわれが生産者の方々に常にお願いしているのは、健康な野菜を、健康な肉や卵を育ててほしいということである。それが食べ物になり、心と体が健やかな人を育てることになるのだから。

らでぃっしゅぼーや株式会社　事業の沿革

一九八八年

五月　環ネットワーク(株)設立、無・低農薬野菜の宅配事業(らでぃっしゅぼーや事業)開始

六月　大阪市に「らでぃっしゅぼーやＷＥＳＴ事務局」開設、関西地区で宅配事業開始

一九八九年

五月　注文品カタログ「元気くん」発行開始、畜産品、水産品、加工品、日用雑貨等の販売開始

九月　平飼い養鶏卵「有機自然卵」販売開始

一九九〇年

二月　フィリピン・ネグロス島より草の根貿易によるバナナの輸入販売開始

三月　札幌市に「らでぃっしゅぼーやＮＯＲＴＨ事務局」開設、北海道地区で宅配開始

九月　エコロジー放牧豚の販売開始

一九九一年

三月　静岡市に「らでぃっしゅぼーや静岡事務局」開設、静岡地区で宅配事業開始

九月　名古屋市に「らでぃっしゅぼーや中部事務局」開設、中部地区で宅配事業開始

一九九二年

六月　「リサイクル推進功労者」として環境庁長官賞受賞

一九九三年

三月　環境保全型生産基準委員会(Ｒａｄｉｘ委員会)事務局開設

一二月　厚木市に神奈川センター設置

一九九四年

一一月　日本能率協会ＪＭＡマーケティング優秀賞受賞

一九九五年

九月　酒類の販売開始

一九九六年
二月　環境保全型生産基準要項（Ｒａｄｉｘ基準）策定
一九九八年
六月　本社に会員サービスセンターとしてコールセンター設置
九月　アレルギー対応商品販売開始
二〇〇〇年
一月　株式譲渡によりキューサイ（株）の連結対象子会社となる
八月　本社を虎ノ門へ移転、商号を「らでぃっしゅぼーや株式会社」に変更
二〇〇一年
二月　酪農王国「風の谷ビール」日本初の有機認証を取得
七月　家庭生ごみの回収／リサイクルシステムの「エコキッチン倶楽部」関東圏と中部地区で開始
二〇〇二年
一月　「エコキッチン倶楽部」北海道センターで開始
六月　「エコキッチン倶楽部」大阪センターで開始
二〇〇三年
一月　中部センターを愛知県一宮市に移転
二月　大阪センターを東大阪市加納六丁目に移転
三月　惣菜店「らでぃっしゅでり」を京王百貨店・聖蹟桜ヶ丘店に開店
六月　本社を港区芝公園に移転
八月　首都圏センターを板橋区新河岸に移転
九月　らでぃっしゅぼーや商品取扱基準（ＲＡＤＩＸ）を制定
現在に至る

あとがき

本書はセゾン総合研究所の機関誌『生活起点』に寄稿された論文を編纂したものである。

セゾン総合研究所は流通産業研究所（一九六九年創立）をはじめとする三つの研究機関が統合されて一九九八年五月に創立された会員制の研究機関である。流通やフードサービスをはじめとする生活関連産業に関する研究、消費社会論などを中心として研究調査を進めてきたが、さまざまな事情から二〇〇四年三月末をもって解散した。

初代所長小山周三氏（西武文理大学教授）、二代所長及川亘弘氏（日本ショッピングセンター協会顧問、流通コンソシアム代表）から三代目の外川（法政大学教授）まで受け継いできたセゾン総合研究所としての活動はもちろんのこと、前身の研究所時代から数えれば四十数年にわたる研究活動の成果は、膨大であるのと同時にきわめて貴重なものである。それらの一部でも形にして残していきたいと考えたのが本書を編集する直接の動機であった。

『生活起点』は六年近くにわたり、分野を限定せずに広い視野からさまざまなテーマを取り上げてきた。さまざまな方々に自由に論じていただくことで、知的交流の場として機能し、一研究機関の機関誌の枠を超えたものになったと自負している。そのなかで特に注目企業の経営者による経営論というテーマでくくり直してみると、多角的な視点から経営や組織、人づくりや産業について縦横に論じたユニークな書ができあがった。通常の企業モノやハウツウ書とは一線を画するものであることが再確認された。

各論文はいずれも二〇〇二年以降に執筆されたものであるが、数値データ等、その後の変化については修正を加えた部分がある。また本にするにあたっての全体の調整を編者である外川が行ったが、基本的には執筆当時の著者の論稿をいかしてある。

本書で語られるのは各著者たちの経営論のまさに真髄である。それぞれの著者が経営論や産業論について一冊あるいは複数の本が書けるほどのものをもちながら、あえてエッセンスを提起していただいたことに深く感謝したい。それによって非常に充実した内容の本になったのである。また執筆者間で特に打ち合わせたわけではないにもかかわらず、全体としての調和が保たれているのは、優れた経営者には共通する価値観があり、それは時代を超えて生き続けるものだということを表していよう。

本書に込められた思い、優れた経営者たちのメッセージが、多くの人々の心に届くことを願ってやまない。

また長きにわたり研究所活動にご理解とご支援を賜った各企業の方々や諸先生方に対しても、この場をお借りして御礼申し上げる次第である。

なお、本書の編集と出版に関しては、学文社の三原多津夫氏に多大なご尽力をいただいた。編者の意図をくみとられ、手前勝手な言い分にも耳を傾けていただいたからこそ、本書の出版がかなった。ここに記して感謝申し上げたい。

二〇〇四年三月

編者　外川洋子

◉執筆者一覧（執筆順）

外川　洋子　法政大学キャリアデザイン学部教授
林野　宏　㈱クレディセゾン代表取締役社長
林原　健　㈱林原代表取締役社長
永田照喜治　農業指導家　㈱永田農業研究所代表取締役
岩﨑　雄一　㈳日本ショッピングセンター協会会長
塚越　寛　伊那食品工業㈱代表取締役社長
窪山　哲雄　㈱ザ・ウインザー・ホテルズ インターナショナル代表取締役社長
田村　弘一　㈱クイーンズ伊勢丹取締役会長
安部　修二　㈱吉野家ディー・アンド・シー代表取締役社長
平松　宏之　㈱ひらまつ代表取締役社長ＣＥＯ
赤尾　昭彦　㈱セイコーマート代表取締役副社長
神林　章夫　㈱カスミ名誉会長
北川　正恭　早稲田大学大学院教授　前三重県知事
間　和輝　㈲はざま代表取締役
目黒　俊治　㈱ポプラ代表取締役社長
泉澤　豊　㈱ＣＶＳベイエリア代表取締役社長
緒方　大助　らでぃっしゅぼーや㈱代表取締役社長

[編者紹介]

外川　洋子（とがわ　ようこ）

法政大学キャリアデザイン学部教授。
東京大学経済学部卒業。
流通産業研究所調査部長，宮城大学事業構想学部教授，
セゾン総合研究所所長を経て，2004年4月より現職。
専攻分野　流通論，マーケティング論。

トップリーダーたちの経営構想力

2004年6月15日　第1版第1刷発行

編　者　外川　洋子

発行者　田　中　千津子
発行所　株式会社　学　文　社

〒153-0064 東京都目黒区下目黒3-6-1
電話　03（3715）1501㈹
FAX　03（3715）2012
http://www.gakubunsha.com

印刷／シナノ印刷

乱丁・落丁の場合は本社でお取替します。
定価は売上カード，カバーに表示。

ISBN 4-7620-1321-8